고교생이 알아야 할

한국사 스페셜 1

고교생이 알아야 할

한국사

스페셜 1

김아네스 | 최선혜 지음

韓國史
韓國史 韓國
韓國史 韓國史
韓國 史

좋은책 좋은 독자를 만드는 ―
㈜신원문화사

머리말

한국사를 강의하고 연구하면서 한국 역사를 어떻게 가르치는 것이 가장 효과적일까 하는 점을 늘 고심해 왔습니다. 그것은 동시에 어떻게 하면 학생들이 역사를 보다 쉽고, 더욱 재미있게 공부할 수 있을까 하는 고민이기도 했습니다.

그래서 무엇보다 이 책은 우리 역사를 쉽게 이해할 수 있게 하자는 목적으로 시작했습니다. 이제 본격적인 한국사 공부로 들어가기 전에 이 책의 몇 가지 서술의 목적을 밝혀 둡니다.

외우는 것이 상책은 아니다

한국사가 어렵다고 느껴지는 가장 큰 이유는 무엇일까요? 그건 바로 외울 것이 많다는 것입니다. 시험 보기 직전 짧은 시간 동안 한 번 훑어보기에는 암기해야 할 것이 너무 많아 보입니다. 수많은 사건, 제도, 사람 이름과 연도까지 기억하려면 항상 시간이 부족한 법이지요. 우리 역사는 오천 년의 기나 긴 흐름을 자랑하고 있습니다. 그러므로 내가 태어나기 전, 이 땅에서는 헤아릴 수 없이 많은 일들이 일어났습니다. 이렇게 역사가 길고 풍부하니 공부할 것이 많은 것은 당연합니다. 하지만 한국사를 제대로 공부하고 싶다면 우선 외워야 한다는 생각을 버려야 합니다. 역사는 이해하는 학문이니까요.

한국사는 한국 사람들이 어떻게 살아왔는가를 알려 주는 학문입니다. '나'
는 한국 사람입니다. 그렇다면 내가 살아가면서 만나게 되는 여러 사건들을
외울 필요가 있을까요? 왜 그런 일이 일어났는가를 이해하면 족합니다.

이 책은 이러한 관점에서 한국사를 외우지 않고 이해할 수 있도록 서술하
였습니다. 역사적인 사건이나 사실이 나타난 배경을 이야기처럼 풀어서, 우
리 역사를 이해하는 데 도움이 되는 배경을 설명하고 있습니다. 더 이상 한국
사를 외울 필요는 없습니다.

고리타분하고 지루하다?

우리는 요즘 길게는 날마다, 짧게는 몇 분마다 최신의 정보와 마주합니다.
새로운 디자인, 새로운 말, 새로운 유행들이 눈길을 끌지요. 자연히 옛날 것
은 낡은 것, 고리타분하고 지겨운 것으로 여깁니다. 그렇다면 역사란 무엇입
니까? 옛날 것만 모아놓은 것, 발음하기도 어려운 이상한 한자어만 줄줄이
나열한 것이 역사가 아닙니까?

여기서 여러분은 한국사가 지겹다는 고정관념을 버려야 합니다. TV 드라마
나 영화, 또는 만화로 다루어지는 한국사는 어떤가요? 흥미진진하지 않았나
요? 글로 만나면 여러분의 상상력까지 더할 수 있게 됩니다. 결국 재미있고
쉽게 쓰여진 역사책을 대하면 역사가 지루하고 고리타분하지만은 않다는 것
을 알게 될 것입니다.

예전에도 스릴 넘치는 일이 많았고, 다양한 사람들이 어우러져 살았습니

다. 그러므로 역사 안에는 살아 숨쉬는 재미있는 이야기가 많이 담겨 있습니다. 이 책은 한국사를 흥미롭게 읽을 수 있도록 생생한 이야기와 일화를 많이 인용하였고, 주변분들의 도움으로 사진과 도표 · 지도 등을 풍부하게 실었습니다. 또한 쉬운 말로 풀이하여 가볍게 읽어나갈 수 있도록 하였습니다.

부모님도 함께 읽는다!

이 책은 우리의 고등학생뿐만이 아니라, 일반인들에게도 다가가기 위해 만들었습니다. 고등학교 국사 교과서를 기본 틀로 하여, 체계적으로 국사 이해의 폭을 넓힐 수 있도록 체제를 갖추었습니다. 여기에서 더 나아가 일반인들의 국사에 대한 관심을 충족시키기에 충분하도록 우리의 역사를 이해하기 위한 바른 시각과 풍부한 내용을 담았습니다.

미래를 준비하기 위해 국사를 공부해야 하는 학생들, 그리고 대~ 한민국의 시민으로 국사를 다시 정리해 보고 싶은 사람들에게 이 책이 크게 도움이 되리라고 희망합니다. 이 책에 담겨 있는 우리 역사 속에서 새로운 미래와 만날 수 있을 것입니다.

2002년 8월
지은이

차 례

중세 사회의 발전

【2권】

과 거 와 현 재 의 대 화

같 은 점 , 다 른 점

몇 으 로 나 누 어 보 면

이 렇 게 전 개 됩 니 다

1 과거와 현재의 대화 • 역사란 무엇인가

역사란 무엇일까요? 이 문제를 생각해 보기 위해 한 번 역사의 한 조각을 살펴볼까요.

신라 제27대 왕은 선덕여대왕(善德女大王)이니, 성은 김씨이고 아버지는 진평왕이다. 632년에 왕위에 올라 나라를 다스리는 16년 동안 미리 안 일이 세 가지가 있었다.

위의 내용은 우리의 역사에 여왕이 다스리던 때가 있었음을 말해 줍니다. 지금으로부터 대략 1,500년 전인 632년에 신라의 선덕왕이 여왕으로 왕위를 계승하였습니다. 선덕여왕이 즉위한 일은 역사적 사실입니다. 이것은 이미 지나간 과거에 일어난 일이지요. 그러니까 역사는 '과거에 있었던 사실'을 뜻합니다.

그렇다면 이미 지나간 과거에 일어났던 일을 현재의 우리가 알 수 있는 방법은 무엇일까요. 그것은 바로 과거의 기록이 있기 때문입니다. 《삼국유사》나 《삼국사기》와 같은 책을 보면 신라 시대에 일어났던 여러 역사적 사실을 알 수 있습니다. 이 책에 우리의 역사에 여왕이 있었다는 사실을 기록해 둔 것이지요. 이러한 점에서 보면 역사는 '기록된 과거의 사실'이라는 것을 알 수 있습니다.

《삼국유사》에는 선덕여왕이 앞날을 미리 알아낸 세 가지 일에 관한 이야기가 적혀 있습니다. 선덕여왕은 모란꽃 그림을 보고 향기가 없다는 것을 알았고, 백제의 적군이 숨어 들어온 일을 밝혔으며, 자신이 죽을 날을 미리 알았다고 했습니다. 이 것으로 선덕여왕이 명민하고 슬기로웠다는 사실을 전하고 있습니다. 그러면 《삼국사기》에서는 선덕여왕에 대해 어떻게 기록하고 있는지 살펴봅시다.

사람으로 말하면 남자는 높고 여자는 낮다. 신라는 여자를 추대하여 왕위를 잇게 하였으니, 진실로 난세의 일이며 이러고도 나라가 망하지 않은 것이 다행이다.

《삼국사기》
(보물 525호)

보수적인 유학자였던 김부식은 여왕 자체를 매우 낮추어 평가했습니다.

이처럼 역사에는 두 가지 의미가 있습니다. '과거의 사실' 과 '기록된 사실' 이라는 의미이지요. '과거의 사실' 은 객관적인 것입니다. 신라에 여왕이 있었다는 사실은 누구나 인정할 수 있는 일입니다. 그런데 '기록된 사실' 은 역사가가 주관적으로 다시 구성한 것입니다. 그러므로 기록하는 사람에 따라 달리 표현될 수 있습니다.

'기록된 과거의 사실' 인 역사책에는 역사가의 주관적인 해석이 담겨 있는 것이죠. 그렇다고 역사가가 있지도 않은 사실을 조작하거나 왜곡할 수 있는 것은 아닙니다. 역사가는 기본적으로 객관적인 과거의 사실을 전하려 합니다. 그 과정에서 자신이 중요하다고 여기는 사실을 선택하고 여기에 의미를 부여하여 주관적인 해석이 담기게 되는 것입니다.

다시 볼 수도 없고, 이미 지나가 버린 역사를 우리는 왜 공부할까요. 그것은 과거의 세계를 만날 수 있기 때문입니다. 역사를 공부하다 보면 과거의 세계가 우리 앞에 모습을 드러냅니다. 영국의 역사학자 카(E. H. Carr)는 역사를 '과거와 현재와의 끊임없는 대화'라고 말했습니다. 현재를 사는 우리는 역사를 배우면서 과거 세계와 만날 수 있기 때문이지요. 역사를 공부하는 일이야말로 과거 세계와 현재의 인간이 대화를 나눌 수 있는 만남의 광장인 것입니다. 이 만남에서 우리는 많은 대화를 주고받을 수 있습니다.

과거의 세계를 만남으로써, 우리는 과거의 사실을 바르게 이해할 수 있습니다. 또한 여기에 그치는 것이 아니라 현재를 사는 우리가 인간적으로 성숙해지는 데 도움을 줍니다. 현재는 과거의 결과물이기 때문입니다. 역사 속에서 우리는 여러 가지 어려움을 슬기와 노력으로 극복한 조상을 만날 수 있습니다. 과거에 펼쳐진 역사적인 경험이 우리에게 지혜를 일깨우고 용기를 북돋워 줍니다.

▲ 첨성대(국보 31호)
동양에서 현존하는 가장 오래된 천문대

즉 역사를 공부하는 것은 과거의 사실을 바르게 이해하는 데서 출발하여, 현재를 사는 우리의 성장을 약속하는 것이지요. 그것은 곧 미래를 향한 바른 안목을 길러나가는 길이기도 합니다. 과거는 현재로 이어지고, 현재는 다시 미래로 나아가는 것이니까요.

2 같은 점, 다른 점 ● 보편성과 특수성

지금부터 우리가 알아보려는 역사는 한국사입니다. 한국사는 한국 사람의 역사입니다. 한국사의 주인공은 당연히 한국인이죠. 한국 민족의 과거를 더듬어 보는 것이 우리가 공부할 내용입니다.

모든 민족의 역사에는 보편적인 면과 함께 특수한 면이 있습니다. 한국인도 인류의 한 구성원입니다. 그렇기 때문에 한국사와 다른 민족의 역사에는 공통점이 있습니다. 이 공통점을 알아보면 우리 역사의 보편성을 알 수 있습니다. 또 다른 민족의 역사와 구별되는 차이점도 있습니다. 이 점에 초점을 두면 우리 역사의 특수성을 살필 수 있습니다.

예를 들면 신라에는 골품에 따라 정치적 진출이나 사회적 지위를 결정하는 신분 제도가 있었습니다. 신분 제도는 우리 민족의 역사에서 뿐만 아니라 다른 민족의 역사에서도 두루 찾아볼 수 있는 보편적인 제도입니다. 하지만 진골 귀족이나 6두품 귀족은 신라사에서만 만날 수 있는 한국사의 특수성입니다. 그래서 우리는 진골 귀족이나 6두품 귀족의 지위와 역할을 통해 신라사의 특성을 좀더 잘 이해할 수 있게 됩니다.

이처럼 우리가 한국사를 잘 이해하려면 우리 역사의 특수성에 관심을 두어야 합니다. 우리 조상들이 살았던 역사적 삶의 특수성을 인식하고 그 가치를 깨우쳐야 합니다. 이러한 특수성을 살피려면, 다른 민족과의 비교가 필요합니다. 다른 민족의 역사와 한국사를 연관시켜 보고, 세계사적인 보편성에도 관심을 기울여야 하지요. 이 과정에서 우리 역사의 독특한 특성이 부각되게 될 것입니다.

3 몇으로 나누어 보면 • 시대 구분

우리 역사의 특수성을 살피는 일은 한국사를 체계화하는 일입니다. 이와 더불어 우리 역사를 체계적으로 파악하기 위해서 시대 구분은 필수적입니다. 우리가 지금의 나를 돌아보기 위해 나의 역사를 떠올린다고 해 봅시다. 초등학교에 다니던 시절, 중학교 시절, 고등학교에 다니는 지금을 나누어 생각하면 내가 어떻게 성장했는지를 이해할 수 있을 것입니다. 마찬가지로 역사를 체계적으로 이해하기 위하여 몇 개의 시대로 나누는 일이 필요합니다.

가장 널리 쓰이는 시대 구분 방법으로는 삼분법이 있습니다. 역사를 고대, 중세, 근대로 나누는 것이죠. 서양의 르네상스 휴머니스트들이 삼분법을 처음 생각해 냈습니다.

고대(古代)는 한자의 의미 그대로 오래된 시대라는 말입니다. 즉 자신들이 사는 시기와 멀리 떨어진 그리스, 로마 시대를 고대라고 생각했습니다. 근대(近代)는 가까운 시대란 뜻이죠. 르네상스와 가까운 자신들이 사는 시대를 근대로 불렀습니다. 중세(中世)는 고대와 근대의 가운데 끼어 있는 시기입니다. 삼분법은 처음 서양에서 시작했지만 그 뒤 널리 받아들여졌습니다. 이 방법은 시간의 멀고 가까움을 기준으로 시대를 구분한 것입니다. 아주 먼 고대, 중간의 중세, 비교적 가까운 근대로 역사를 이해한 것이죠.

그런데 삼분법에서 근대는 계속 길어질 수밖에 없습니다. 근대 이후 몇 백 년 뒤에 태어난 사람들도 여전히 근대에 살게 되었습니다. 그래서 현대(現代)라는 용어가 등장합니다. 현재 우리가 사는 아주 가까운 시대를 뜻합니다. 이에 따라 고대, 중세, 근대, 현대의 사분법이 나오게 되었습니다.

사회·경제적인 요소를 강조하여 역사를 나누기도 했습니다. 고대 노예제 사회, 중세 봉건제 사회, 근대 자본제 사회로 구분하는 방법입니다. 각 시기마다 주로 생산을 담당하는 계층이 누구였는지에 초점을 두고 있습니다.

노예와 농노
농노는 가족을 거느리고 자신의 토지와 집을 가졌다는 점에서 노예보다 자유로웠다.

고대에는 노예 노동력이 중요했던 사회였습니다. 그러다 중세에는 봉건제 아래에서 생활하는 농노가 주로 농사를 지어 사회가 유지되었지요. 근대에 들어오면 자본주의가 발달하면서 자본가와 노동자가 등장했습니다. 이와 같은 사회·경제적인 특성에 의미를 부여하여 역사를 구분하기도 했습니다.

왕조를 기준으로 역사를 나누어 이해할 수도 있습니다. 삼국 시대, 고려 시대, 조선 시대로 구분해 보는 방법입니다.

왕조가 바뀌면 정치·경제·사회·사상 등의 여러 분야에 커다란 변화가 일어났습니다. 고려가 건국하면서 골품제가 무너지고 한층 개방된 사회가 열렸지요. 조선이 성립한 뒤에는 성리학이 국가 이념으로 중요하게 여겨졌습니다. 왕조에 따른 여러 특징 때문에 왕조의 변화를 중심으로 역사를 파악할 수 있습니다.

이 밖에도 지배 세력에 따라서 역사를 나눌 수 있습니다. 귀족 사회, 양반 사회, 시민 사회 등으로 시기를 구분할 수 있지요. 또한 민족의 흥망을 기준으로 할 수도 있습니다. 민족 형성기, 민족의식 왕성기, 민족의식 쇠퇴기 따위로 말입니다.

시대 구분을 하는 데 있어 어떤 것이 옳다거나 그르다고는 할 수 없습니다. 역사를 체계적으로 파악하는 데 도움이 된다면 그 구분법은 우리에게 쓸모 있는 것입니다. 또한 여러 종류의 구분법을 함께 이용할 수도 있습니다.

4 이렇게 전개됩니다 • 이 책의 구성

지금부터 우리가 함께 공부할 이 책에서는 왕조를 중심으로 시대를 나누었습니다. 고조선부터 대한 민국까지의 왕조나 나라를 독립된 작은 장으로 구성했습니다. 우리 역사는 오랜 전통을 자랑합니다. 그리고 각 왕조나 나라마다 특징을 지니고 있습니다. 따라서 이러한 구성은 여러 왕조와 나라의 변천을 쉽게 이해하는 데 도움을 줄 것입니다.

우선 나라가 만들어지기 이전인 선사 시대부터 시작합니다. 그리고 최초의 국가인 고조선, 부여, 옥저와 동예, 삼한 등의 여러 나라를 살폈습니다. 그 뒤에는 고구려, 백제, 가야, 신라, 발해의 발전을 따로 설명했습니다. 이어서 후백제, 후고구려, 고려, 조선, 대한 제국, 일제 시대에 관하여 알아보았습니다. 끝으로는 우리가 살고 있는 대한 민국을 다루었습니다.

대체로 새로운 왕조나 나라가 세워지면 정치 이념이나 제도에 큰 변화가 있게 마련입니다. 그러므로 다른 왕조나 다른 나라와 구분할 수 있는 특성이 생겨나지요. 이 점에 주목하여 왕조나 나라를 독립된 작은 장으로 구성한 것입니다.

그런데 고구려, 백제, 신라와 같은 왕조는 동시에 존재했습니다. 같은 시기에 있었던 세 나라는 서로 밀접하게 연결되어 있었기 때문에 이 시기는 묶어서 이해하는 것이 역사를 좀더 체계적으로 파악하는 데 도움이 될 것입니다. 이에 비해 조선은 전기와 후기의 변화가 매우 컸습니다. 왕조가 바뀐 것은 아니지만 조선 시대는 전기와 후기로 나누어 이해하는 것이 유용해 보입니다.

우리 책에서는 여러 왕조를 묶거나 또는 다시 둘로 나누어 큰 장을 구성했습니다. 크게는 선사, 고대, 중세, 근세, 근대 태동기, 근대, 독립 운동기, 현대로 나누었습니다. 이것은 시간의 멀고 가까움을 기준으로 한 것입니다. 그러면서도 그 시대의 국가적 · 사회적인 특징을 함축하여 나타내고 있습니다. 좀더 구체적으로 알아볼까요.

첫째 장은 선사 문화와 국가 형성으로 우리 나라 역사의 출발점을 보여 줍니다.

선사 시대는 도구의 사용에 따라서 구석기, 신석기, 청동기, 철기 시대로 이루어져 있습니다. 국가가 형성되면서 고조선, 부여, 옥저와 동예, 삼한과 같은 초기 국가의 모습을 확인할 수 있습니다.

둘째 장은 고대 사회의 발전입니다. 우리 나라 역사에서 삼국과 남북국 시대를 고대 사회로 이해했습니다.

고구려, 백제, 신라는 중앙집권국가로 발전했습니다. 각기 독자적인 문화 기반을 가지면서도 상호 친선과 대립으로 고대 문화를 꽃피웠지요. 삼국이 통일된 뒤에는 고구려를 계승한 발해가 만주에서 독자적인 세력을 형성합니다. 그래서 삼국에 이은 남북국의 형세가 전개됩니다.

셋째 장은 중세 사회의 발전으로 후삼국과 고려로 이루어졌습니다.

신라와 후백제, 후고구려의 분열로 후삼국이 성립했습니다. 이 때는 지방 세력이 힘을 얻어서 새로운 사회적 특성을 보여 줍니다. 뒤이어 건국한 고려가 후삼국을 통일했습니다. 고려는 통일국가의 기반을 마련하고 사회의 안정을 위해 노력했습니다. 그래서 고대 사회의 모순을 뛰어넘어 새로운 질서를 수립했습니다. 따라서 앞의 고대 사회와 구분하여 중세 사회로 볼 수 있습니다.

넷째 장은 근세 사회의 발전으로 조선 전기를 다루었습니다.

조선 시대에는 국왕을 중심으로 관료제가 자리잡게 되었고, 양인과 자영농의 권익이 신장되었습니다. 교육과 과거 제도 등 사회 여러 방면에서 보다 많은 사람들에게 보다 넓게 문호가 열렸습니다. 이러한 조선의 건국으로 우리 나라의 역사는 고려에서 한 단계 발전한 근세 사회로 접어들게 된 것입니다.

다섯째 장은 근대 사회의 태동입니다. 근대 사회로의 씨앗이 움트기 시작하는 조선 후기 사회가 여기에 해당됩니다.

조선 후기에는 경제·사회·사상 등 여러 분야에서 개혁과 새로운 발전 방향으로 나아가려는 움직임이 일어났으며, 그것은 근대 사회의 특징으로 자리잡았습니다. 다만, 정치적인 면에서는 아직 근대를 지향하는 움직임의 수용이 더디었습니다.

여섯째 장은 근대 사회의 전개로 세계를 향해 문이 열린 조선 사회에서 일어난 변화와 시련, 그리고 그 극복을 위한 개혁과 구국 운동을 포함합니다.

제국주의 세력이 밀려와 조선과 그 뒤를 이은 대한 제국이 무너지게 되었지요. 하지만 민족적인 자각을 바탕으로 개화와 자주를 위한 구국 운동이 일어나고, 이는 항일 운동으로 이어지게 됩니다.

일곱째 장은 민족의 독립 운동입니다.

일제는 우리 나라를 식민 통치했지만 우리 민족의 정신까지 지배하지는 못했습니다. 우리 민족은 일제에 맞서 독립을 찾기 위해 정치·사회·경제적으로 다양한 독립 운동을 전개해 나갔습니다. 또한 민족 문화를 수호·발전시키려는 운동도 일어났으며, 문학과 예술에서도 새로운 경향의 창작 활동이 이루어졌습니다.

여덟째 장은 현대 사회의 발전을 위해 마련되었습니다.

1945년 8월 15일 광복을 맞이한 이래 민주주의 국가로 발전해 나가는 모습을 조망했습니다. 이와 더불어 통일을 위한 우리의 노력도 점검해 보았습니다. 현대는 현재까지 계속되고 있는 시대이기 때문에 아직 시기를 나눌 논의가 확실하게 세워지지 않았습니다. 그러므로 집권자를 설명의 고리로 하여 분석해 보았습니다.

자, 그럼 지금부터 우리 역사의 문을 두드려 볼까요.

선사 문화와 국가 형성

한국사 스페셜

우리 나라의 역사는 뗀석기를 사용했던 구석기 시대부터 시작합니다. 신석기 시대에는 빗살무늬 토기가 사용되었고 농경 생활이 시작되었습니다. 이 때부터 부족을 단위로 하는 정착 생활을 하게 됩니다.

신석기 시대에 뒤이은 청동기 시대에는 농업 생산량의 증가와 함께 계급이 출현하게 되고, 지배 계급은 국가를 형성했습니다. 바로 이 시기에 우리 나라 최초의 국가인 고조선이 생겨났습니다. 고조선은 세력을 넓혀 만주와 한반도 일대를 지배하기도 했지만, 한 (漢, BC 202~AD 220)의 침략으로 멸망했습니다.

그 후 철기가 널리 보급되자, 농업용 기구의 발달로 생산량은 급증하게 되고 사회 · 문화 방면에 있어서의 발전도 두드러졌습니다. 이러한 경제적 · 문화적 발달을 토대로 한반도의 각지에서는 부여, 삼한과 같은 여러 나라가 성장하게 되었습니다.

선사 시대

1 역사 앞의 역사 · 구석기 시대

주먹도끼 발견 : 구석기 시대의 유물과 유적

우리 나라에는 언제부터 사람이 살았을까요? 아주 오래 전 구석기 시대부터입니다. 지금으로부터 약 70만 년 전이었지요.

구석기 시대는 지구의 지질시대 역사상으로 보면 신생대 제4기 홍적세에 해당합니다. 지구는 시·원생대, 고생대, 중생대, 신생대를 거쳐 변화했습니다. 이 가운데 신생대 제4기부터 인류의 조상이 등장했습니다. 비로소 인간의 역사가 시작된 것이죠. 기나긴 지구의 역사에서 인간이 생존한 시기는 맨 끝의 극히 짧은 기간에 지나지 않습니다.

최근 일본에서 구석기 유물을 날조한 사건이 있었습니다. 70만 년 이전부터 일본에 구석기 문화가 발달했다는 증거로 내놓은 유물이 가짜로 밝혀진 것입니다. 일제 시대까지 일본에서는 구석기 시대의 유물이 발견되지 않았습니다. 그런데

1970년대 이후 연이어 구석기 유적이 발견되었고, 일본은 그들의 역사가 일찍부터 시작되었다고 선전했습니다. 그러나 이것은 유적 발굴에 관계한 학자가 가짜 유물을 만들어 땅에 묻고는, 구석기 유물을 발견한 것처럼 꾸며낸 일이었습니다.

일제 시대의 일본인 학자들은 우리 나라에 구석기 시대가 없었다고 주장했습니다. 유물이 발견되어도 구석기 시대에 만들어진 것이 아니라고 부인했습니다. 일본보다 조선의 역사가 오래되고 뿌리깊다는 사실을 인정하고 싶지 않았던 것이죠. 하지만 광복 이후 전국 곳곳에서 발견된 구석기 시대의 유적들은 한반도에 구석기 시대가 존재했다는 증거로 충분했습니다.

우리 나라에는 약 70만 년 전인 구석기 시대부터 사람들이 살기 시작했습니다. 구석기 시대에 사용하던 도구를 뗀석기라고 합니다. 커다란 돌을 깨뜨려서 필요하지 않은 부분을 떼어낸 석기를 가리키는 말입니다.

구석기 시대는 석기를 다듬는 방법에 따라 전기 구석기, 중기 구석기, 후기 구석기의 세 시기로 나눌 수 있습니다. 전기 구석기 시대에는 한 개의 큰 석기를 여러 가지 용도로 썼습니다. 사냥할 때도 쓰고, 조리할 때도 사용했지요. 중기 구석기 시대에는 큰 몸돌에서 떼어낸 작은 돌을 잔손질하여, 한 개의 석기를 한 가지 용도로만 쓰던 시기입니다. 음식을 만들 때 쓰는 석기, 물고기를 잡을 때 쓰는 석기를 각각 따로 만들었습니다. 후기 구석기 시대에는 큰 몸돌에 쐐기를 대고 같은 모양의 석기를 여러 개 만들었습니다.

뗀석기

가공하고자 하는 돌에 직접 타격을 가하거나, 다른 물체에 부딪혀 떼어낸 조각으로 원하는 형태를 만든 석기 전기 구석기 시대의 유적으로는 평남 상원 검은모루 동굴과 경기도 연천 전곡리가 대표적입니다. 전곡리 유적지에서는 수많은 주먹 도끼가 출토되었는데, 주먹도끼는 가장 잘 알려진 뗀석기입니다. 이미 이 때부터 우리 나라

▲ 주먹도끼

에는 구석기 시대가 열렸습니다. 중기 구석기의 흔적을 보여 주는 곳으로는 함북 웅기 굴포리, 강원도 양구 상무룡리가 있습니다. 굴포리 유적에서는 맘모스 뼈 화석이 나왔습니다. 빙하기에 추운 지방에 살던 동물들이 따뜻한 곳을 찾아 내려왔던 것 같습니다. 후기 구석기 시대의 유적으로는 충남 공주 석장리, 충북 단양 수양개 등이 유명합니다. 석장리의 집터에서는 불을 땐 흔적이나 몽고인 계통의 머리털도 발견되었습니다.

고기 잡고, 과일 따고 : 구석기 시대의 생활

구석기 유적에서는 많은 뗀석기와 함께 사람이나 동물의 뼈 화석, 동물의 뼈나 뿔로 만든 도구 등이 발견되었습니다. 구석기 시대 사람들은 석기나 뼈 도구를 이용하여 사냥과 채집을 하며 생활했습니다. 주먹도끼나 찍개로 짐승을 잡고, 긁개 · 밀개로 음식을 만들어 먹었습니다. 또한 그들은 동굴이나 강가에 막집을 짓고 살았습니다. 집터에는 기둥, 담, 불 땐 흔적 등이 남아 있습니다. 집터의 크기로 미루어 볼 때 대개 3, 4명에서 10여 명이 함께 살았던 것으로 보입니다. 이 시대에는 새로운 먹거리를 찾아 늘 옮겨다녔기 때문에 집을 짓는 데 그다지 정

구석기인의 생활도

성을 들일 필요가 없었고, 또 그럴 만한 마땅한 도구도 가지고 있지 못했습니다.

무리를 지어 여기저기 떠돌아다니는 생활을 하다 보니 자연스럽게 경험이 많고 지혜로운 사람이 그 무리의 지도자가 되었습니다. 이 때의 지도자는 무리를 이끌기는 했지만, 권력을 가지지는 못했습니다. 이 시대는 모든 사람이 공동체 안에서 동등하게 생활하는 평등 사회를 이루었습니다.

또한 구석기 후기에 들어서면서 조각품도 많이 만들어졌습니다. 고래와 멧돼지, 물고기 따위를 새긴 조각이 발견되었습니다. 왜 이런 것들을 만들었을까요? 고기를 많이 잡아 배불리 먹고 싶은 욕망 때문이었습니다. 풍요와 번성을 기원하는 주술적인 의미가 이러한 조각품에 담겨져 있습니다.

그러나 구석기 시대 사람들이 우리의 직접적인 조상은 아닙니다. 구석기인의 턱 형태는 오늘날 우리 민족과는 크게 차이가 나고 얼굴 모습 또한 다릅니다.

앞에서 지구의 역사 가운데 구석기는 신생대 제4기 홍적세에 해당한다고 했습니다. 이 때에는 몇 차례의 빙하기와 간빙기가 있었지요. 빙하기에는 기온이 떨어져 극 지방부터 모든 것이 꽁꽁 얼어붙었습니다. 따라서 해수면도 내려가 수심이 얕은 지금의 우리 나라 황해 연안은 육지로 드러났고, 중국에서 한반도 서쪽을 거쳐 일본까지 걸어다닐 수 있었습니다. 구석기 시대 사람들은 한곳에 정착하지 않고 이리저리 옮겨다니는 이동 생활을 했으므로, 이 때 한반도의 구석기 사람들이 어디론가 이동하고 난 뒤, 다른 무리가 내려왔고 이들이 우리의 조상이 되었습니다.

구석기 시대 말기 무렵에는 빙하기가 끝났습니다. 기후가 따뜻해지면서 자연 환경이 바뀌었습니다. 후빙기에는 해수면이 상승했고, 큰 짐승 대신 토끼·여우·새와 같은 작고 빠른 짐승이 등장했습니다. 자연히 사냥에 쓰이는 도구도 바뀌어서 활을 사용하기 시작했습니다. 이 시대의 석기는 더욱 작아져서 잔석기가 등장했습니다. 한편, 따뜻한 기후가 계속되자 식물이 번성했고, 사람들은 식물에서 열매를 따거나 물고기를 잡으며 생활했습니다.

2 빗살무늬 토기와 농사짓기 ● 신석기 시대

빗살무늬 대유행 : 신석기 시대의 유물과 유적

우리 나라의 신석기 시대는 B.C. 6000년 무렵부터 시작되었습니다. 이 시대의 대표적인 유물은 간석기와 빗살무늬 토기입니다. 이 때부터 사람들은 돌을 갈아 여러 가지 모양의 간석기를 만들어 사용했습니다. 간석기는 쓰다가 부러지거나 무뎌지면 다시 갈아 쓸 수 있었습니다. 재활용이 가능했지요. 또한 진흙을 불에 구워 토기를 만들어서 요리를 하거나 음식물을 저장할 때 사용했습니다.

간석기

돌을 갈고 다듬어 만든 일상 생활용 도구나 무기. 마제석기라고도 한다.

신석기 전기의
덧무늬 토기

신석기 후기의
빗살무늬 토기

신석기 시대의 대표적인 토기는 빗살무늬 토기였습니다. 황해도 봉산 지탑리, 서울 암사동, 경남 김해 수가리 등 전국 각지의 강가나 바닷가에서 빗살무늬 토기 유물이 발견되었습니다. 도토리 모양처럼 밑이 뾰족한 이 토기는 물가 모래에 묻어 두고 안에는 음식물을 저장했습니다.

그런데 빗살무늬는 왜 새겨 넣었을까요? 어차피 토기를 땅에 묻으면 무늬가 보이지 않았을 텐데.

신석기 시대에는 토기를 만드는 기술이 그다지 발달하지 못했습니다. 그래서 토기를 만들기 위해서는 먼저 진흙을 빚어 긴 띠를 만들고, 그 띠를 감아 올려 모양을 완성시켰습니다. 이 때 흙의 위아래를 잘 붙이기 위해 조개껍질로 위아래 층의 흙을 빗살 모양으로 긁어서 이어 붙였습니다. 이 때문에 토기에 빗살무늬가 새겨지게 된 것입니다.

그리고 종교적인 의미도 있었습니다. 빗살무늬는 물을 상징합니다. 중요한 식량의 하나인 물고기가 서식하는 강의 중요성이나 농사짓는 데 필요한 물을 얻으려는 간절한 마음이 토기에 담겨져 있었을 것입니다.

신석기 농업 혁명 : 신석기 시대의 생활

신석기 시대에 빗살무늬 토기를 사용했다는 것은 이 시대부터 농사를 지어 식량을 생산했고, 이를 저장했다는 사실을 알려 줍니다. 신석기 시대부터 사람들은 먹거리를 찾아 여기저기 떠돌아다니지 않았습니다. 농사를 지으며 한곳에 정착하는 생활을 하기 시작했습니다. 인류 역사상 커다란 변화라고 할 수 있지요. 그래서 이 시기의 변화를 신석기 혁명, 농업 혁명, 제1의 물결이라고 부릅니다.

하지만 쌀을 생산하는 벼농사를 시작했던 것은 아닙니다. 봉산 지탑리와 평양 남경 유적지에서 불에 탄 좁쌀이 발견된 것으로 보아 조ㆍ피ㆍ수수와 같은 잡곡을 갈아먹었던 것으로 보입니다. 농사 도구로는 돌괭이ㆍ돌삽ㆍ돌보습ㆍ돌낫 등과 나무로 만든 농기구가 쓰였습니다.

그렇지만 농기구나 농업 기술이 그리 발달하지 않았던 신석기 시대에는 농경만으로 생활하지 못했습니다. 그래서 여전히 물고기와 짐승을 잡아먹었는데, 물가나 바닷가에 살았던 것을 보면 특히 물고기를 잡는 일이 중요했던 것 같습니다. 물고기잡이에는 그물과 작살, 돌이나 뼈로 만든 낚시 도구를 이용했고, 굴과 홍합 같은 조개류도 따서 먹었습니다. 조개껍질로는 목걸이를 만들거나 장식품을 만들었습니다. 또한 가락바퀴나 뼈바늘 유물로 보아 옷과 그물을 만들어 사용했다는 사실도 확인할 수 있습니다.

가락바퀴
식물성 섬유로 베실을 잣고 천을 짜서 의복을 만들고, 그물을 만들었음을 보여 준다.

신석기 시대 사람들은 대개 움집에 살았습니다. '움'은 구덩이라는 뜻입니다. 움집은 땅을 파서 구덩이를 만든 다음, 그 위에 지붕을 덮은 반지하 형태의 집이었습니다. 바닥 모양은 원형이나 모서리가 둥근 정사각형 모양이 대부분이었습니다.

가옥의 변화
• 구석기 : 동굴, 막집
• 신석기 : 움집
• 청동기 : 움집, 배산임
  수의 구릉이나 산간
• 철기 : 지상가옥, 온돌

움집의 한가운데에는 화덕이 있어 음식을 만들거나 집을 따뜻하게 하는 데 사용했습니다. 움집은 대부분이 햇빛을 많이 받을 수 있도록 대문을 남쪽으로 낸 남향집입니다. 추운 날씨에 대비하기 위해 남쪽에 문을 만들었던 것이죠. 화덕이나 출입문 옆에는 저장 구덩이를 만들어 식량이나 도구를 보관했습니다. 집 크기는 한 가족 단위에 적당한 4~5명이 거주할 수 있는 크기였습니다.

신석기 시대에는 부족 사회가 만들어졌습니다. 혈연을 바탕으로 한 몇몇 씨족이 모여서 부족을 이루었습니다. 씨족은 핏줄이 같은 친척입니다. 혼인은 다른 씨족과만 가능했습니다. 족외혼을 통하여 씨족을 구분하고 부족을 형성했던 것입니다. 군장국가 동예에서는 족외혼이 계속 시행되었습니다.

부족 사회의 구성원들은 평등했습니다. 농사를 짓기는 했지만 아직 구성원들 사이에 경제력의 차가 나타나지 않았고, 겨우 굶주림을 면하도록 먹고사는 정도였습니다. 부자가 없으니 지배 권력이 출현하지도 않았죠. 중요한 일은 씨족회의나 부족회의에서 결정했습니다. 이러한 전통은 고구려의 제가회의, 백제의 정사암회의, 신라의 화백회의로 이어졌습니다.

신석기 혁명은 다른 말로 농업 혁명이라고도 합니다. 농사의 시작은 인류 역사에서 매우 획기적인 사건이었죠. 농사를 잘 지으려면 햇빛과 물이 풍족해야 했습니다. 그래서 신석기 시대에는 자연물과 자연 현상을 숭배하는 사상이 생겨났습니다. 태양, 비, 산, 강 모두에 정령(영혼)이 있다고 믿는 애니미즘이 그것입

애니미즘 animism
정령 신앙. 농사에 큰 영향을 미치는 자연이나 자연 현상에 정령이 깃들어 있다고 믿는 신앙

니다. 또한 사람은 죽어도 그 영혼이 사라지지 않는다고 생각했습니다. 따라서 영혼숭배와 조상숭배 사상도 나타났습니다.

인간과 영혼, 인간과 하늘을 연결해 주는 존재가 무당(무격)입니다. 무당은 춤과 노래로 인간에게 행복을 주는 착한 영혼을 맞아들이고, 불행을 주는 나쁜 영혼을 쫓아내는 역할을 했습니다. 이처럼 무당과 주술을 믿는 것을 샤머니즘이라고 합니다. 그리고 부족의 기원을 동물이나 식물과 연결하여 생각하기도 했습니다. 단군 이야기에 곰과 호랑이가 나옵니다. 아마도 자신의 부족을 곰의 후예로 믿었던 부족이 있었던 모양입니다. 이것은 토테미즘과 관련이 있습니다.

예술품으로는 흙으로 빚은 얼굴 모양이나 동물 모양을 새긴 조각품이 출토되었습니다. 동물 조각은 풍요를 기원하는 것이

샤머니즘 shamanism
무격 신앙. 인간 · 영혼 · 하늘을 연결시켜 주는 존재인 무격과 그 주술을 믿는 신앙

토테미즘 totemism
자기 부족의 기원을 특정 동식물과 연결시켜 숭배하는 신앙

구석기 시대와 신석기 시대

	구석기 시대	신석기 시대
시 기	약 70만 년 전	B.C. 6000년 무렵
도 구	뗀석기	간석기, 빗살무늬 토기
유 적	상원 검은모루 동굴, 공주 석장리 등 전국적 분포	서울 암사동 등 주로 물가
의 복	직조 없음	의복 제작(가락바퀴), 그물 제작(뼈 바늘)
경 제	사냥, 채집	농경(조 · 피), 목축
주 거	동굴, 막집	움집(해안, 강가)
사 회	무리 사회	부족 사회
신 앙	주술적 의미(동굴 벽화, 조각품)	샤머니즘, 토테미즘, 애니미즘, 조상신 신앙

었습니다. 동물을 잡아 배불리 먹었으면 하는 바람이 있었겠
죠. 두 눈과 입을 뚫어 놓은 조개껍데기 가면, 조개껍데기로
만든 장신구 등도 발견되었습니다. 가면이나 장신구는 대개 악
귀를 쫓는 데 쓰였고, 짐승의 뼈나 이빨로 만든 장신구도 발견
되었습니다.

3 청동기를 가지면 부자 • 청동기와 초기 철기 시대

청동으로 만든 비파 모양의 칼 : 청동기의 보급

한반도에서는 B.C. 10세기 무렵부터 청동기 시대가 시작되
었습니다. 우리 민족의 기원을 형성한 신석기 시대 사람들은
청동기 시대에 새로 들어온 사람들에게 흡수되었습니다. 우리
민족의 주류를 이루는 것은 청동기 시대 사람들입니다.

북쪽 만주 지역에서는 좀더 일찍부터 청동기가 쓰였습니다.
청동기를 이용하면서 생산 경제가 발달하자 먹고 남는 식량이
생겼습니다. 넘치는 식량이 부자의 창고에 쌓이게 되면서 사유
재산도 생겼습니다. 그리고 경제력이 많고 적음에 따라서 계급
도 나타났습니다.

청동기 시대의 유적은 만주와 한반도에 널리 퍼져 있습니다.
가장 대표적인 청동기는 비파형 동검입니다. 비파라는 악기 모
양을 본떠 청동으로 만든 칼이었습니다. 청동으로는 거친무늬
청동 거울, 화살촉 등을 만들었습니다. 그렇다면 청동기 시대

에 석기는 완전히 사라졌을까요? 아닙니다. 여전히 석기를 사용했습니다.

초기의 청동기는 매우 값진 물건이었습니다. 몇몇의 돈 많고 힘 있는 사람만이 가질 수 있었지요. 청동기 시대는 일부에서나마 청동기가 처음으로 쓰이기 시작했던 시기를 말합니다.

배산임수의 명당 : 청동기 시대의 생활

청동기 시대 사람들은 농경을 더욱 발전시켰습니다. 농사짓는 데 쓰이는 농기구는 계속해서 돌이나 나무로 만들었습니다. 돌도끼 · 홈자귀 · 괭이 따위로 땅을 파고 씨를 뿌렸습니다. 특히 바퀴날 도끼는 밭을 가는 데 쟁기처럼 쓰였고, 가을에는 낫처럼 이삭을 자르는 데 쓰인 반달 돌칼로 추수를 했습니다.

그렇다면 왜 농기구는 청동으로 만들지 않았을까요? 혹시 부자들은 청동제 농기구를 썼던 것이 아닐까요? 청동기는 무겁고 단단하지 않아서 농기구를 만드는 데 적합하지 않았습니다. 그래서 청동기 시대에도 여전히 석기 농기구를 이용했습니다.

농업은 조 · 보리 · 콩 · 수수를 심는 밭농사 중심이었습니다. 하지만 일부 저습지에서는 벼농사가 시작되었습니다. 신석기 시대부터 농경이 시작되었고, 청동기 시대에는 벼농사가 시작된 것입니다. 농업이 발달하자 사냥이나 물고기잡이는 이전처럼 중요하지 않았습니다. 따라서 점차 농업 사회가 자리잡기 시작했고, 집에서 돼지와 소 · 말 따위를 기르는 목축도 생겨났습니다.

▲ 비파형 동검

미송리식 토기(좌)
민무늬 토기(우)

토기로는 미송리식 토기와 민무늬 토기가 만들어졌습니다. 미송리식 토기는 평북 의주 미송리에서 처음 발견되었습니다. 밑이 납작한 항아리로 옆에 손잡이가 달려 있습니다. 또 겉에 집선(集線)무늬가 있는 것이 특징입니다. 이 토기는 북부 지방에서 발견되었습니다.

청동기의 전형적인 토기는 민무늬 토기였습니다. 무늬가 없는 토기라는 뜻이지요. 민무늬 토기는 밑바닥이 평평한 원통 모양의 화분형과 밑바닥이 좁은 팽이 모양이 많습니다. 토기는 흙으로 만든 그릇으로 요리나 음식물 저장 등에 쓰였습니다. 빗살무늬 토기와 다른 점은 대체로 밑이 평평해졌다는 것이죠. 땅에 묻지 않았나 봅니다. 또한 손잡이가 달려 있는 것으로 보아 들고 다니기에 편리했을 것입니다.

청동기 시대에는 배산임수 지형에 집을 지었습니다. 뒤에 나지막한 야산이 있어서 겨울에 부는 차가운 북서풍을 막을 수 있었습니다. 앞에는 시냇물이 흘러 식수나 농업용수로 이용할 수 있었지요. 또한 완만한 구릉지에 몇 집이 모여 취락을 이루었습니다. 신석기 시대에는 물가에 있던 집들이 점차 구릉 쪽으로 옮겨졌습니다. 물고기잡이가 중요했던 신석기 시대에는 바닷가나 강가에 살았지만, 농사가 중요해지면서 강물을 얻기에 좋은 곳으로 이동하기 시작했던 것입니다. 바닷물을 농사짓는 데 쓸 수는 없었으니까요.

집자리는 직사각형의 움집이 일반적이었습니다. 신석기 시대보다 땅을 파는 깊이가 얕아져서 지상가옥에 가까워졌습니다. 하지만 완전한 지상가옥은 뒤에 오는 철기 시대에야 가능해졌지요. 움집 한가운데 자리했던 화덕은 한쪽 벽으로 옮겨졌습니다. 화덕 주변은 여성의 작업 공간으로 사용되었습니다.

그 밖에도 신석기 시대의 움집과 다른 점이 많았습니다. 움집을 세우는 데 주춧돌을 쓰기도 했습니다. 집자리는 넓은 지역에 걸쳐 많은 수가 밀집되어 취락을 이루고 있는 것을 볼 수 있습니다. 함께 힘을 모아 농사일을 할 수 있도록 정착 생활의 규모가 커졌다고 할 수 있겠죠.

한 마을의 집자리라도 그 넓이는 제각각이었습니다. 주거용으로 지어진 집도 있었고, 창고 · 공동작업장 · 공공 의식 장소

▲ 신석기 시대 움집 내부(서울 암사동)

▲ 집 내부(부여 송국리)

로 쓰였던 곳도 있습니다. 주거용 집자리는 4~8명 정도의 가족이 살 수 있는 크기였습니다. 부부를 중심으로 한 가족이 살기에 적합한 규모였습니다.

청동기 시대부터는 여성과 남성의 일이 구분되기 시작했습니다. 남편을 '바깥양반'이라고 하고 아내를 '집사람'이라고 부르는 것을 들어보셨죠. 여성은 주로 집안에서 일하고 남성은 농경이나 전쟁 같은 바깥일을 맡았습니다. 이전에도 여성은 주로 채집을 남성은 사냥을 맡았습니다. 석기를 쓰던 시기에는 도구가 썩 좋지 않아서 사냥이 쉽지 않았습니다. 남자만 일해서는 먹고살 수 없었지요. 오히려 여성의 채집 활동이 생계를 이어가는 데 중요한 역할을 했습니다. 그러나 농경이 발달한 청동기 시대에는 밭을 가는 등의 힘든 농사일을 남성이 맡았습니다. 그러면서 여성은 집안일을 맡게 되었습니다. 이로 인해 남성의 경제적인 지위가 점차 높아졌고, 가부장적인 가족 제도가 나타났습니다.

신석기 시대와 청동기 · 초기 철기 시대의 움집 비교

	신석기 시대	청동기 · 초기 철기 시대
움집 위치	강가, 바닷가	낮은 산간이나 구릉 배산임수 지형
바닥 모양	원형, 둥근 방형	장방형
바닥 깊이	깊음	지상가옥화
화덕 위치	가운데	한쪽 벽면
집단 규모	비교적 작은 집단	집단적 취락

점차 생산력이 늘어나면서 개인의 재산이 생겨났습니다. 부자와 가난한 사람이 나뉘게 되면서 계급도 생겨났습니다. 부유한 계급에 속하는 사람은 청동기를 가졌습니다. 청동제 무기로 무장하여 다른 사람을 누르고 권력을 쥐게 되었습니다. 그 가운데 부족을 지배했던 사람을 '군장'이라 부릅니다. 그가 다스리는 나라를 청동기 군장국가라고 하지요.

▲ 고인돌

계급이 분화되고 군장이 출현했던 사실은 무덤에 반영되었습니다. 청동기 시대의 대표적인 무덤은 고인돌입니다. 고인돌은 보통 4개의 굄돌을 세워서 돌방을 만들고 그 위에 거대하고 평평한 덮개돌을 얹은 탁자 모양입니다. 고인돌은 한 사람의 시체를 묻은 개인 무덤이었습니다. 그 길이가 9m, 무게가 70t에 이르는 거대한 덮개돌이 쓰인 곳도 있습니다. 고인돌에 쓰인 돌은 주변에 널려 있는 돌이 아니었습니다. 수십 리 떨어진 먼 곳에서 옮겨왔습니다.

그렇다면 고인돌에 묻힌 사람들은 누구였을까요? 많은 사람을 동원하여 무덤을 만들 수 있었다면 당연히 경제력과 권력을 가진 지배층이었을 것입니다. 고인돌에서 나온 껴묻거리에서 돌칼이나 비파형 동검이 발견되었습니다. 이는 무덤 주인공이 권력을 잡았던 계층의 사람임을 나타내는 증거가 됩니다.

껴묻거리
죽은 자를 매장할 때 함께 묻는 의복·장신구·무기 등의 물건. 부장품

남쪽으로 내려가면서 또 시대가 지나면서 고인돌의 구조도 달라졌습니다. 시체를 지하에 매장하고 여러 개의 받침돌이나 돌무지로 덮개돌을 받친 모양으로 변했습니다. 또 지하에 널찍

한 돌로 상자 모양의 널을 만든 돌널 무덤도 생겼습니다. 돌널 위에 돌을 쌓아 올린 돌무지 무덤도 나타나기 시작했습니다.

고인돌은 지배층의 출현을 상징합니다. 경제력이나 정치 권력에서 우세한 사람이 나타났음을 뜻하지요. 이들은 스스로를 하늘의 자손이라고 믿는 선민 사상을 가졌습니다. 하느님이 자신이나 자신의 부족을 특별히 선택하여 힘을 주었다고 믿었습니다. 이들은 주변의 약한 부족을 정복해 나갔습니다. 청동 무기를 이용해 지배 영역을 넓혔고, 이를 계기로 지배층과 피지배층의 분화가 더욱 심해졌습니다. 분명한 계급 사회가 형성되었죠. 권력과 경제력을 갖춘 부족의 지배자를 군장이라 불렀습니다. 부족의 대표자라는 뜻에서 족장이라고도 합니다.

군장(君長)

청동기 시대의 정치 지배자. 족장이라고도 한다.

군장은 청동기 문화가 일찍부터 발달한 북부 지역에서 등장했습니다. 부족 사회보다 한 단계 발전한 사회를 군장국가라고 합니다. 평등 사회가 계급 사회로 바뀌면서 나타나게 되었지요. 군장국가는 청동기 문화를 배경으로 나타난 새로운 정치 형태였습니다. 우리 나라에 등장하는 최초의 군장국가는 단군왕검이 다스린 고조선이었습니다.

청동기를 누른 철기 : 초기 철기의 사용

B.C. 4세기 무렵부터는 철기가 쓰이기 시작했습니다. 철로는 무기와 농기구를 만들었습니다. 철제 무기를 갖춘 사람은 다른 부족을 정복하는 일에 앞장설 수 있었습니다.

철은 청동보다 재료를 구하거나 다루기 쉬웠고 단단했습니다. 농기구를 만들 때에도 별 문제가 없었죠. 그래서 청동제 농기구는 없었지만, 철제 농기구는 많이 제작되었습니다. 철제 농기구를 가진 사람은 농업 생산량을 더욱 늘릴 수 있었습니다. 자연히 철기를 가진 부자는 군사력도 강해지고 경제력도 더 쌓을 수 있었지요.

▲ 명도전

철기 시대에는 중국과의 교역이 시작되었습니다. 명도전(明刀錢)이라는 '명(明)' 자가 새겨진 칼 모양의 중국 화폐가 발견된 것으로 보아 중국과의 무역이 활발했던 모양입니다. 경남 창원 다호리에서는 붓도 발견되었습니다. 붓으로 글을 썼을 테니, 중국의 한자도 사용되었을 것이라고 추측할 수 있겠죠.

철기 시대에도 청동기는 여전히 사용되었는데 주로 의례에 쓰이는 도구가 많았습니다. 청동기가 의기화되었지요. 이 시대의 청동기 도구는 말, 호랑이, 사슴, 사람의 손 모양을 사실적으로 조각하거나 기하학적인 무늬를 정교하게 새겨 주술적인 의미를 담아 의식에 사용했던 것으로 보입니다.

의기(儀器)

의례·의식에 사용하는 도구. 철기 시대가 되면서 이전까지 사용했던 청동기는 의례에 사용하는 도구로 바뀌었다.

그러면서 청동기 문화는 더욱 발전해 갔습니다. 북방의 청동기 문화를 뛰어넘어 독자적인 한반도의 청동기 문화를 발전시켰습니다. 비파형 동검은 세형 동검으로 변했습니다. 세형 동검은 비파형보다 가늘어진 모양을 하고 있었습니다. 이 세형 동검을 한국식 동검이라 부릅니다. 청동기 시대의 거친무늬 거울은 잔무늬 거울로 바뀌었습니다. 그리고 청동제품을 만들 때

청동기를 만들던
▼ 거푸집

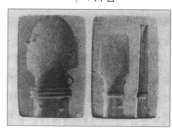

쓰이는 틀인 거푸집도 발견되었습니다. 청동을 녹여 거푸집에 부으면 청동제품을 대량으로 생산할 수 있었습니다. 공급이 늘면서 청동기의 값도 떨어졌을 것입니다. 결과적으로 청동기 사용이 보편화되었죠.

철기 시대의 토기로는 붉은 간 토기, 검은 간 토기, 입술 단면에 원형 또는 타원형의 덧띠가 붙여진 덧띠 토기 등이 있었습니다. 간 토기는 표면을 갈고 그 위에 붉은 색 혹은 검은 색을 칠한 토기를 말합니다.

초기 철기 시대에는 바위 그림이 만들어졌습니다. 바위에 쇠꼬챙이로 쪼아서 그림을 그렸습니다. 울산 반구대의 바위 그림에는 여러 동물이 등장합니다. 거북, 사슴, 호랑이, 새, 작살이 꽂힌 고래, 그물에 걸린 동물, 우리 안의 동물 따위를 새겼습니다. 이는 사냥의 성공과 풍성한 수확을 비는 염원의 표현으

청동기 시대와 초기 철기 시대의 유물

	청동기 시대	초기 철기 시대
시 기	B.C. 10세기~ B.C. 4세기	B.C. 4세기~기원 전후
농기구	간석기 (반달 돌칼, 바퀴날 도끼)	간석기 철제 농기구
무 기	비파형 동검	세형 동검 철제 무기
청동 거울	거친무늬 거울	잔무늬 거울
토 기	민무늬 토기 미송리식 토기	덧띠 토기 검은 간 토기, 붉은 간 토기
기 타		거푸집, 명도전, 붓

▶ 울산 반구대 바위 그림

로 보입니다. 고령의 바위 그림에는 동심원, 십자형, 삼각형과 같은 기하학적인 무늬가 있습니다. 동심원은 둥근 태양을 상징하는 것으로 농업 사회의 풍요를 기원하는 태양숭배 사상을 엿볼 수 있습니다.

저장하기 : 선사 시대

- 구석기 시대에는 채집과 사냥을 주로 하면서, 동굴이나 막집에서 무리 생활을 했습니다.
- 신석기 시대에는 농경이 시작되었으며, 강가나 해안에 움집을 짓고 정착 생활을 했습니다.
- 청동기의 사용과 농경의 발달로 사유 재산이 축적되어 빈부의 차가 생기고 계급이 발생했습니다.
- 철기의 사용으로 종래 사용해 오던 청동기는 의기화되었고, 한반도 안에서는 독자적인 청동기 문화가 발전했습니다.

고조선 시대

1 단군 왕검 등장이요 · 단군과 고조선

옛날 옛적에 단군이 있었습니다 : 단군 이야기

청동기를 사용하면서 군장이 지배하는 사회가 탄생했습니다. 이 가운데 세력이 강한 군장은 주변 사회를 통합하며 권력을 강화했습니다. 그리고 군장이 지배하는 국가를 만들었습니다. 이렇게 해서 생겨난 우리 나라 최초의 군장국가는 고조선입니다.

고조선은 청동기 유물을 많이 남겼습니다. 그 중에서도 비파형 동검과 미송리식 토기가 대표적입니다. 이 유물들이 발견되는 지역은 대체로 고조선의 세력 범위와 일치합니다.

고조선은 요녕〔遼寧 : 랴오닝〕 지방에서 대동강 유역의 한반도 북부까지 세력을 넓혀갔습니다. 그러나 건국 초기부터 만주와 한반도 북부까지를 모두 지배하는 큰 나라는 아니었습니다. 청동기 문화를 바탕으로 성립되었고 점차 발전하여 철기 시대까지 이어졌습니다.

고조선은 단군 왕검(檀君王儉)이 세웠다고 전해집니다. 단군 왕검 이야기는 《삼국유사》에 전해지고 있습니다. 일연이 고려 시대에 쓴 역사책이죠. 이 밖에도 단군 이야기를 수록한 저서로는 《제왕운기》, 《응제시주》, 《세종실록지리지》, 《동국여지승람》 등이 있습니다.

고조선의 세력 범위

옛날 환인(하느님)의 아들 환웅이 인간 세상에 내려가기를 갈구하였다. 하느님은 아들의 뜻을 알고, 태백산을 보니 널리 인간을 이롭게 할 만하므로 세상에 내려가 사람을 다스리게 하였다. 환웅은 풍백(風伯), 우사(雨師), 운사(雲師)를 거느리고 태백산에 내려와 곡식, 수명, 질병, 형벌, 선악 등의 360가지나 되는 일을 주관하여 인간 세계를 다스려 교화하였다. 그때 곰이 찾아와 사람이 되기를 원하므로 환웅은 곰을 여자로 변하게 하였다. 그와 혼인하여 단군을 낳았다. 단군 왕검은 아사달에 도읍을 정하고 나라를 세워 조선이라 하였다.

단군 이야기는 우리 민족의 시조 신화로 널리 알려져 있습니다. 오랜 세월을 거치면서 전해 내려오던 이야기가 기록으로 남겨진 것입니다. 그 동안 어떤 부분은 없어졌고 또 어떤 부분은 새로 더해지기도 했습니다. 이것은 모든 신화의 공통점입니다. 일제 시대 일본인 학자들은 "어떻게 곰이 사람으로 변할 수 있지? 고려 시대 불교 신자들이 꾸며낸 이야기일 것이다."라며 오랜 우리 역사를 인정하지 않았습니다. 그러나 신화가 그 자체 그대로 사실일 수는 없습니다. 곰에게 마늘과 쑥을 먹인다고 사람이 될 리는 없지요. 하지만 완전한 허구라고도 할 수 없습니다. 그 시대 사람들의 사상과 관심을 반영하기 때문에 나름대로 역사적 의미가 담겨져 있습니다. 단군 이야기는 청동기 문화를 배경으로 고조선이 세워졌다는 역사적인 사실을 반영하고 있습니다.

고조선은 하느님의 후예임을 내세우는 환웅 부족과 곰을 토템으로 하는 곰 부족이 결합하여 건국되었습니다. 환웅이 하늘에서 왔다고 한 것으로 볼 때 다른 지역에서 이주한 사람일 것으로 추측됩니다. 그리고 원래부터 그 지역에 살던 토착민이 곰 부족이었을 것입니다. 두 부족이 타협하여 그 아들인 단군이 새로운 세상을 열게 되었습니다. 새로운 나라의 이름은 조선이었습니다. 그런데 뒤에 위만이 다스리던 나라도 조선이었습니다. 그리하여 두 나라를 구분하기 위해 단군 조선을 고조선이라고 부르게 된 것이지요.

단군 이야기에 등장하는 사람들은 구릉 지대에 살면서 농사를 지었습니다. 고조선은 농경 사회가 바탕이 되었습니다. 환웅은 하늘에서 풍백(風伯) · 우사(雨師) · 운사(雲師)를 거느리고 태백산으로 내려왔습니다. 바람, 비, 구름 이 세 가지 일을 맡아보던 관리가 있었던 것이죠. 바람이 불고 구름이 끼어 비가 내리면 농사짓는 데 많은 도움이 됩니다. 농사를 짓는 데 필요한 자연 현상을 주관하는 관리가 있었던 것을 보면 농사가 무척 중요했다는 사실을 알 수 있습니다.

고조선이 처음 나라를 세운 곳은 태백산입니다. 청동기 시대에는 배산임수의 구릉 지대에 집을 지었다고 했습니다. 뒤는 산으로 둘러싸여 있고 앞에 강이 흐르는 땅에서 산 쪽에 마을을 만들었죠. 강물이 있으니 농업용수로 이용할 수 있었습니다. 게다가 배산임수의 지형은 남향으로 햇빛을 충분히 받을 수 있습니다. 곡식이 자라기에 더없이 좋은 자연 조건이었지요. 이러한 경제력을 바탕으로 최초의 나라를 세웠던 것입니다.

그런데 단군 조선에 대한 인식은 시대에 따라서 많이 변합니다. 고구려, 백제, 신라의 삼국 시대에는 고조선을 중요하게 생각하지 않았습니다. 삼국은 모두 독자적인 건국신화가 있습니다. 주몽 설화, 온조 설화, 혁거세 설화가 있지요. 고조선을 우리 민족의 기원으로 생각하지 않았던 것입니다. 그러다가 고려가 몽고의 침입으로 어려움에 빠지면서 단군 이야기는 널리 퍼졌습니다. 몽고의 침입에 맞서기 위해 국민을 단결시킬 수 있는 민족의식이 필요하게 되었던 것입니다. 이러한 시대적인 배경으로 관심을 끌게 된 것이 단군 이야기입니다.

조선 초에는 단군이 민족의 시조로 확정되었습니다. '조선'이라는 나라 이름도 단군 조선의 국호에서 비롯된 것입니다.

참성단(사적 136호,
인천 강화)

고조선을 계승한 나라라는 것을 분명히 했지요. 단군을 우리 민족의 시조로 내세워 지역 감정을 다스리려 했고, 세종은 평양에 단군 사당을 지어 제사를 지냈습니다. 그리고 단군이 천신에게 제사를 지낸 곳이라는 전설이 있는 강화도 마니산 참성단에서 초제를 지냈습니다. 하지만 조선 후기 실학자들은 우리 것에 대한 관심을 바탕으로 고조선에 대한 연구를 진행했습니다. 구한말에 일제의 침략이 거세지자 단군을 신격화한 종교가 나타났습니다. 이것이 바로 대종교입니다. 나철, 오기호가 대종교를 만들어 단군 신앙을 강화시켰고, 그 후 일제 시대에는 단군 신앙이 민족 운동의 정신적 지주 역할을 했습니다.

널리 인간을 이롭게 한다 : 단군과 고조선

농경이 발달하여 사유 재산이 생기고, 빈부의 차이가 나타나 계급이 발생하면서 지배 계급이 등장했습니다. 신석기 시대 말부터 청동기 시대로 발전하는 시기였습니다. 이전까지의 평등 사회와는 다른 새로운 사회가 열리게 되었고, 이에 따라 새로운 사회 질서가 성립하였습니다. '널리 인간을 이롭게 한다'는 홍익인간의 정신은 지배층의 정치적인 포부를 밝힌 것이기도 했습니다.

고조선의 정치적 지배자는 단군 왕검이었습니다. '단군 왕검'은 사람의 이름이 아니라 고조선의 최고 지배자를 부르는

칭호였습니다. 제1대 단군 왕검, 제2대 단군 왕검 하는
식으로 계승되었습니다. 그렇다면 그림에 보이는 단군
왕검은 누구일까요?

▲ 단군 왕검

이 분은 우리가 최초의 단군 왕검이라고 생각하는 인
물입니다. 정치적 권력을 가진 이 시대의 지도자를 군
장이라 합니다. 군장의 한자를 보면 임금 군(君)과 어른
장(長)을 합친 단어입니다. 군장은 임금과 같은 지배력
을 가졌지만, 아직 강력하지는 못해서 어른과 같은 지
도자 성격을 가졌습니다. 이런 군장이 출현할 수 있었
던 기반은 청동기의 사용이었습니다. 따라서 단군 왕검
이 다스렸던 고조선은 청동기 문화를 배경으로 한 군장국가라
고 할 수 있습니다.

그렇다면 최고 지배자였던 단군 왕검은 무슨 뜻이었을까요.
'단군'은 제사장이라는 뜻입니다. 하느님의 손자로서 하늘에
제사를 지내는 사람이었죠. '왕검'은 정치적 지배자를 의미합
니다. 즉 단군 왕검은 제사장이면서 정치 지배자였습니다. 제
사와 정치에 관한 두 가지 지위를 한 사람이 모두 가졌던 것이
죠. 따라서 고조선은 제정일치 사회입니다.

또한 환웅 부족은 스스로를 하늘의 자손이라 하여 자기 부족

국가 발전과 도구

무리 · 부족 사회	군장국가	연맹왕국	중앙집권국가
구석기 · 신석기 사용	청동기 문화 수용	초기 철기 문화 수용	철기 문화 보급

의 우월성을 과시했습니다. 단군 왕검은 자신의 조상을 하늘에 연결시켰고, 하느님의 선택을 받은 부족이라는 선민 사상을 내세워 백성을 다스려나갔습니다.

살인하면 사형 : 고조선의 사회

고조선 사람들이 지켜야 할 것으로 8조법이 있었습니다. 《한서지리지》라는 중국의 역사책에 그 중 세 조목이 전해지고 있습니다.

> 사람을 죽인 자는 죽이고, 남에게 상처를 입힌 자는 곡식으로 배상하도록 하며, 도둑질을 한 자는 남자일 경우에는 몰입(沒入)하여 그 집 노비로 만든다. 만일 용서받고자 하는 자는 한 사람 앞에 50만 전을 내게 한다.

이 내용을 보면 고조선에서 생명과 사유 재산을 중요하게 여겼음을 알 수 있습니다. 살인은 사형으로 다스려 생명을 보호하고자 했습니다. 둘째로 남에게 상해를 입히면 곡식으로 물어주어야 했습니다. 상해를 입은 사람은 일을 할 수 없기 때문에 경제적인 손실을 배상하도록 한 것입니다. 노동력이 곧 경제력으로 연결되는 사회였음을 보여 줍니다. 셋째는 절도죄에 관한 것인데, 남의 물건을 훔치면 노비가 된다고 했습니다. 이는 사유 재산이 보장되었고, 노비로 삼는다 했으니 신분 제도가 있었음을 시사해 줍니다. 또 경제적인 피해를 노비가 되어 일하게 함으로써 노동력으로 보상하게 만드는 가치관도 엿볼 수 있습니다.

《한서지리지》에 이어지는 내용에 보면 "그러나 비록 노비를 면하여 평민이 되더라도 사람들은 이를 수치스럽게 여겼다. 여자는 배필이 없는 남자와 결혼하였다. 이 때문에 그 백성이 도둑질을 하지 않으므로 문단속을 하지 않았으며 부인들은 정숙하고 음란하지 않았다."라고 적고 있습니다. 부인들이 정숙했다는 기록은 있으나 남자들에 관해서는 이렇다 할 표현이 없습니다. 아마도 여성에게만 정절을 강요했던 것이 아닐까요. 따라서 고조선은 남성에게 좀더 자유로운 권리가 보장된 가부장적 사회였다고 할 수 있습니다.

2 위만이 왔습니다 • 위만 조선

쿠데타가 일어나다 : 위만의 집권

고조선은 위만의 출현으로 커다란 변화를 맞이합니다. 춘추 전국 시대부터 진·한이 교체하는 동안 중국은 줄곧 혼란의 시기였습니다. 계속되는 정치적 변동으로 여기저기 떠도는 사람이 많아졌고, 그 가운데 고조선으로 흘러 들어오는 사람도 있었습니다. 특히 B.C. 2세기 무렵 진나라가 망하고 한나라가 세워지면서 고조선으로 이주해 오는 유이민이 크게 늘었습니다.

위만은 이 무렵 중국에서 건너온 망명자였습니다. 그는

1,000여 명의 무리를 이끌고 고조선에 들어왔습니다. 이 때 고조선의 지배자는 준왕이었는데, 위만이 서쪽 변경에 살고 싶다고 하자 이를 허락했습니다. 그 뒤 위만은 준왕의 신임을 얻어 국경을 수비하는 임무를 맡았습니다. 위만은 중국에서 온 이주민 세력을 기반으로 점차 힘을 키웠습니다. 그리고는 마침내 쿠데타를 일으켰습니다. 수도로 쳐들어가 준왕을 몰아내고 스스로 왕이 되었습니다(B.C. 194).

위만이 중국에서 망명한 유이민을 기반으로 나라를 세웠기 때문에 일본인들은 "위만 조선은 중국인이 세운 식민 정권이다."라고 했습니다. 그렇다면 위만은 정말 중국 사람이었을까요? 아닙니다. 위만은 처음 고조선에 올 때 상투를 틀고 조선옷을 입고 있었다고 합니다. 또한 나라 이름을 중국식으로 바꾸지도 않았습니다. 계속 조선이라고 불렀지요. 왕위에 오른 다음 조선의 토착민들을 고위 관직에 기용하고 중국인은 등용하지 않았습니다. 그가 중국에 살았지만 중국인이 아니었다는 증거입니다. 비록 중국에서 온 유이민을 배경으로 세력을 키웠지만 중국의 영향 아래 있던 식민 정권이라고는 할 수 없습니다. 위만 조선은 단군 조선을 계승했으며, 고조선 백성을 바탕으로 한 연맹왕국이었습니다.

위만은 중국에서 발달한 철기 문화에 익숙한 사람이었습니다. 위만 조선에서는 본격적으로 철기 문화를 수용하면서 철을 이용해 무기와 농기구를 만들었고, 철기를 생산하는 수공업이 성하게 되면서 상업과 무역도 발달했습니다. 이리하여 위만 조선은 경제적인 발전을 바탕으로 중앙 정치 조직을 갖춘 국가로 성장했고, 또한 철제 무기로 무장한 우세한 군사력을 앞세워 주변으로 영토를 넓혀갔습니다.

조선은 사라지고 : 위만 조선의 멸망

세력이 강대해진 위만 조선은 한반도의 여러 나라들이 중국의 한(漢)과 직접 교역하는 일을 금지시켰습니다. 그리고 한의 비단을 값싸게 사들여 한반도에 있는 다른 나라에 비싸게 팔아 중간에서 많은 이익을 남기는 중계무역으로 경제력을 쌓아나갔습니다.

그러나 한은 중계무역의 이익을 독점하는 위만 조선을 탐탁하지 않게 생각했습니다. 한이 한반도에 들어와 직접 거래를 하면 팔고 사는 두 나라 모두에게 이익이 돌아가겠죠. 하지만 위만 조선의 위세에 눌려 그렇게 하지 못하는 것이 늘 불만이었습니다. 더군다나 북쪽에서 흉노가 내려오자 혹시 위만 조선과 흉노가 동맹을 맺지 않을까 불안했습니다. 흉노는 북방에 사는 기마 민족으로 항상 한을 위협했습니다. 이에 한은 흉노와 연결될 가능성이 많아 보이는 위만 조선을 공격하기로 결정했습니다. 한 무제는 강력한 철기로 무장하고 위만 조선을 공격했습니다. 위만 조선은 완강하게 대항하며 1년 동안 잘 싸웠지만, 왕검성이 함락되어 결국 멸망하고 말았습니다(B.C. 108).

위만 조선이 망한 뒤, 한은 일부 지역에 군현을 설치했습니다. 한의 군현은 옛 조선 사람들을 억압하고 수탈을 계속했습니다. 또한 그들은 엄격한 율령을 만들어 한 군현 지배자들의 생명과 재산을 보호하려 했습니다. 백성의 생활을 규제하는 법조항도 60여 조로 늘어났고, 풍속도 각박해졌습니다. 이에 토착민들은 한 군현의 지배에 강하게 반발하였고, 이러한 반발이 잦아지자 점차 한 군현 세력은 약해졌습니다. 그리고 후에 고구려의 공격으로 한 군현은 사라지게 되었습니다.

저장하기 : 고조선사

• 단군 이야기는 청동기 문화를 배경으로 한 최초의 국가 고조선 성립이라는 역사적 사실을 반영합니다.
• 고조선의 세력 범위는 청동기 시대를 특징짓는 유물인 비파형 동검이나 미송리식 토기가 출토되는 지역과 거의 일치합니다.
• 위만 왕조의 조선은 철기 문화를 본격적으로 수용했습니다.

부여

1 고구려·백제의 뿌리 • 부여의 성장

1 왕 부족 + 4 가 부족 : 연맹왕국 부여

부여는 만주 지역의 송화강 유역에 세워졌습니다. 이곳에는 들과 평야가 넓게 펼쳐져 있었고 주변에 산과 언덕이 많았습니다. 강을 끼고 있는 비옥한 평야여서 농사짓기에 적합했으며, 넓은 초원에서는 목축도 이루어져 부여의 특산물은 말이나 모피였습니다. 지방 족장의 이름에 말·소·돼지·개와 같은 가축 이름이 쓰인 것을 보아도 목축이 성행했음을 짐작할 수 있습니다.

부여는 1세기 초에 이미 왕의 호칭

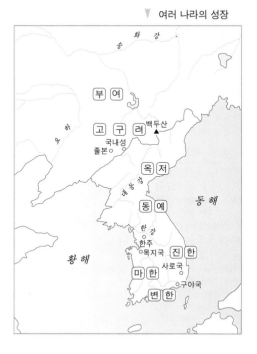

▼ 여러 나라의 성장

을 썼습니다. 왕 아래로는 마가, 우가, 저가, 구가 따위의 관리가 있었습니다. 가(加)는 사출도를 다스리는 족장이었는데 가축의 이름을 본떠 벼슬 이름을 만들었습니다. 그 밖에 대사자, 사자와 같은 관리도 있었습니다. 부여는 전국을 5부로 나누었고, 왕이 직접 다스리는 하나의 중앙과 가가 다스리는 4개의 사출도로 구성하였습니다.

부여와 같은 정치 형태를 연맹왕국이라고 합니다. 주변의 부족과 손잡고 한 나라가 되는 연맹을 이루었지요. 또한 최고 지배자는 왕이기 때문에 왕국이라고 했습니다.

가들은 왕을 추대했습니다. 그러나 수해나 한해로 곡식이 잘 여물지 않으면 왕에게 책임을 묻기도 했습니다. 왕이 정치를 잘못해서 농사를 망쳤으니 물러나라는 것이죠. 왕의 권한은 그리 크지 않았습니다. 가들의 의견이 정치에 크게 반영되었기 때문에 연맹왕국의 정치는 지방분권적이라고 할 수 있습니다. 그렇지만 왕은 이전 시대에 군장으로 불릴 때보다는 권력이 강해졌습니다.

순장(殉葬) →

주인이나 임금이 죽으면 노비, 신하, 부인 등을 산 채로 함께 묻어 장사지내는 풍습. 순장은 영혼불멸 사상에서 유래했는데, 죽은 뒤에도 살아 있을 때처럼 생활한다고 믿었기 때문에 노비 등을 같이 묻어 죽은 뒤에도 주인에게 봉사하도록 했다.

부여에는 왕이 죽으면 많은 사람들을 함께 묻는 순장 풍습이 있었습니다. 왕의 권력이 강하기 때문에 산사람까지 묻을 수 있었던 것입니다. 물론 후대 중앙집권국가의 왕이 누리던 권력에는 미치지 못했지요. 왕이라는 칭호를 썼지만 아직은 권력이 약했다고 할 수 있습니다.

부여의 법으로는 4조목이 전해집니다. "다스림이 매우 엄하여 살인한 사람은 죽이고, 그 가족은 노비로 삼는다. 도둑질한

자는 12배로 갚아야 한다. 간음한 자나 투기가 심한 부인은 모두 죽인다."는 내용으로 고조선의 8조법과 비슷했습니다. 즉 생명과 재산의 보호를 위해 법을 만들었습니다. 투기가 심한 부인을 사형에 처한다는 대목을 보면 가부장적 사회였다는 것도 확인할 수 있습니다. 당시에는 한 사람의 남편과 여러 명의 아내가 있는 일부다처제 사회였습니다. 여러 아내들 사이에 싸움이 일어나지 않도록 엄격한 법을 만들었던 것입니다.

부여의 풍속으로는 영고라는 제천 행사가 있습니다. 정월 보름에 온 나라의 백성이 마을마다 한데 모여서 하늘에 제사를 지내고, 며칠 동안 날마다 마시고 노래하며 춤을 추었습니다. 이 때 감옥을 열고 죄인을 풀어 주기도 했습니다. 보통 제천 행사는 농경 사회의 전통으로, 추수를 한 뒤 하늘에 감사를 드리는 축제였습니다.

한편, 전쟁이 일어났을 때에는 점을 치기도 했습니다. 소를 죽여서 그 굽으로 길흉을 미리 점쳤습니다. 점복에 의지하여 사회가 움직였던 시기였으니까요.

사라지지 않은 나라 : 부여의 의의

부여는 북쪽으로 선비족, 남쪽으로 고구려와 접하고 있었습니다. 여러 나라와 마주하여 나라를 지키는 데 어려움이 있었습니다. 3세기 말에 선비족의 침략을 받아 부여는 크게 쇠퇴하였고, 그러다가 결국 고구려에 편입되었습니다(494).

하지만 부여가 완전히 사라진 것은 아닙니다. 부여 사람은 고구려와 백제 사람으로 이어졌습니다. 고주몽은 부여에서 남쪽으로 내려와 고구려를 만들었고, 그 가운데 일부가 다시 한강 유역까지 내려가서 백제를 세웠습니다. 백제의 왕족은 부여씨였습니다. 부여 사람을 계승한다는 생각이 있었던 모양입니다. 나중에 한강에서 금강 유역으로 내려온 뒤 성왕은 사비에 도읍을 정하고 나라 이름을 남부여라고 했습니다. 남쪽의 부여라는 뜻이었죠. 백제 사람들은 자신을 부여의 후예로 생각했습니다. 이곳 사비가 바로 오늘날 충청도의 부여입니다. 이처럼 부여는 고구려와 백제의 뿌리가 되는 나라였습니다.

보통 우리 민족을 백의 민족이라 합니다. 흰 옷을 입는 사람들이란 뜻이죠. 흰 옷을 즐겨 입는 풍습은 부여에서 비롯되었습니다. 부여 사람들은 흰 베로 만든 큰 소매가 달린 도포와 바지를 입었다고 합니다. 이러한 풍속이 계속 이어져 우리 민족의 특성이 되었지요. 그렇기 때문에 부여는 사라졌으나, 사라지지 않은 나라로 남아 있는 것입니다.

저장하기 : 부여사

- 부여는 만주 송화강 유역의 평야 지대를 배경으로 성장하여, 주로 농경과 목축에 종사했습니다.
- 부여는 왕이 직접 통치하는 중앙과 마가, 우가, 저가, 구가가 다스리는 사출도(四出道)를 합하여 5부족 연맹왕국을 형성했습니다.
- 부여에서는 가(부족장)들이 왕을 추대했으나, 수해나 한해를 입어 오곡이 잘 익지 않으면 왕에게 책임을 묻기도 했습니다.

옥저와 동예

1 동해안의 두 군장국가 • 옥저와 동예

옥저는 함경도 해안의 평야 지대에 위치했고, 동예는 강원도 북부 동해안 지방에 있었습니다. 두 나라는 동해안 지역에 치우쳐 있었기 때문에 선진 문화 수용에 있어 다른 국가에 비해 늦었습니다. 게다가 일찍부터 고구려의 압박에 시달려 크게 성장하지 못했습니다.

두 나라는 각 읍락에 '읍군'이나 '삼로'라는 군장을 두어 군장이 자기 부족을 다스리는 군장국가였습니다. 그러나 좀더 성장하여 연맹왕국이 되는 데는 이르지 못했습니다.

옥저는 동해안에 위치하여 어물이나 소금 등의 해산물이 풍부했지만, 고구려에 공납을 바쳐야 했습니다. 힘센 나라의 압력에 굴복하지 않을 수 없었기 때문입니다. 바

◀ 동예 군장의 동제 도장

가족이 죽으면 시체를
가매장했다가 나중에 그
뼈를 추려 가족 공동무
덤에 안치하는 제도

닷가에서 생활하기 때문에 여성 노동력이 중요하게 여겨졌고, 이에 따른 민며느리제 풍속이 있었습니다.

옥저에는 골장제 풍속도 있었는데, 이는 가족 공동무덤을 말합니다. 가족이 같은 날 죽는 것도 아닌데 어떻게 공동무덤을 만들었을까요? 가족 가운데 한 사람이 죽으면 시체를 임시로 묻어 두었다가, 나중에 시체가 썩으면 뼈만 간추려서 커다란 나무 상자에 넣었습니다. 이것을 모아 공동무덤을 만들었던 것입니다.

동예는 동쪽의 예족이라는 뜻입니다. 동예도 토지가 비옥하고 해산물이 풍부해서 농사와 고기잡이로 풍족한 생활을 했습니다. 동예는 특히 비단이나 삼베를 짜는 방직 기술이 발달했고, 단궁(활)과 과하마(조랑말), 반어피 등이 특산물로 유명했습니다. 해마다 10월에는 제천 행사가 열렸는데 이를 무천이라고 합니다.

족외혼(族外婚)

다른 부족의 사람과 혼
인하는 풍습. 같은 부
족 안에서 혼인이 이루
어지면 한 여자나 남자
를 놓고 여러 사람이
다투어 부족 내의 결속
을 깨뜨릴 수 있으므로
다른 부족 사람과 혼인
했다. 이웃 부족과는
혼인을 통해 동맹 관계
를 맺을 수 있는 장점
도 있다.

동예에서는 같은 부족끼리는 혼인하지 않는 족외혼을 엄격하게 지켰습니다. 또한 산천을 중시하여 각 부족의 땅을 함부

국가의 발달

	군장국가	연맹왕국	중앙집권국가
해당 국가	고조선, 옥저, 동예	부여, 삼한	고구려, 백제, 신라
지배층	군장	왕, 족장	왕, 귀족
정치적 특징	제정일치	왕권 미약 지방분권	왕권 강화 중앙집권

로 침범하지 못하도록 했습니다. 대개 산과 하천을 경계로 부족의 생활권이 정해졌습니다. 만약 다른 부족의 땅을 침입하면 그 죄를 물어 노비와 소·말 따위로 변상하게 했습니다. 이것을 책화라고 합니다.

책화(責禍)

죄를 꾸짖는다는 뜻으로 다른 부족의 영역을 침범하면 그 죄를 물어 배상하게 하는 풍속

저장하기 : 옥저와 동예

- 옥저와 동예는 읍군, 삼로라는 군장이 자기 부족을 다스리는 군장국가였습니다.
- 옥저에는 민며느리제가 있었으며, 가족 공동무덤을 만들었습니다.
- 동예에서는 산천을 중시하여 각 부족의 영역을 함부로 침범하지 못하게 했습니다.

삼 한

1 제사와 정치가 분리된 나라 • 삼한의 발전

삼한은 마한, 진한, 변한을 말합니다. 일찍이 고조선이 성장했을 때, 한강 남쪽에는 진(辰)이 있었습니다. 진은 B.C. 2세기 무렵 위만 조선의 방해로 중국과 직접 교통하지 못했습니다. 하지만 정치적 변동으로 인해 고조선 사람이 남쪽으로 이사하는 경우가 많았습니다. 위만에게 쫓겨났던 준왕도 남쪽으로 망명했습니다. 이러한 유이민들은 금속 문화의 혜택을 많이 받았기 때문에 진에도 북쪽의 발달한 철기 문화가 전해졌습니다. 진은 발전을 거듭하면서 새롭게 개편되었습니다. 이것이 삼한입니다.

마한은 대전 · 익산 지역을 중심으로 형성되어 경기, 충청, 전라도 지방으로 발전했습니다. 마한은 54개의 소국으로 이루어졌는데, 그 중 규모가 큰 곳은 만여 호(戶) 정도 되었고 작은 곳은 수천 호밖에 되지 않았습니다. 진한은 대구 · 경주를 중심으로 한 12개 소국으로 이루어졌습니다. 변한은 김해·마산 중심의 12개 소국으로 발전했습니다.

삼한 가운데에서는 마한의 세력이 가장 강력했고, 마한의 소국 중 하나인 목지국(目支國)의 지배자가 삼한 전체를 이끌었습니다. 소국의 지배자는 세력이 크면 신지·견지라고 했고, 세력이 작으면 부례·읍차라고 불렀습니다.

삼한에는 정치적 지배자 외에 제사장으로 천군(天君)이 있었습니다. 천군은 천신(天神)에게 제사지내는 일을 맡아보았습니다. 종교 의례는 소도(蘇塗)라는 신성 지역에서 이루어졌고, 이곳에는 정치적 권력이 미치지 못했습니다. 그래서 죄인이 소도에 숨으면 잡을 수도 없었죠.

이것으로 삼한은 엄격한 제정분리국가였다는 사실을 알 수 있습니다. 고조선의 단군 왕검이 제정일치 지배자였고, 청동기의 군장국가까지는 제사장이 정치를 주도했습니다. 그런데 철기 문화를 배경으로 연맹왕국이 탄생하면서 제사와 정치 업무가 나뉘게 되었습니다.

하늘에 제사지내는 제천 행사로는 5월제와 10월제가 있었습니다. 해마다 씨를 뿌린 뒤 5월 수릿날에 농사가 잘 되도록 빌었습니다. 가을걷이를 하는 10월에는 계절제를 열어 추수에 감사하는 제사를 드렸습니다. 제천 행사는 천군이 맡아서 주관했고 5월제와 10월제 동안에는 온 나라 사람들이 모여서 음식과 술을 나누어 먹고 노래와 춤을 즐겼습니다. 대개 다른 나라에서는 일 년에 한 번 있는 제천 행사가 두 번이나 이루어진

> **제천 행사**
> • 부여 : 영고(12월)
> • 고구려 : 동맹(10월)
> • 동예 : 무천(10월)
> • 삼한 : 5월 수릿날, 10월 계절제

제천의 의림지 ▲

이유는 삼한이 다른 나라에 비해 농경이 발달한 사회였기 때문입니다.

삼한의 백성들은 한곳에 정착하여 벼를 많이 심었습니다. 철제 농기구를 이용한 벼농사를 비롯하여 농경이 크게 발달했습니다.

벼농사에는 특히 물이 많이 필요합니다. 그러나 우리 나라는 해마다, 계절마다, 지역마다 강수량의 변동이 심합니다. 이를 극복하기 위한 수단으로 저수지를 만들어 비가 많이 내릴 때 모아 두어야 했습니다. 그래서 삼한에서는 농경을 위해 저수지를 많이 만들었습니다. 김제의 벽골제, 밀양의 수산제, 제천의 의림지 등은 이 때에 만들어진 것입니다.

또한 농사를 짓는 데는 여러 사람의 노동력이 필요합니다. 그래서 마을마다 두레라는 조직을 만들어 씨뿌리기, 김매기와 같은 농사일을 공동으로 했습니다. 이로써 삼한은 대표적인 농업국가로 발전하게 됩니다.

삼한 가운데 변한에서는 철이 많이 생산되었습니다. 낙동강 유역에는 대규모 야철지가 있었다고 합니다. 이곳에서 생산된 철을 낙랑과 일본 등지에 수출했습니다. 철은 교역에서 화폐처럼 쓰이기도 했습니다. 변한은 대표적인 철 수출국이었지요. 철기 문화가 발전하면서 변한에는 가야국이 세워졌습니다.

한편, 한강 유역에서 출발한 백제가 커지면서 목지국을 누르고 마한 지역을 통합했습니다. 그리고 이 지역에는 낙동강을 사이에 두고 서쪽에는 가야국, 그 동쪽에는 사로국이 자리잡았습니다. 장차 이 나라는 가야 연맹과 신라로 발전하게 됩니다.

저장하기 : 삼한사

- 삼한은 정치적 지배자인 신지·견지 외에 제사장인 천군이 있는 제정분리 사회였습니다.
- 삼한 사회는 철기 문화를 바탕으로 하는 농경 사회였습니다.
- 변한에서는 철이 많이 생산되어 낙랑, 일본 등에 수출했습니다.

선사 시대의 생활

	구석기	신석기	청동기
주 거	동굴, 막집	움집(물가)	움집 → 지상가옥
경 제	사냥, 채집	농경 시작	농경 비중 커짐
사 회	무리, 평등 사회	씨족 → 부족, 평등 사회	계급 발생, 군장국가
신 앙	주술적	원시 신앙	토우

초기 국가의 성장

	부 여	고구려	옥 저	동 예	삼 한
위 치	송화강 유역	졸본	함흥 평야	강원도 북부	한강 이남
정 치	5부족 연맹	5부족 연맹	군장국가	군장국가	삼한 연맹체
경 제	반농반목	약탈 경제	토지 비옥 해산물 풍부	토지 비옥	벼농사 발달 철 생산
풍 속	순장, 점복	점복, 데릴사위제	골장제 민며느리제	족외혼, 책화	

고대 사회의 발전

한국사 스페셜

고구려, 백제, 신라의 발전과 더불어 고대 사회가 성장했습니다. 고대 사회가 성장하면서 중앙집권국가가 성립하였고 국왕의 지위도 강화되었습니다. 왕권이 확대되자 체제 정비 작업이 추진되었으며, 동시에 대외적으로는 정복 활동을 펼쳐나갔습니다.

삼국 가운데 가장 먼저 발전한 나라는 고구려였습니다. 백제와 신라가 그 뒤를 이었습니다. 삼국은 작은 국가에서 출발하여 정복 활동을 통해 주변 여러 국가를 통합하면서 국왕 중심의 중앙집권국가로 발전하는 데 성공했습니다.

삼국은 독자적인 문화 기반 위에서 친선과 대립을 계속했습니다. 한편, 고구려는 동북아시아의 중심 세력으로 발전하면서 수 · 당의 침략에 맞서 싸웠습니다. 그 사이 국력을 키운 신라가 삼국을 통일하였습니다.

통일 후, 신라는 안정된 국제 관계를 유지하면서 민족 문화 기반을 확립했습니다. 이 시기 만주 지역에서는 발해가 건국되어 발전했습니다. 삼국 시대에 뒤이어서는 신라와 발해의 남북국 시대가 전개됩니다.

고구려의 왕

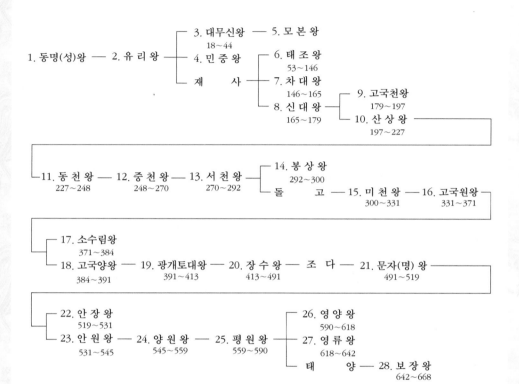

1. 동명(성)왕 — 2. 유 리 왕 ┬ 3. 대무신왕 — 5. 모 본 왕
                              │   18~44
                              ├ 4. 민 중 왕   6. 태 조 왕
                              │   53~146
                              └ 재   사 ┬ 7. 차 대 왕
                                          │   146~165   9. 고국천왕
                                          └ 8. 신 대 왕 ┬   179~197
                                              165~179   └ 10. 산 상 왕
                                                             197~227

11. 동 천 왕 — 12. 중 천 왕 — 13. 서 천 왕 ┬ 14. 봉 상 왕
  227~248   248~270   270~292   │   292~300
                                       └ 돌   고 — 15. 미 천 왕 — 16. 고국원왕
                                                       300~331   331~371

17. 소수림왕
   371~384
18. 고국양왕 — 19. 광개토대왕 — 20. 장 수 왕 — 조   다 — 21. 문자(명) 왕
   384~391   391~413   413~491   491~519

22. 안 장 왕   26. 영 양 왕
   519~531   590~618
23. 안 원 왕 — 24. 양 원 왕 — 25. 평 원 왕 ┬ 27. 영 류 왕
   531~545   545~559   559~590   │   618~642
                                       └ 태   양 — 28. 보 장 왕
                                                        642~668

고구려 B.C. 37~A.D. 668

1 활 잘 쏘는 사람이 세운 나라 • 고구려의 건국

활 잘 쏘는 주몽 : 고구려 건국 설화

고구려는 동명성왕이 세웠습니다. 시조인 동명성왕의 이름은 주몽이었습니다. 주몽은 부여에서 내려와 고구려를 세웠습니다(B.C. 37). 원래 부여에서 태어난 주몽은 탄생부터 남달랐습니다.

부여왕 해부루는 후계자로 삼을 아들이 없어 날마다 산천에 제사를 지냈습니다. 그러던 어느 날 금빛 개구리 모양을 한 아이를 만나게 되고, 그 아이의 이름은 금개구리를 뜻하는 한자 '금와(金蛙)'라 했습니다. 해부루가 죽은 뒤 금와가 왕이 되었습니다. 금와왕은 어느 날 사냥을 하던 중 아름다운 여인을 만나게 됩니다. "저는 하백의 딸로, 유화라고 합니다. 하느님의 아들인 해모수를 만나 그만 유혹에 빠지고 말았습니다. 그래서 부모님의 허락도 없이 결혼했다가 이렇게 쫓겨났습니다." 그

말을 들은 금와왕은 불쌍한 유화를 대궐로 데려왔습니다. 얼마 뒤 유화는 큰 알을 낳았습니다. 그 알에서 나온 인물이 바로 주몽입니다.

주몽은 재능이 남달리 뛰어났습니다. 특히 활쏘기에 능하여 백발백중이었죠. '주몽'이라는 이름은 활을 잘 쏘는 사람이라는 뜻입니다. 금와왕에게는 일곱 명의 아들이 있었습니다. 그런데 모두 주몽보다 능력이 뒤떨어졌습니다. "주몽은 알에서 태어나서 불길합니다. 더 강해지기 전에 죽여야 할 것입니다." 큰아들이 금와왕에게 아뢰었습니다. 생명에 위협을 느낀 주몽은 부하들을 이끌고 부여를 떠나 남쪽으로 내려갔습니다. 주몽은 압록강 유역의 졸본까지 내려와 이곳에 도읍을 정하고 고구려를 건국하였습니다.

고구려는 압록강의 지류인 동가강 유역의 졸본 지방에 자리 잡았습니다. 원래 이 지역에는 예맥이라 불리는 사람들이 살았습니다. 북쪽의 부여에서 주몽이 내려온 뒤 토착민과 타협하여 고구려를 건국했지요.

졸본 지방은 큰 산과 깊은 계곡이 많은 산악 지대로 평야는 찾아보기 힘들었습니다. 사람들은 산골짜기를 따라 흐르는 계곡물을 마시며 살았습니다. 그런데 비옥한 농토가 없었기 때문에 힘써 경작을 해도 먹을 것이 늘 부족했습니다. 그래서 다른 지역의 식량을 빼앗아 생활하는 약탈 경제가 발달했습니다. 활을 잘 쏘던 주몽의 영향으로 고구려 건국 세력은 무예를 숭상했고, 쉽게 정복국가 체제로 바뀔 수 있었습니다.

예맥(濊貊)
중국의 송화강 및 흑룡강·압록강·두만강 유역 및 한반도 북부 지역인 함경도·강원도 등지에 걸쳐 생활했으며, 그 갈래가 남부의 백제를 이루며 번창한 대민족. 종족상 알타이어계의 퉁구스족에 속하며, 농경 문화의 경제력을 기반으로 발전하여 한민족의 주류를 형성하였다.

성미가 사납고 성급해 : 연맹왕국 고구려

고구려는 나라를 세운 초기부터 평야 지대로 진출하기 위해 주변의 작은 나라들을 공격했습니다. 유리왕은 도읍을 국내성 (통구)으로 옮기고(A.D. 3), 이곳을 거점으로 여러 소국을 통합하여 연맹왕국을 이루었습니다.

연맹왕국 고구려를 대표하는 사람으로 왕이 있었습니다. 1세기 초 고구려에서는 이미 왕의 칭호를 사용했습니다. 왕 아래에는 대가(大家)로 불리는 부족장이 있었고, 대가들은 각기 사자 · 조의 · 선인 등의 관리를 거느리고 있었습니다. 그리고 대가들은 왕처럼 독립된 세력을 유지했고 그들이 이끄는 부족이 다섯 개가 있었습니다. 5부족 연맹이었죠. 왕은 제가회의라는 부족장회의에서 선출했습니다. 여러 명의 가(부족장)가 모여 뽑은 왕은 이들과 손잡고 연맹왕국을 구성했습니다.

중국에서는 고구려 사람들을 비난했습니다. "고구려 사람은 성미가 사납고 성급해. 노략질하기를 좋아하지." 중국인들의 눈에 씩씩하게 싸워 영토를 넓히는 고구려 사람들이 좋게 보일

중국 집안의
고구려 고분군 ▼

리가 없었죠. 활발한 정복 전쟁으로 고구려는 한의 군현을 공격했고, 그 결과 요동 지방으로 진출하게 되었습니다. 동쪽으로는 부전 고원을 넘어서 함경도 지방의 옥저를 정복했습니다. 옥저는 농경이 발달한 나라였기 때문에 고구려는 옥저로부터 공물을 받았습니다.

중대한 범죄자가 생기면 부족장회의인 제가회의에서 사형을 결정했고, 범죄자의 가족은 노비로 삼았습니다. 고구려의 법률이 상당히 엄격했음을 짐작할 수 있습니다.

고구려에는 데릴사위 제도가 있었습니다. 신랑이 신부집에 와서 사는 혼인 풍속이지요. '장가간다'는 말 들어 보셨죠. 장가는 장인의 집이라는 뜻입니다. 신부의 아버지인 장인의 집에 가서 사는 풍속이 고구려에 있었던 것입니다. 따라서 데릴사위는 장인 집에 사는 신랑을 말합니다. 이것은 노동력을 확보하기 위해 생겨난 풍습입니다.

10월에는 동맹이라는 제천 행사가 있었습니다. 고구려의 시조인 주몽의 아버지는 하느님의 아들인 해모수였습니다. 따라서 주몽이 건국한 고구려는 하늘의 후예인 것입니다. 그래서 조상인 하늘에 제사를 지냈던 것이죠. 이 날은 온 국민이 춤을 추고 노래를 부르며 하늘에 감사드렸습니다. 부여에서와 마찬가지로 점을 쳐서 나라의 중요한 일을 결정하는 점복 풍습도 있었습니다.

2 더 큰 나라를 만들려면 • 고구려의 발전

부족의 시대는 가고 : 고구려의 정치 조직

고구려가 성장해 가는 과정에서 태조왕(53~146) 때는 매우 중요한 시기였습니다. 이 시기에 주변 지역으로의 정복 활동이 한층 활발해져, 옥저를 정복하고 만주 지방으로 세력을 넓혔으며, 대외적인 발전에 힘입어 왕권도 성장했습니다.

고구려에는 소노부 · 계루부 · 절노부 · 순노부 · 관노부라는 5부족이 있었습니다. 처음에는 소노부에서 왕이 나왔는데, 뒤에 소노부 세력이 약해지면서 계루부 출신이 왕위를 이었습니다. 그러나 왕은 다른 부족의 지위를 점차 약화시키면서 부족장이 가졌던 권한을 줄여나갔습니다. 이런 일들이 태조왕 때 이루어졌습니다. 계루부의 고씨가 왕위 계승권을 독점하면서 왕권이 집중되기 시작했고, 고구려가 중앙집권국가로 발돋움하게 되었습니다.

고구려는 2세기 후반에 이르러 중앙집권화와 왕권 강화로 크게 발전하게 되었습니다. 종래의 부족 중심의 5부가 행정적인 5부로 바뀌었습니다. 고국천왕(179~197)은 자신의 근거지를 중심으로 주변 부족이 사는 지역을 동부 · 서부 · 남부 · 북부로 개편했습니다. 왕을 중심으로 동서남북 방향을 기준으로 5부 체제를 성립시키면서 고국천왕 때 왕위 계승이 형제 상속에서 부자 상속으로 바뀌었습니다. 비로소 왕위를 그 아들에게 전하는 부자 상속제가 확립된 것입니다.

이제 부족은 독립적인 특성을 잃고 국왕의 직접적인 지배를 받는 지방의 한 부분으로 바뀌게 되었습니다. 왕은 지방 부족장을 서울로 올라오게 하여 이들에게 벼슬을 주고 중앙 귀족으로 편입시켰습니다. 고구려의 벼슬에는 상가(相加), 대로(對盧), 패자(沛者), 고추가(古鄒加), 주부(主簿), 우태(優台), 승

(丞), 사자(使者), 조의(皁衣), 선인(先人) 등이 있었습니다. 드디어 부족의 시대가 막을 내리고 왕권이 강화된 중앙집권국가가 형성되었습니다.

여기서 중앙집권국가 고구려의 통치 조직을 살펴볼까요. 정치 조직에서의 기본은 관등 조직이었습니다. 관등은 관료의 등급이란 뜻입니다. 중앙 정부에는 많은 관료들이 있는데 지위의 높고 낮음이 각각 달랐습니다. 최고의 관등은 대대로였습니다. 대대로 밑으로 10여 관등이 있었고, 왕은 모든 관등을 넘어서 가장 위에 자리잡고 있었지요. 따라서 고구려의 관등은 왕을 정점으로 하는 하나의 상하 관계 체계로 질서 있게 조직된 모습을 보여 줍니다.

고구려의 수상은 대대로였습니다. 대대로가 국사를 총괄했고 국가의 중요한 일은 제가회의에서 결정했습니다. 왕권이 성장하기는 했지만 여전히 회의 제도는 있었습니다. 원래 제가회의는 부족장들의 회의였는데, 이것이 귀족회의로 발전했습니다. 부족장이 중앙 정계로 올라와서 귀족으로 성장했기 때문입니다. 이들이 모여 합의를 통해 국가의 일을 의논했습니다. 이제 왕과 더불어 귀족들이 손잡고 정치를 주도했던 것입니다.

다음은 지방 행정 조직을 살펴보겠습니다. 전국은 5부의 행정구역으로 편제되었습니다. 각 부에는 욕살이라는 지방관이 파견되었고, 여러 개의 성이 있었습니다. 따라서 일반 백성들은 ○○부 ○○성에 살게 되었습니다.

수도는 5부로 나뉘었습니다. 고구려는 처음 졸본을 수도로 삼았다가 곧이어 국내성으로 옮겼고 다시 평양성으로 옮겼습니다. 연맹왕국 시절의 5부족 연맹이 수도 5부로 개편되었고, 특별 행정구역으로 3경도 있었는데, 오늘날 특별시나 광역시에 해당하는 지역이었습니다.

군사 조직은 지방 행정 조직과 밀접하게 연결되었습니다. 전쟁이 나면 일반 백성이 동원되었죠. 백성은 주로 지방에 살았고 이들이 병사가 되었기 때문에 지방 제도와 군사 제도는 밀접한 관련이 있었습니다.

전국은 5부로 나누어서 그 아래 성을 두었는데, 평상시 성주는 지방 행정과 군사 업무를 동시에 맡았습니다. 성주는 자기 병력을 거느렸고 지방을 방어할 책임이 있었습니다. 그러나 전쟁이 발발하면 상황은 달라집니다. 국가에서 대모달 · 말객 등의 군관을 파견하여 성주는 지방 행정을 맡고, 군관들이 병사를 지휘했습니다.

봄에 빌려 가을에 갚아라 : 고구려의 사회 · 경제

고대 사회에는 귀족, 평민, 천민의 세 신분 계층이 있었습니다. 귀족은 지배 계층으로 정치와 사회를 주도했는데, 왕족인 고씨와 5부 출신 귀족이 지배 계층에 속합니다. 이들은 귀족회의인 제가회의를 통해 자신들의 이익을 지켜나갔습니다. 평민은 대개 일반 백성으로 농민이 대부분이었습니다. 이들은 토지를 소유하고 농사를 지어 국가에 세금을 냅니다. 소금장수와 같은 상인도 평민에 속했습니다. 미천왕은 왕이 되기 전에 소금장수였고 남의 집 머슴살이를 했다고 전해집니다. 농민이나 상인과 같은 평민은 생활이 어려워지면 남의 집 머슴이 되기도 했습니다. 천민은 대개 노비 계층이었습니다.

고구려 백성 가운데 가장 많은 수를 차지하는 계층은 평민인 농민이었습니다. 그런데 그 중에는 토지를 잃고 몰락하는 가난한 농민도 생겨났습니다. 나라에서는 이들을 돕기 위해 진대법을 실시했습니다. 진대법은 먹거리가 부족한 봄에 곡식을 빌려 주었다가 추수한 뒤에 갚게 하는 제도입니다.

고국천왕이 사냥을 나갔다가 길거리에서 우는 농부를 만났습니다. 농부는 왕에게 이렇게 말했죠. "신이 가난하여 품팔이로 어미를 봉양하는데 올해는 흉년이 들어 한줌의 양식도 얻지 못했습니다. 그래서 이렇게 웁니다." 가난한 백성의 말을 듣고 왕은 스스로를 꾸짖었습니다. '내가 백성의 부모가 되어 백성들을 이 지경까지 이르게 하다니, 모두 내 죄다.' 그리고는 가난한 백성에게 먹을 것과 입을 것을 주었습니다. 그 뒤 해마다 국가의 곡식을 내어 가난한 사람을 도왔습니다. 이것이 진대법입니다.

절 세우고, 법 만들고 : 중앙집권 체제의 정비

왕권을 강화한 고구려가 점점 영토를 넓히기 시작하면서 일찍이 대무신왕(18~44) 때 호동왕자가 낙랑의 일부 지역을 정복했습니다. 동천왕(227~248)도 서쪽의 영토 확장을 위해 노력했습니다. 당시 중국은 위·오·촉의 삼국 시대였는데, 동천왕은 위나라 관구검의 역습으로 영토 확장에 실패하고 말았습니다. 그러다 미천왕(300~301)이 드디어 낙랑군을 완전히 몰아냈습니다. 낙랑은 고조선이 망한 뒤 중국에서 세운 나라인데, 미천왕이 낙랑군을 완전히 몰아냄으로써 고조선의 옛 땅을 찾을 수 있게 되었습니다.

발전을 거듭하던 고구려는 4세기 중반 고국원왕(331~371) 때 선비족이 세운 전연의 침입을 받습니다. 뒤이어 백제가 고구려를 공격하자 고국원왕은 몸소 전쟁에 나섰습니다. 당시 백제는 근초고왕이 이끌고 있었습니다. 백제와의 싸움에서 고국원왕은 숨을 거두었고, 고구려는 패하고 맙니다. 이로 인해 고구려는 큰 타격을 입었습니다. 용맹스런 전사였던 고구려 국민들은 원통하게 죽은 왕을 애도했습니다.

이어 왕위에 오른 소수림왕(371~384)은 위기에 처한 나라를 일으키기 위해 국가 체제를 다시 정비했습니다. 소수림왕은 불교를 받아들였는데(소수림 2년, 372), 북중국의 전진에서 순도라는 승려가 불상과 불경을 고구려에 전했습니다. 불교에 가장 큰 관심을 보인 것은 왕실이었습니다. 온 백성이 불교를 믿음으로써 정신적 통일을 이끌어낼 수 있었기 때문입니다.

같은 해에 소수림왕은 태학을 세웠습니다. 태학은 유학을 가르치는 국립학교였습니다. 또 지방의 여러 곳에는 경당을 두어 청소년들을 모아 밤낮으로 책을 읽히고 활쏘기를 익히게 했습니다. 고구려 사람들은 이미 5경과 같은 유교 경전을 읽었지만, 다시금 교육 제도를 정비하여 유학적 지식으로 무장한 새로운 관료를 선발하고자 했던 것입니다.

또한 소수림왕은 율령을 널리 반포했습니다. 온 나라에서 지켜야 할 형률과 법령을 밝힌 것입니다. 이 때 국가의 기본 법률이 만들어졌습니다. 율령에는 신분제나 관등제와 같은 여러 규정이 들어 있습니다. 율령을 제정한 것은 통치 질서와 사회 기강을 확립하기 위해서였습니다. 형법에 따르면 반역자는 사형에 처했고 살인자나 전쟁에 패한 사람에게도 사형이 내려졌습니다. 남의 물건을 훔치면 12배로 변상하게 했으며 소와 말을 죽인 자는 노비로 삼았습니다.

이처럼 4세기 후반 고구려는 안으로 체제를 정비하기 시작했습니다. 또한 율령 반포, 학교 설립, 불교 수용 등을 바탕으로 밖으로 웅비할 터전을 마련했습니다.

율령(律令)

율령격식(律令格式)의 줄임말로, 법률을 통틀어 말한다. 율은 형법, 령은 그 밖의 행정 법규, 격은 율령의 규정을 수정한 것, 식은 율·령·격의 시행 세칙을 가리킨다. 원래 당의 형벌 및 행정에 관한 체제였으며, 우리 나라에서는 삼국이 중앙집권국가로 성장하면서 반포되었다.

3 만주 벌판에서 남한강까지 • 고구려의 팽창

넓게 영토를 개척한 임금 : 고구려의 영토 확장

고구려의 영토를 가장 넓게 개척한 왕은 바로 광개토대왕(廣開土大王 : 391~413)입니다. 동서남북으로 왕의 말발굽이 미치지 않은 지역이 없었습니다. 이 시기에는 요동 지방을 완전히 차지하고 동북쪽으로는 숙신을 복속시켜, 광개토대왕은 만주 벌판을 누비는 주인공으로 떠오르게 된 것입니다.

광개토대왕의 업적은 광개토대왕릉비에 잘 나타나 있습니

광개토대왕릉비

다. 이 비는 장수왕이 아버지의 업적을 기리기 위해 만들었습니다. 비문에는 광개토대왕이 이룩한 위대한 정복 전쟁에 관한 내용이 적혀 있습니다.

남쪽으로 백제를 쳐서 한강 북쪽까지 진출했던 광개토대왕은 백제의 아신왕에게 평생 신하가 되겠다는 맹세를 받아냅니다. 백제는 일본과 손잡고 가야를 끌어들였습니다. 그리고 고구려와 연결된 신라를 공격했습니다. 이에 신라의 내물왕은 고구려의 광개토대왕에게 도움을 청했고, 광개토대왕은 신라를 도와 백제군을 격파하고 5만 명의 군사를 보내어 왜군을 섬멸했습니다.

신라의 수도였던 경주의 호우총에서 출토된 그릇 밑면에는 '광개토지호태왕(廣開土地好太王)'이라는 글자가 새겨져 있습니다. 광개토대왕의 이름이 새겨진 이 그릇은 광개토대왕이 신라를 도왔던 일을 기념하고 있습니다.

고구려는 이제 만주와 한반도 북부를 아우르는 거대한 영토를 지배하게 되었습니다. 광개토대왕은 직접 전투에 참여하여 군사를 지휘하곤 했습니다. 중앙집권국가가 확립되면서 정치 제도뿐만 아니라 군사 제도도 국왕 중심으로 편성되었지요. 왕이 군대의 최고 사령관이었던 것입니다.

4세기 후반 이후 고구려는 한반도의 중심 국가였습니다. 고구려는 왜구를 물리쳐 주는 대가로 신라에 영향력을 행사했습니다. 신라의 내물왕은 고구려의 군사력을 배경으로 왕권을 강화했고, 고구려 군대는 가야 연맹의 판도를 바꾸어 놓기도 했습니다. 고구려의 군사적 압박으로 가야 연맹의 중심지가 김해의 금관가야에서 고령의 대가야로 옮겨졌습니다. 이처럼 고구려는 신라와 가야의 정치적인 변동을 몰고 온 중심 세력이기도 했습니다.

평양으로 도읍을 옮기고 : 고구려의 남하 정책

장수왕(413~491)은 국내성에서 평양성으로 도읍을 옮겼습니다. 왕은 평양에 근거지를 둔 신진 관료를 등용하여 이들과 손잡고 적극적인 남하 정책을 추진했습니다. 그 결과 국내성의 옛 귀족 세력은 약화되었습니다.

고구려가 점차 남쪽으로 세력을 넓히면서 백제와 신라를 압박하자 이에 대항하기 위해 백제와 신라는 힘을 모으기로 결의합니다. 433년, 백제의 비유왕과 신라의 눌지마립간이 나제동맹을 체결했습니다. 이러한 노력에도 불구하고 고구려의 세력은 계속 강성해져 갔습니다.

마침내 장수왕은 백제의 도읍인 한성을 함락시켰고, 고구려군은 백제의 개로왕을 죽였습니다. 이로써 전에 고구려의 고국원왕이 백제 근

고구려의 전성
(5세기 장수왕)

부여
거란
후연
숙신
동부여
국내성
고 구 려
평양성
동 해
황 해
중원고구려비
웅진
신 라
백 제
금성
가 야
금관가야
탐라
왜

고구려의 진출 방향
장수왕 말의 남쪽 경계
탐라

중원 고구려비 ▲

초고왕의 공격으로 전사한 일의 원한을 씻게 되었습니다. 한강 유역은 이제 고구려의 땅이 되었습니다.

장수왕은 남한강 끝까지 내려가서 중원에 고구려비를 세웠습니다. 중원 지방은 남한강의 끝인 오늘날의 충청북도 충주입니다. 한반도 중심에 비석을 세워서 그곳이 고구려 땅이라는 증거를 남겼던 것입니다.

5월에 고구려 대왕이 신라 매금(왕)을 만나서 영원토록 우호를 맺기 위해 중원에 왔으나 신라 매금이 오지 않아 실행되지 못하였다.

비문에서 고구려의 왕을 대왕(大王)이라 높여 불렀음을 볼 수 있습니다.

5세기에 한강 유역에서 백제를 내몬 고구려는 한강을 차지하면서 삼국 사이의 경쟁에서 주도권을 쥐게 되었습니다. 이 시기를 삼국 항쟁의 제1기라고 합니다. 고구려가 중심 국가로

고구려의 영토 확장

4세기 초	미천왕	낙랑군 복속
4세기 후반~5세기 초	광개토대왕	만주 차지, 한강 이북 점령
5세기	장수왕	한강 유역 차지

부상하자, 신라와 백제가 힘을 합쳐 나제 동맹을 맺고 고구려 세력에 대항했던 시기입니다.

장수왕 때 고구려는 전성기를 맞았습니다. 이 무렵 중국의 5호 16국 가운데 북연의 왕이 고구려에 의탁해 왔습니다. 장수왕은 한때 북중국의 지배자였던 북연의 왕을 고구려 영토 안에 머물게 하면서 그를 제후로 대했습니다. 당시 고구려는 동북아시아의 패권을 장악하고 있었습니다.

6세기 후반기에 이르면 삼국의 정세는 크게 변하게 됩니다. 고구려는 한강 유역을 신라에게 내주게 되었고, 신라의 진흥왕이 한강 유역을 차지했습니다. 이제 고구려와 백제가 신라를 공동의 적으로 돌렸습니다. 그리하여 삼국 항쟁이 제2기에 들어섰습니다. 고구려는 신라와 중국이 교류하는 통로였던 당항성(남양)을 공격했습니다. 이 때 앞장선 장군이 바로 평강공주를 아내로 맞은 온달장군이었습니다. 온달장군은 일찍이 북주와의 싸움에서 큰 공을 세웠고 신라와 아차산성에서 맞붙었습니다. 안타깝게도 이 때 온달장군은 전사했으며 고구려의 지위도 흔들리기 시작합니다.

삼국 간의 경쟁

	시기	주도 국가	대외 관계
제1기	5세기	고구려	나 · 제 동맹 체결
제2기	6세기	신라	나 · 제 동맹 결렬
제3기	7세기	신라의 삼국 통일	고구려 · 백제 · 돌궐 · 왜 ↔ 신라 · 당

4 민족의 방파제 · 고구려와 수 · 당과의 전쟁

살수에서의 승리 : 수와의 항쟁

한편, 6세기 말 수(隋)나라가 중국을 통일했습니다(589). 고구려가 전성기를 누리던 5세기에 중국은 분열 상태인 남북조 혼란기였기 때문에 고구려는 이러한 사정을 잘 이용했습니다. 남조 · 북조와 각각 외교 관계를 수립했던 것입니다. 그런데 수가 남북조를 통일하자 중국과 국경을 접하고 있던 고구려는 수의 압력을 받게 되었습니다.

당시 국제 정세는 돌궐, 고구려, 백제, 왜의 남북으로 이어지는 연합 세력이 구축되어 있었습니다. 이 남북 연합 세력은 수에게 큰 부담을 주었고, 수는 이 세력에 맞서고자 신라와 손잡고 동서 연합 세력을 만들었습니다. 6세기 말부터 7세기 초의 동아시아 정세는 남북 연합과 동서 연합의 대립이었습니다. 두 진영을 대표하는 나라가 고구려와 수입니다.

고구려는 수의 압력을 미리 방지하기 위해 중국의 요서 지방을 먼저 공격했습니다. 그 뒤 통일제국 수나라는 몇 차례에 걸쳐 고구려를 공격했으며 수나라 문제가 직접 군사를 이끌고 침략하기도 했지만 결국 실패했습니다(영양왕 9년, 598).

그러나 곧 수의 2차 침략이 이어졌습니다(영양왕 23년, 612). 수 양제가 113만여 명의 대군을 이끌고 수륙 양면에서 공격해 왔습니다. 수군은 바다를 건너 대동강을 거슬러 올라 평양성을 공격하려 했지만 실패했고, 육군은 요동성을 공격했

돌궐(突厥)

투르크의 발음을 따서 한자식으로 적은 표현. 6세기 중엽부터 2000여 년 동안 몽골 고원을 중심으로 활동한 투르크 계통의 민족

습니다. 이 때 고구려는 을지문덕의 지휘 아래 맞서 싸웠습니다. 수에서는 30만 명의 별동부대를 보내어 고구려의 수도 평양을 공략했습니다. 그러나 을지문덕의 유도 작전에 빠져 살수(청천강)에서 크게 패하고 말았습니다. 30만 명의 부대원 가운데 겨우 2,700명만이 목숨을 건졌다고 합니다. 이로써 양제는 싸울 의욕을 완전히 잃게 되었고, 이어서 수는 곧 멸망하고 말았습니다.

성을 지켜라 : 당과의 항쟁

수가 망하고 당(唐)이 건국되었습니다(618). 고구려는 당의 침략을 예상하고 있었기 때문에 미리 국경 지방에 천리장성을 쌓았습니다. 그러나 이 당시 고구려에서는 귀족들 사이에 내분이 일어나 연개소문이 국왕과 반대파를 죽이고 독재 정치를 시작했습니다(보장왕 1년, 642). 연개소문은 당에 대해 강경책을 내세웠습니다.

이를 계기로 당 태종이 고구려를 침략하게 되었고(645), 국경 지대의 여러 성을 함락했습니다. 하지만 안시성에서 크게 패하여 돌아가지 않을 수 없었습니다. 안시성은 조그만 산성에 지나지 않았지만 하루에 6, 7차례 공격하는 당나라 군대에 맞서 60여 일 동안 끝까지 버텨냈습니다. 성을 지켜낸 당시의 성주가 유명한 양만춘이었습니다. 그 사이 고구려군은 전면적으로 당을 공격할 준비를 마칠 수 있었습니다. 결국 당 태종은 성과를 거두지 못하고 돌아가게 되었습니다.

고구려는 중국의 통일제국인 수·당의 침략을 잇따라 격퇴시켰습니다. 일제 시대 일본인들은 우리의 역사가 중국의 간섭에서 자유롭지 못한 타율적인 역사라고 주장했지만, 중국과 당당히 맞서 싸운 고구려의 역사를 보면 그들의 말이 엉터리라는 것을 알 수 있습니다.

수와 당은 고구려를 정복하여 동양의 패권을 쥐려고 했습니다. 만약 고구려가 수·당의 침입을 막아내지 못했다면, 고구려뿐만 아니라 백제와 신라까지 그들의 지배 아래 놓였을 것입니다. 결국 고구려의 항전으로 민족을 지켜낼 수 있었던 것이죠. 고구려는 중국 세력의 침입을 막아 한반도를 지키는 민족의 방파제 역할을 훌륭하게 해냈습니다.

5 고분에 숨쉬는 삶 • 고구려의 문화

고분 속 벽화의 아름다움 : 고구려 미술

고구려는 중국과 대결하는 동안 중국 문화에 대한 비판 능력을 기를 수 있었고, 때문에 외래 문화를 개성 있게 받아들일 수 있었습니다. 그 결과 고구려 예술에는 그들만의 독특한 패기와 정열이 넘칩니다.

강서 우현리 고분벽화 ▼

고구려 예술은 옛 무덤인 고분을 통해 엿볼 수 있습니다. 고분은 돌무지 무덤에서 굴식 돌방 무덤으로 변화했습니다. 백제의 무덤도 고구려와 같은 변화를 보였지요.

초기의 돌무지 무덤은 돌을 쌓아서 만든 것입니다. 장군총이 유명하죠. 계단식으로 화강암을 7층으로 쌓아올린 장군총의 규모는 맨 아래층의 둘레가 약 30m이고 높이는 약 13m입니다. 위로 올라가면서 각 층의 길이와 높이를 점차 줄여서 안정감 있게 만들었습니다. 여기에는 벽화가 없었습니다. 장군총 앞에는 광개토왕 비문이 있어서 광개토왕이나 장수왕의 무덤일 것으로 추측하고 있습니다.

평양으로 천도한 뒤에는 굴식 돌방 무덤이 만들어졌습니다. 흙으로 덮은 봉토 내부에 굴식 돌방이 있는 형태입니다. 만주 지방에 있는 무용총과 강서 고분이 대표적입니다.

강서 고분의 돌방에는 청룡, 백호, 주작, 현무의 사신도가 그려져 있습니다. 이것은 벽화 가운데 매우 우수한 작품입니다. 흰색, 청색, 주홍색, 갈색 등 여러 색깔이 조화를 이루어 정열과 세련미가 넘칩니다. 사신으로 그려진 청룡, 백호, 주작, 현무는 죽지 않는다는 전설의 동물입니다. 불로장생과 불사는 도교에서 내세우는 사상으로 사신도는 도교의 영향이 나타난 벽

돌무지 무덤

구덩이를 파거나 땅 위에 시체를 놓고 그 위에 돌을 쌓아서 만든 무덤. 돌을 쌓아 놓은 무덤이란 뜻에서 한자로는 적석총(赤石冢)이라고 한다.

굴식 돌방 무덤

넓은 돌로 방을 만들어 그 안에 관(널)을 두고, 그 위를 흙으로 덮은 무덤. 굴식 돌방 무덤에는 벽화가 있는 것이 많다.

사신도(四神圖)

동·서·남·북을 상징하는 신을 그린 그림. 동쪽에는 청룡, 서쪽에는 백호, 남쪽에는 주작, 북쪽에는 현무가 그려져 있다. 이 사신은 모두 전설의 동물로 오래 사는 불로장생을 상징하므로 도교와 관련된 예술품이다.

삼국의 고분 양식

	초 기	후 기
고구려	돌무지 무덤(장군총)	굴식 돌방 무덤
백 제	돌무지 무덤(석촌동 고분)	굴식 돌방 무덤
신 라	통일 전 : 돌무지 덧널 무덤	통일 후 : 굴식 돌방 무덤

화라 할 수 있습니다. 무용총에서는 춤추는 모습이 그려진 벽화가 나왔고, 수렵하는 모습이나 씨름하는 모습이 그려진 고분벽화도 있습니다.

고구려의 불상은 중국 북조의 영향을 받았습니다. 하지만 다른 미술품처럼 중국의 것을 그대로 모방한 것이 아니라 고구려만의 독특한 개성이 나타나고 있습니다. 연가 7년명 금동 여래 입상은 두꺼운 법의를 걸친 모습이여서 몸의 선이 전혀 나타나지 않습니다. 신비하면서도 은은한 미소를 띠고 있는 모습이 일품입니다.

주름치마가 똑같네 : 일본 전파

고구려의 예술과 문화는 일본에 영향을 미쳤습니다. 고구려의 승려 혜자는 일본 쇼토쿠 태자의 스승이 되었는데, 태자를 가르치는 사이 자연스럽게 고구려의 문화가 일본 사람들에게 전해졌습니다. 역시 승려였던 담징은 일본에 유교의 5경을 전했고 그림을 가르쳤습니다. 또 종이와 먹을 만드는 방법도 알려 주었습니다. 일본 호류사의 금당 벽화는 담징이 그린 작품으로 유명합니다.

연개소문이 도교를 장려하고 불교를 탄압하는 사이, 일본으로 건너간 고구려 승려들이 많았습니다. 이들을 통해서도 고구려 문화가 전해졌습니다. 일본 다카마쓰 고분벽화를 보면 주름

치마를 입은 여인의 모습이 보입니다. 이 그림은 고구려 벽화
에서 발견되는 옷차림과 매우 비슷합니다. 고구려의 미술이 일
본에 많은 영향을 미쳤다는 것을 알 수 있겠죠.

6 독재자 연개소문 • 고구려의 멸망

연개소문의 집권 : 독재 정치

고구려 말기의 집권자는 연개소문이었습니다. 당이 고구려
에 압박을 가하자 고구려에서는 당의 침입에 대비해 천리장성
을 쌓았다고 했습니다.

연개소문은 천리장성을 축조하는 일의 감독을 맡았는데, 이
때 반란을 일으켜 영류왕(618~642)을 죽이고 반대파를 내몰
았습니다. 그리고 보장왕(642~668)을 왕으로 세운 다음 연개

도교의 영향

• 고구려 : 연개소문의
  도교 장려, 사신도
• 백제 : 산수무늬 벽
  돌, 사택지적비, 금
  동 대향로, 무령왕
  릉 지석
• 신라 : 화랑도
• 발해 : 정효공주 묘
  지명
• 고려 : 도관 건립
• 조선 : 소격서 설치,
  초제 거행

소문은 스스로 대막리지의 자리에 올랐습니다.

연개소문은 독재 정치를 펼치면서 당나라·신라와 같은 외국에 강경책을 썼습니다. 백제의 공격으로 위기에 처한 신라에서 김춘추를 보내 도움을 요청한 일이 있지만, 연개소문은 한강 유역 반환을 요구하며 신라의 요청을 거절했습니다. 신라에 대한 공격을 중지하라는 당의 간섭에 대항하다 당의 공격을 받기도 했지만 연개소문 정권은 당의 침입에 맞서서 민족을 지켜 냈습니다.

또한 연개소문은 도교를 장려하여 중국에서 도교의 승려인 도사를 불러들였습니다. 당시 귀족들은 불교를 주로 믿었기 때문에 귀족과 결탁한 불교 세력을 억누르기 위해 도교를 내세웠던 것입니다. 도교에서는 불로장생이나 신선 사상 등을 말하고 있습니다. 죽지 않고 영원히 살 수 있다는 것이죠. 그러자 이에 대항하기 위해 승려 보덕은 열반종을 개창했습니다. 열반의 세계는 영원의 세계라며, 보덕은 신선의 경지가 불교에도 있다고 주장했던 것입니다.

지배층의 내분을 틈타 : 고구려의 멸망

연개소문이 죽은 뒤 후계 문제로 지배층 사이에 분열이 일어났습니다. 그가 죽자 맏아들 남생이 아버지를 대신하여 막리지가 되었고, 처음 정사를 맡은 그는 여러 성을 순행하기 위해 길을 나섰습니다. 그 동안 두 아우 남건과 남산에게 조정에 남아 중앙의 일을 처리하도록 했습니다. 그런데 어떤 관리가 남생에게 "지금 두 아우는 형이 돌아오면 자기들의 권세를 빼앗을까 두려워하고 있습니다. 그래서 형을 조정에 들어오지 못하게 하려 합니다."라고 아뢰었습니다. 이에 남생은 몰래 심복을 평양으로 보내어 아우들의 동정을 살피게 했습니다. 두 아우는 이 사실을 알고 심복을 체포했고, 곧 왕의 명이라 하여 형 남생을 소환했습니다. 남생이 두려워서 감히 돌아오지 못하자, 둘째 남건이 스스로 막리지가 되어 형인 남생을 토벌했습니다. 결국 남생은 탈출하여 당나라로 도주하게 됩니다.

이와 같은 권력 다툼으로 고구려의 정치는 혼란스러웠습니다. 신라와 당은 이 틈을 놓치지 않았습니다. 이미 백제를 멸망시킨 나당 연합군은 고구려를 공격합니다. 668년, 당나라의 이세적, 설인구와 신라의 김인문 연합군이 평양성을 함락하여 고구려를 멸망시켰습니다.

고구려가 멸망한 직접적인 원인은 지배층의 내분이었습니다. 그러나 이 밖에도 여러 원인이 있었지요. 수·당과의 오랜 전쟁으로 국력이 많이 약해졌고, 연개소문의 독재로 민심을 잃어 국민의 일체감이 상실되기도 했습니다.

고구려가 망한 뒤, 검모잠은 한성(재령)을 근거로 부흥 운동을 일으켰습니다. 그는 보장왕의 서자인 안승을 왕으로 내세우며 고구려를 다시 일으키려 했습니다. 신라에서는 "당의 침입에 대항하여 함께 싸우자."라고 외치며 고구려 부흥 운동을 후원했습니다. 원래는 신라와 당이 같은 편이 되어 고구려를 멸망시켰지만, 당이 신라까지 지배하려 들자 신라는 이에 대항하기 위한 지원군이 필요했습니다. 고구려 부흥군은 이러한 신라의 도움으로 기세를 떨쳤습니다. 하지만 고구려를 다시 세우는 데는 실패하고 맙니다. 검모잠과 안승이 서로 세력 다툼을 하여 결국 안승이 검모잠을 죽였고, 그 뒤 안승은 신라에 투항하여 고구려 왕(보덕국왕)이라는 칭호를 받고 진골 귀족에 편입했습니다. 대신 7세기 말에 발해가 세워져 고구려의 전통은 끊기지 않고 계승되었습니다.

저장하기 : 고구려사

- 고구려는 2세기 후반에 이르러 체제의 중앙집권화와 왕권 강화로 가장 먼저 중앙집권국가로 발전했습니다.
- 소수림왕 때는 국가 체제를 크게 개혁하여 불교를 수용하고, 태학을 설립하였습니다. 또한 율령을 반포하여 중앙집권국가 체제를 강화하였습니다.
- 고구려에서는 가난한 농민을 구제하기 위한 시책으로 춘궁기에 곡식을 빌려 주었다가 추수한 뒤에 갚게 하는 진대법을 시행했습니다.
- 5세기 장수왕 때에는 평양으로 천도한 뒤, 한강 유역 등 중부 지역을 장악하는 전성기를 맞았습니다.
- 고구려는 수ㆍ당의 침략을 잇따라 격퇴하여 민족의 방파제 역할을 해냈습니다.

백제의 왕

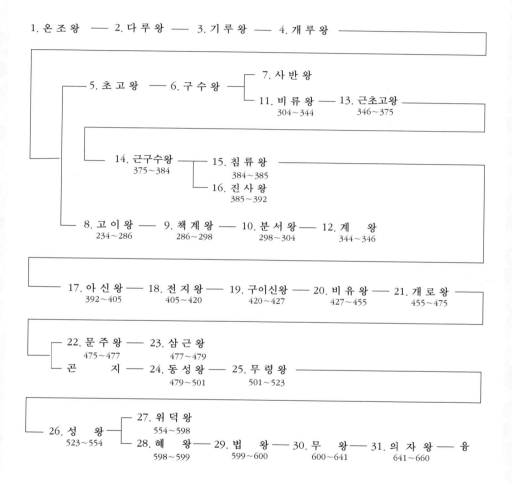

1. 온 조 왕 ── 2. 다 루 왕 ── 3. 기 루 왕 ── 4. 개 루 왕 ──────────

5. 초 고 왕 ── 6. 구 수 왕 ┬── 7. 사 반 왕

└── 11. 비 류 왕 ── 13. 근초고왕 ──────
    304~344   346~375

14. 근구수왕 ┬── 15. 침 류 왕 ──────────────
    375~384   │   384~385
              └── 16. 진 사 왕
                   385~392

8. 고 이 왕 ── 9. 책 계 왕 ── 10. 분 서 왕── 12. 계   왕
   234~286   286~298   298~304   344~346

17. 아 신 왕── 18. 전 지 왕── 19. 구이신왕── 20. 비 유 왕── 21. 개 로 왕──
   392~405   405~420   420~427   427~455   455~475

22. 문 주 왕 ── 23. 삼 근 왕
   475~477   477~479
곤   지 ── 24. 동 성 왕── 25. 무 령 왕 ──────────────
                479~501   501~523

26. 성   왕 ┬── 27. 위 덕 왕
   523~554   │   554~598
              └── 28. 혜   왕── 29. 법   왕── 30. 무   왕── 31. 의 자 왕── 융
                   598~599   599~600   600~641   641~660

1 십제를 백제로 · 백제의 건국

고구려를 탈출하여 : 백제의 건국

백제의 시조는 온조왕입니다. 그 아버지는 고구려를 세운 주몽이었죠. 주몽에게는 비류와 온조라는 두 아들이 있었습니다. 그런데 어느 날 주몽이 부여에서 낳았던 아들 유리가 나타나 태자의 자리에 올랐습니다. 비류와 온조는 유리 태자를 두려워하여 추종하는 무리를 이끌고 남쪽으로 떠났습니다.

비류는 바닷가인 미추홀(인천)에 자리를 잡았습니다. 한편, 온조는 한강을 끼고 있는 하남 위례성에 도읍을 정했습니다. 열 명의 신하에게서 도움을 받았다는 뜻에서 나라 이름을 십제(十濟)라 하였습니다. 그 뒤 비류가 죽고 그를 따르던 신하가 십제에 합류하게 되자, 온조를 따르는 무리들이 크게 늘었습니다. 나날이 따르는 백성이 늘어가자 나라 이름을 백제라고 바꿔 불렀습니다.

백제는 북쪽 고구려에서 내려온 온조 세력이 한강 유역에 세운 나라였습니다(B.C. 18).

몽촌토성(서울 송파)
이곳에서 발굴된 많은 유물들은 한성 백제 때 이 토성이 주요한 거성의 하나였음을 보여 준다.

그렇다면 온조가 내려오기 전에 한강 유역에는 사람이 살지 않았을까요? 아닙니다. 이미 강가에는 사람들이 살고 있었습니다. 북방에서 온 유이민과 한강 유역의 토착 집단이 손잡고 나라를 세웠던 것입니다. 온조가 이끌고 온 유이민 집단은 우수한 철기 문화를 가졌던 반면, 토착민 집단은 철기 문화 경험이 부족했습니다. 따라서 백제 사회에서는 유이민이 지배층으로서 정치 권력을 잡을 수 있었습니다.

마한 주변국에서 중심국으로 : 초기의 백제

백제의 왕은 부여씨였습니다. 자신이 고구려와 마찬가지로 부여에서 비롯되었다는 뜻에서 부여를 성씨로 삼았고, 주변에 있던 해씨와 진씨 부족을 포함하는 나라로 성장했습니다.

초기의 백제는 마한을 구성하는 소국 가운데 하나였으나 점차 다른 부족을 정복하면서 주변으로 세력을 키워나갔습니다. 마한의 중심 국가는 원래 목지국이었습니다. 그러나 백제가 점차 세력을 넓히면서 목지국은 위축되었습니다. 백제가 연맹왕국으로 성장하면서 마한의 새로운 중심 세력으로 부상했습니다. 한의 군현 세력이 한강 유역까지 미치자, 백제는 주변의 소국들과 손잡고 힘을 모아 이를 막아냈습니다.

2 관리 서열 매기기 • 백제의 성장

관리 서열과 여섯 좌평 : 백제의 정치 조직

3세기 무렵 백제를 발전시킨 임금은 고이왕(234~286)이었습니다. 고이왕은 대외적으로 한 군현과 싸우며 영토를 넓혀 나갔습니다. 이 무렵 위(魏)나라의 지배 아래 있던 낙랑군과 대방군이 대규모로 백제를 침략했습니다. 백제의 세력이 한강 유역에서 크게 성장하고 있었기 때문에 위는 새로운 세력을 무너뜨리려 했던 것입니다. 백제는 강력한 힘으로 대항했고, 이 싸움에서 대방 태수가 전사했습니다.

또한 고이왕은 대내적으로 통치 조직을 정비해 나갔습니다. 관리의 서열을 정하고, 새로운 관제를 마련하여 16관등제와 6좌평제가 실시되었습니다. 높은 관리와 낮은 관리를 헤아려 관료의 등급을 16개로 나누었습니다. 이것이 16관등제였지요. 관리들은 관등에 따라 다른 색깔의 공복을 입도록 하였습니다. 관리의 옷 색깔만 보아도 관등을 알아볼 수 있었지요. 이는 상하 위계 질서를 확립되는 데 도움이 되었습니다.

가장 우두머리 관등에 속하는 관료가 좌평의 관직을 맡았습니다. 좌평은 여섯 명으로 내신 좌평, 내두 좌평, 내법 좌평, 위사 좌평, 조정 좌평, 병관 좌평이 있었습니다. 이들이 중앙의 행정 업무를 나누어 맡았습니다.

또한 뇌물을 받은 관리나 남의 재산을 훔친 자는 3배로 배상해야 했습니다. 관리의 기강을 잡고자 했던 것입니다. 이러한

관등에 따른
공복 색깔

• 1~6 : 자색
• 7~11 : 비색
• 12~16 : 청색

관등, 복색 같은 내용은 율령에 들어 있었습니다. 국가의 형법과 법령을 제정하여 지키게 했던 것입니다.

백제의 지방 행정에 관해 살펴볼까요. 백제는 전국을 다섯 개의 방으로 나누어 다스리는 5방 체제를 갖추었습니다. 수도는 5부로 나누었고, 특수 행정구역으로는 담로가 있었습니다. 한때 22담로를 두어 지방의 요지를 왕족에게 다스리게 하기도 했습니다.

한편, 중앙집권국가의 사상적 기반이 되었던 것은 불교입니다. 백제에서는 침류왕(384~385) 때 불교를 공인했습니다(384). 동진에서 온 마라난타가 백제에 불교를 전파했지요. 새로운 사상인 불교는 왕권 중심의 중앙집권 체제를 이룩하는 데 도움이 되었습니다. 불교를 믿는 신도는 국왕을 받드는 백성이기도 했습니다. 불교는 정신적 통일을 이끌어내는 데 도움이 되는 사상이었습니다. 따라서 다른 나라와 마찬가지로 왕이 적극적으로 중앙집권 체제를 뒷받침하는 사상으로서 불교를 수용했던 것입니다.

불교 수용·공인 시기
- 고구려 : 소수림왕
- 백제 : 침류왕
- 신라 : 법흥왕

6좌평의 업무

내신 좌평	명령의 출납 업무 담당
내두 좌평	창고 저장 사무
내법 좌평	의례 업무
위사 좌평	수직, 시위 등 군사 관련 사무
조정 좌평	형벌과 옥사에 관한 업무
병관 좌평	지방 군사에 관한 사무

　나라의 정치를 맡아보았던 대표적인 관직은 재상이었습니다. 재상은 귀족의 합의로 선출되었습니다. 호암사의 정사암이라는 바위에 귀족들이 모여서 정사암회의를 열었는데, 이 회의에서 재상을 뽑았고 정치를 의논했습니다. 귀족회의를 통해 백제의 정치와 사회가 주도되었습니다.

　백제의 지배층은 왕족과 8성 귀족이었습니다. 왕족은 부여씨였고, 8성의 귀족 가문은 진씨 · 해씨 · 국씨 · 목씨 · 사씨 · 연씨 · 백씨 · 협씨였습니다. 초기에는 왕비족인 진씨와 해씨가 힘을 키웠습니다. 후기로 가면서 사(택)씨와 연씨가 세력을 키워 정치를 주도했습니다.

　일반 백성으로는 평민과 천민이 있었습니다. 대부분의 백성은 평민으로 농민이었습니다. 농민은 농사를 지어 나라에 조를 바쳤는데, 쌀 이외에 명주와 베 등을 납부하기도 했습니다. 평민은 조세를 부담할 뿐만 아니라 나라를 위해 노동력을 제공하기도 했습니다. 군역의 의무를 지거나 제방을 쌓는 등의 일에 동원되었죠.

《삼국유사》에 귀족회의인 정사암회의를 했던 곳으로 전해진다.
　정사암(부여 호암사)

　지배층은 사회 체제를 유지하기 위해 엄격한 율령을 제정했습니다. 살인자, 반역자, 전쟁에 패한 자는 모두 사형에 처했고, 사형당한 사람의 가족은 노비로 삼기도 했습니다. 남의 물건을 훔치면 2배로 배상시켰습니다. 그런데 도둑맞을 만한 물건을 가진 계층은 대부분 귀족이므로, 이는 지배층의 재산을 보호하기 위한 법이었다고 할 수 있습니다.

3 바다 건너 중국으로 일본으로 • 백제의 해외 진출

여기도 백제, 저기도 백제 : 영토 확장

백제가 눈에 띄게 발전한 것은 4세기 후반 근초고왕(346~375) 때였습니다. 근초고왕의 업적으로 백제는 중앙집권국가 체제를 완성할 수 있었습니다.

근초고왕은 특히 정복 군주로서의 면모를 과시했습니다. 이 때 백제의 영토는 크게 확대되어 남쪽으로 마한의 영토를 모두 정복하여 전라도 남해안까지 차지했고, 낙동강 유역 가야의 소국에도 지배권을 행사했습니다.

북쪽으로는 고구려의 평양성을 공격했습니다. 근초고왕이 고구려와 싸우던 중 고구려의 고국원왕이 전사하기도 했습니다(371). 이처럼 여러 차례에 걸친 정복 활동을 통해 백제는 영토를 크게 넓혀갔습니다. 그 결과 백제는 오늘날 경기도와 충청도를 넘어 전라도, 경상도의 낙동강 중류 지역, 강원도, 황해도 일부 지역까지 정복하기에 이르렀습니다.

또한 근초고왕은 수군을 키워 해외로 진출할 계획을 세웠습니다. 중국의 요서, 산둥 지방과 일본의 규슈 지방에까지 진출하는 활발한 대외 활동을 벌였던 것입니다.

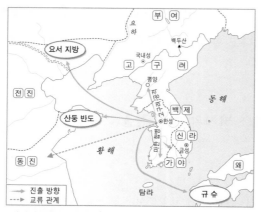

백제의 발전(4세기)

근초고왕은 고이왕이 닦아 놓은 기반 위에서 정복 활동을 통해 백제의 위상을 높였습니다. 중앙집권 국가 체제를 완성한 근초고왕은 박사 고흥에게 백제의 역사책인 《서기》를 펴내도록 했습니다. 역사를 편찬하는 것은 자신의 업적과 정비된 국가의 면모를 과시하기 위해서 였습니다. 안타깝게도 《서기》의 내용이 무엇인지는 알 수 없습니다. 지금은 전하지 않으니까요.

칠지도 : 일본과의 교류

근초고왕 때부터 백제는 일본과 활발한 교류를 가졌습니다. 아직기와 왕인은 일본에 건너가 한문을 가르쳤는데, 아직기는 사신으로 건너가 일본 도도 태자의 스승이 되었습니다. 왕인은 천자문과 논어를 전해 주었습니다. 이 때 한학은 일본 사람들에게 문학의 필요성을 인식시켜 주는 계기가 되었고, 유교의 가르침은 충효 사상을 보급하는 데 도움이 되었습니다.

또한 왜 왕에게 칠지도를 내렸습니다. 칼날이 일곱 개인 칠지도는 백제에서 만들어 근초고왕이 왜 왕에게 선사했던 물건입니다. 칼 양면에는 글자가 새겨져 있고, 현재 일본에 보관되어 있습니다. "선세 이래로 아직 이 칼이 없어 백제에서 왜 왕을 위해 만들었으니 후세에 전하여라."라는 글귀가 쓰여져 있

칠지도(七支刀)

칼날이 일곱 개인 칼. 중심에 칼날 하나가 있고, 다시 오른쪽과 왼쪽에 세 개씩의 칼날이 있다. 백제 근초고왕이 왜 왕에게 선물하였다. 칼 양면에는 상감 기법을 이용하여 글자를 새겨 넣었다.

습니다. 이것을 보면 당시 백제가 일본과 친밀한 관계에 있었다는 사실을 알 수 있습니다.

칠지도

4 한강에서 금강으로 • 백제의 시련

전성기의 백제는 한강 유역을 중심으로 성장했습니다. 5세기 후반에 고구려의 남진 정책으로 백제는 커다란 타격을 받게 됩니다. 고구려의 광개토왕에 뒤이은 장수왕은 평양으로 도읍을 옮기고 점차 남쪽으로 세력을 뻗쳤습니다.

고구려의 세력에 대항하기 위해 백제는 신라와 동맹을 체결했습니다(433). 백제의 비유왕(427~455)이 신라의 눌지마립간과 손을 잡은 것입니다. 나제 동맹은 고구려의 공격에 대응하기 위한 전략이었습니다.

한편, 개로왕(455~475)은 중국 북조의 위나라에도 사신을 보내어 고구려의 남침을 호소하고 군사를 청하기도 했습니다. 그러나 신라의 동맹군이 도착하기 전에 장수왕이 백제를 공격하기 시작하여 개로왕은 수도 한성을 빼앗기고 죽임을 당하고 말았습니다. 4세기에 일어난 고구려 고국원왕의 죽음에 대한 복수가 이루어진 것입니다.

백제가 이처럼 위기를 맞은 것은 한강을 수비하는 데 지나치게 국력을 낭비했던 탓입니다. 또한 때마침 고구려에서는 탁월한 전략과 전술로 영토 확장에 실력을 발휘하는 광개토대왕과

신라와 백제가 국경
을 이루었던 곳에
위치한 나제 통문
(전북 무주)

장수왕이 출현했습니다. 한강 유역을 빼앗긴 백제는 새로운 도읍을 찾아 나서지 않을 수 없었습니다.

문주왕(475~477)은 금강 유역의 웅진(공주)으로 도읍을 옮겼으나(475), 이 때부터 백제는 왕권이 약해졌습니다. 왕족인 부여씨보다 왕비족인 진씨와 해씨의 세력이 강대해져 지배 세력이 바뀌게 되었고, 점차 국력이 쇠퇴했습니다. 따라서 백제는 정치적인 불안에 휩싸이게 되었습니다.

5 백제의 르네상스 · 백제의 중흥

백제와 신라의 결혼 : 결혼 동맹

백제는 동성왕(479~501)과 무령왕(501~523)의 노력으로 안정을 이루고 다시 국력을 회복하기 시작했습니다.

동성왕은 왕비족의 힘을 약화시키고 왕권을 강화시켰습니다. 또 신라와의 동맹을 강화하고자 결혼 동맹을 맺었습니다(493). 동성왕이 신라 왕족의 딸을 왕비로 맞은 시기는 신라의 소지마립간 때였습니다. 이 일로 나제 동맹은 더욱 힘을 가지게 되었습니다. 그리고 동성왕은 탐라(제주도)를 복속하여 백제 땅으로 만들었습니다.

뒤이은 무령왕은 귀족들의 반란을 제압하고 백제 중흥의 기틀을 마련했습니다. 지방에는 특수 행정구역인 22담로를 설치했습니다. 담로에는 왕자와 왕족을 임명하여 지방에 대한 통제를 강화하고자 했습니다. 무령왕은 백제의 영광을 되찾기 위한 발돋움을 시작한 동시에, 중국 남조의 양(梁)과 수교를 하는 등 대외 관계를 회복하는 데도 힘썼습니다. 일본에 5경 박사를 보내어 유학을 전했던 시기도 이 때입니다.

사비로 또다시 이사 : 백제의 중흥

백제의 르네상스를 이룩한 임금은 6세기의 성왕(523~554)이었습니다. 성왕은 새로운 발전의 터전을 마련하기 위해 산골짜기 웅진을 벗어나 넓은 들판인 사비(부여)로 도읍을 옮겼습니다(538). 그리고 나라 이름을 남부여로 바꾸었습니다.

성왕은 중앙과 지방 정치 제도를 정비하고 남중국과 교류하는 데 힘썼습니다. 우선 중앙의 관부를 늘리고 지방 행정구역을 정비했습니다. 고이왕 때 6부에 지나지 않았던 중앙 관부를 22부로 늘렸고, 지방 행정구역을 5방으로 정비했습니다. 담로 제도를 바꾸어 전국을 다섯 지역으로 나누고 지방장관을 파견하는 한편, 남조와 활발한 교류를 꾀하였습니다. 이미 무령왕 때에 남조의 양나라와 친교를 맺었는데, 무령왕릉에 나타나는 남조의 영향이 바로 그 증거입니다.

성왕은 계속하여 외교 관계에 중점을 두었고, 고구려 장수왕에게 빼앗긴 한강 유역의 옛 땅을 회복하기 위해 노력했습니

백제의 도읍

도 읍	지금 위치	시 기
위례성	한강 유역, 서울	온조왕(B.C. 18) 이후
웅 진	금강 유역, 충남 공주	문주왕(475) 이후
사 비	금강 유역, 충남 부여	성왕(538) 이후

다. 백제는 신라와 손잡고 고구려의 남진 정책에 대항하여 동맹을 맺은 상태였습니다. 신라의 진흥왕과는 고구려를 공격하기도 했습니다. 나제 동맹(433~553)으로 불리는 백제와 신라의 동맹은 후에 혼인 동맹으로 발전했습니다.

드디어 두 나라의 동맹군이 고구려를 밀어내고 한강 유역을 차지하게 되자 백제는 한강 하류를 점령했습니다. 그런데 신라의 진흥왕이 한강 일대를 일방적으로 신라의 영토로 편입시켰습니다. 진흥왕의 배신으로 120년 동안 계속되었던 나제 동맹은 결국 깨지고 말았습니다.

백제의 성왕은 보복전에 나섰습니다. 이 때 관산성(옥천) 전투에서 백제가 크게 패하고 성왕은 전사합니다. 성왕의 죽음은 너무 갑작스러운 일이었습니다. 이 일로 백제의 중흥이 잠시 주춤하게 되었습니다.

일본에 불교를 전하다 : 백제의 사상

백제에 불교가 처음 소개된 것은 침류왕 때입니다. 그 후 성왕은 불교를 진흥하는 일에 관심을 기울였습니다. 인도에서 돌아온 승려 겸익을 등용하여 불교를 중심으로 한 정신적인 토대를 굳히게 했습니다. 겸익은 인도에서 율종을 도입했는데 율종에서는 계율을 중요하게 여겼습니다. 율종 관련의 불경을 번역하는 일도 이 때 이루어졌습니다.

또한 6세기 중엽 백제는 일본에 불교를 전파했습니다. 성왕은 승려인 노리사치계를 일본에 파견했습니다. 그는 불경과 불상을 가지고 일본에 건너갔고, 이 때 일본에 처음 불교가 알려졌습니다. 그 뒤에도 백제에서는 많은 승려를 일본으로 보냈고, 점차 일본의 불교는 기초를 다지게 되었습니다.

백제에서는 일찍부터 한학이 발달하여 5경 박사와 의박사, 역박사가 있었습니다. 한학의 수준이 매우 높았음을 알 수 있습니다. 백제가 북위에 보낸 국서는 매우 세련된 문장이었으며, 당시 국제 정세를 정확히 꿰뚫고 있었습니다. 아울러 사택지적 비문도 세련된 문장으로 유명합니다.

사택지적 비문은 도교 사상을 담고 있습니다. 사택지적은 사람 이름인데, 사(택)씨는 백제의 유명한 8성 귀족 가운데 하나였습니다. 의자왕 때 귀족이었던 사택지적이 인생무상을 읊은 비문입니다. 젊음과 영화가 모두 무상하다고 한탄하는 이 비문의 내용은 인생이 덧없다는 도가 사상에서 비롯되었습니다.

백제에서는 불교보다 먼저 도가가 소개

사택지적 비문(국립 부여박물관 소장)

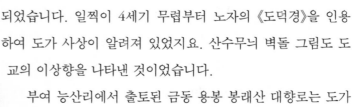

되었습니다. 일찍이 4세기 무렵부터 노자의 《도덕경》을 인용하여 도가 사상이 알려져 있었지요. 산수무늬 벽돌 그림도 도교의 이상향을 나타낸 것이었습니다.

부여 능산리에서 출토된 금동 용봉 봉래산 대향로는 도가와 불교의 색채가 드러난 공예품입니다. 향로는 절에서 향을 피우는 데 쓰이는 불교와 관련된 예술품인데, 이 향로에는 용봉과 봉래산 무늬가 있습니다. 봉래산은 신선이 사는 이상적인 세계를 뜻하므로, 결국 이 향로도 도교 사상과 연결되었음을 알 수 있습니다.

백제 금동 대향로
(국보 287호, 국립
부여박물관 소장)

우아하고 세련된 : 백제의 문화

백제는 중국의 문화를 수입하고 전달하는 데 큰 역할을 담당했습니다. 많은 강을 끼고 평야 지대에 위치했던 백제는 문화 교류가 활발했습니다. 황해를 거쳐 중국에 자주 오가면서 중국의 문화를 받아들이고 발전시키는 데 앞장섰습니다. 백제의 문화는 우아하고 세련된 귀족적 성격이 강했습니다. 반면 지방의 토착 문화를 육성시키는 데는 소홀했지요.

먼저 고분을 둘러보겠습니다. 서울 송파구 석촌동에는 계단식으로 돌을 쌓아올려 만든 백제의 초기 무덤이 있습니다. 돌무지 무덤으로 고구려 초기의 무덤과 매우 비슷합니다. 두 나라의 무덤 양식이 비슷하다는 것은 바로 백제 왕실이 고구려와 깊은 관련이 있다는 것을 말해 줍니다. 고구려에서 내려온 사람들이 백제를 건국한 중심 세력이었기 때문입니다.

웅진 시대를 대표하는 무덤으로는 장중한 모습의 무령왕릉이 있습니다. 이 무덤은 유일한 벽돌 무덤이었습니다. 무령왕릉은 백제의 전통 양식이 아닌 중국 남조의 영향을 받아 만들어진 무덤입니다. 천장은 아치 모양이고, 무덤 안에서는 중국 남조 양나라의 동전이 발견되었습니다. 남조의 양식을 본뜬 무덤인 것입니다. 금으로 만든 관식도 나왔습니다. 이 무덤의 주인공이 강력한 왕권의 기반을 다지고 중흥의 기틀을 마련했다는 상징물로 볼 수 있습니다.

▲ 백제의 금제관식

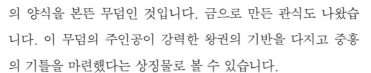

사비 시대에는 능산리 고분이 만들어졌습니다. 이 고분은 굴식 돌방 무덤이었습니다. 여기에서는 세련된 무늬의 벽화가 나왔습니다. 이처럼 백제의 고분은 돌무지 무덤에서 벽돌 무덤을 거쳐 굴식 돌방 무덤으로 변화했습니다.

부여의 능산리 고분 근처에서는 금동 용봉 봉래산 향로가 출토되었습니다. 이 향로는 청동에 금을 입혀 만든 것으로, 백제의 사상과 공예 기술을 보여 주는 뛰어난 작품입니다. 향을 피우는 곳은 불교 사원이므로 이 작품은 불교와 관련이 깊습니다. 그런데 용봉과 봉래산은 무엇을 상징합니까. 용봉은 신비로운 전설상의 동물이고, 봉래산은 신선이 사는 이상 세계를 뜻합니다. 결국 도가 사상과도 연관이 있습니다. 따라서 이 향로는 불교와 도가

벽돌 무덤

벽돌로 방을 쌓아올리고, 그 위에 흙을 덮은 무덤. 우리 나라 고유의 무덤은 돌을 쌓아올린 돌방 무덤인데 비해 이 무덤은 중국 남조의 영향을 받았다.

▼ 능산리 고분의 천장 벽화

가 조화를 이룬 백제의 대표적인 예술품이라고 할 수 있습니다.

무왕은 익산으로 도읍을 옮기려 했던 적이 있습니다. 익산에 거대한 규모의 미륵사를 세우고 불교를 통해 왕권을 강화하려 했습니다. 지금은 미륵사가 남아 있지 않지만 미륵사지 석탑이 부서진 채 남아 있습니다. 이 탑은 우리 나라에서 가장 오래된 석탑입니다. 이전에는 탑의 재료로 나무를 사용하다가 이 시기부터 돌을 이용해 탑을 세웠습니다. 미륵사지 탑은 목조탑 양식을 한 석탑이었습니다.

한편, 부여에는 정림사지 5층 석탑이 남아 있습니다. 이 탑이 언제 만들어졌는지는 정확하지 않지만 미륵사지 석탑보다는 후대에 만들어졌다고 여겨집니다. 목조탑 양식에서 벗어났기 때문이죠. 전형적인 석탑 양식을 보여 주는 이 탑은 석탑의 균형잡힌 아름다움을 잘 나타내고 있습니다.

미륵사지 석탑
(전북 익산, 좌)
정림사지 5층 석탑
(충남 부여, 우)

6 백제의 오르막, 내리막 • 백제의 멸망

성왕의 죽음으로 백제는 신라를 최대의 적으로 여기고, 오히려 옛날의 적이었던 고구려와 뜻을 같이하게 됩니다. 국내에서는 성왕이 죽은 뒤 8성 귀족이 힘을 키웠습니다. 백제에는 사씨를 비롯하여 연·해·진·국·목·백·협씨의 여덟 성씨 귀족이 있었습니다. 이들 귀족이 세력을 키우자 왕권이 위축되었습니다.

왕권을 강화하고 백제의 영광을 되찾기 위한 노력이 무왕 (600~641)에 의해 이루어집니다. 무왕은 신라를 군사적으로 압박하면서 정복 전쟁을 통해 백제의 위상을 올리고자 했습니다. 또한 토목공사를 벌여 왕실의 권위를 높이기 위해 궁궐을 중수합니다.

나아가 무왕은 익산으로의 천도를 꿈꿨습니다. 8성 귀족에게 둘러싸여 있는 사비에서 벗어나고자 했던 것입니다. 하지만 불교국가를 이룩하려는 무왕의 꿈은 사비 지역 귀족의 반대로 무너지고 말았습니다.

무왕에 뒤이은 임금은 의자왕(641~660)입니다. 우리는 보통 의자왕 하면 삼천 궁녀를 떠올립니다. 향락에 빠져 정치를 제대로 돌보지 않았던 왕이라 생각하지요. 그러나 이것은 백제가 망한 뒤에 모든 잘못을 의자왕에게 돌리기 위한 이야기일 뿐입니다.

무왕은 일찍이 그의 아들 의자를 태자로 삼아 귀족들이 왕위 계승에 관여하지 못하도록 했습니다. 왕권을 강화하려는 무왕의 뜻이 의자왕에 오면서 실현될 기미를 보였습니다. 의자왕은 즉위하자마자 힘있는 귀족 40여 명을 추방하여 귀족 세력을 약화시켰습니다. 지방을 순시하면서 죄수를 석방하고 민심을 얻기도 했습니다. 국내에서는 왕권을 강화하면서 백성의 지지를 얻어냈고, 대외적으로는 세력을 뻗어 신라에 대한 복수를 시작했습니다. 고구려와 손잡고 신라를 공격하여 신라의 30~40여 성을 함락시키기도 했습니다. 백제가 다시 일어서는 것처럼 보였지요.

그러나 의자왕의 신라 공격은 신라가 당나라 군대를 불러들이는 결정적인 계기가 되었습니다. 김유신이 이끄는 신라 군대는 당의 군사적인 지원을 받아 백제를 공격했습니다. 나당 연합군의 공격에 백제 군대는 용감히 맞서 저항했습니다. 황산벌(논산)에서 장군 계백을 비롯한 5,000명의 병사들이 죽음을 각오하고 싸웠지만 끝내 패배했습니다. 마침내 660년, 나당 연합군이 사비성을 함락하여 백제는 멸망하고 맙니다.

당은 사비성에 군대를 주둔시켰습니다. 백제의 옛 땅에는 웅진 도독부를 두어 이 지역을 당의 지배 아래 두려는 계획을 세웠습니다. 그러나 백제 사람들은 침략군에 저항하며 부흥 운동을 도모했습니다. 왕족인 복신과 승려 도침이 주류성(한산)을 근거지로 삼아 군사를 일으켰고, 부흥군은 한때 200여 성을 회복했습니다. 이들은 일본에서 돌아온 왕자 풍을 추대하여 백제의 왕으로 삼았습니다. 그리고 사비성과 웅진성을 포위하여 주둔하고 있던 당의 군대를 괴롭혔습니다. 그 결과 여러 차례 당과 신라의 군대를 격파할 수 있었습니다.

　하지만 부흥 운동을 지도하던 사람들 사이에 또다시 내분이 일었습니다. 복신이 도침을 죽이고, 풍이 다시 복신을 죽이게 됩니다. 중심에 있던 세 사람이 서로를 죽이면서 세력이 급격히 약해졌습니다. 신라와 당 연합군은 이 기회를 놓치지 않고 부흥 운동의 근거지였던 주류성을 함락시켰습니다. 끝까지 항거하던 세력이 함락당해 부흥 운동은 모두 실패로 끝났습니다. 이로써 백제는 역사의 무대에서 사라지게 되었습니다.

저장하기 : 백제사

- 3세기 중엽 고이왕에 이르러, 백제는 확대된 영토와 통치 조직을 갖춤으로써 중앙집권국가로서의 기틀을 잡아갔습니다.
- 백제는 4세기 후반 근초고왕 때, 영토를 크게 확장하고 남중국과 일본 지역으로 진출하여 활발한 대외 활동을 벌였습니다.
- 5세기 후반, 백제는 고구려의 남진 정책에 큰 타격을 받아 한강 유역의 중심 지역을 빼앗겼습니다.
- 성왕은 사비로 천도하고 국호를 남부여로 개칭하여 백제의 중흥을 도모했습니다.
- 강이 발달해 있는 평야 지대에 위치한 백제는 문화 교류가 활발하여 세련된 문화를 이룩할 수 있었습니다.

가 야

1 황금 알에서 태어난 여섯 왕 • 가야의 건국

가야는 가라, 가량, 가락, 구야, 임나 등 여러 이름으로 불렸습니다. 가야를 처음 세운 사람은 수로왕이었습니다. 가야의 건국 설화에는 아홉 명의 추장이 구지가를 부르는 내용이 나옵니다. "거북아 거북아 머리를 내어라. 내놓지 않으면 구워서 먹으리." 그리고 나서 추장들은 황금 알 여섯 개가 들어 있는 금빛 상자를 발견했습니다. 그 안에서 처음 머리를 내민 사람이 수로왕이었습니다. 나머지의 알에서도 사람이 나와 임금이 되었습니다.

황금 알에서 태어난 여섯 왕이 6가야를 세웠습니다. 가야는

6가야 연맹

6가야 이름	금관가야	대가야	아라가야	고령가야	성산가야	소가야
위 치	경남 김해	경북 고령	경남 함안	경남 진주	경북 성주	경남 고성

연맹체를 이루고 있었는데, 김해의 금관가야와 고령의 대가야가 가야 연맹의 주축을 이루었습니다. 그 밖에 아라가야, 고령가야, 성산가야, 소가야가 있었습니다.

6가야 가운데 금관가야가 맹주 역할을 했습니다. 알에서 먼저 나온 수로왕이 금관가야를 세우고(42) 지배자가 되었습니다. 다른 알에서 나온 다섯 명은 나머

▲ 가야 연맹의 위치

지 가야를 이끌어나갔습니다. 금관가야를 주축으로 이루어진 연맹체를 6가야 연맹이라고 부릅니다. 금관가야는 이웃 소국을 병합하면서 영토를 넓혔고 통치 조직을 정비해 나갔습니다.

가야 연맹은 농경 문화를 바탕으로 했으며, 철의 생산과 중계무역으로 발전을 거듭했습니다. 가야 연맹이 자리하던 낙동강 하류는 옛 변한 지역입니다. 삼한 가운데 하나인 변한 지역에 농경 문화와 철기 문화가 번성하면서 가야 연맹으로 발전했습니다.

가야의 건국 설화를 보면 지배자는 모두 황금 알에서 나옵니다. 가장 먼저 나온 수로왕은 김씨를 성으로 삼았습니다. '금(金)'과 '김(金)'은 같은 한자를 씁니다. 그래서 황금에서 나온 수로왕은 김씨가 되었습니다.

금은 쇠, 즉 철을 뜻하기도 합니다. 가야의 낙동강 부근에는

철이 많았습니다. 모래에 섞인 철이 흩어져 있었죠.
이러한 철기 문화의 발전으로 가야 연맹이 성립될 수
있었던 것입니다.

　가야는 철을 북쪽의 낙랑 지방과 남쪽의 왜로 수출
했습니다. 해로를 이용해 철을 수출하던 가야의 유물
가운데 철제 갑옷이 발견되었습니다. 이는 가야가 철
의 나라였다는 사실을 보여 주는 증거가 됩니다.

가야의 철제 갑옷
(경북 고령)

2 해안에서 내륙으로 • 가야 연맹의 발전

금관가야에서 대가야로 : 가야 연맹의 중심지 이동

　가야는 백제 · 왜 등과 교류를 했습니다. 하지만 신라와는 사
이가 좋지 않았습니다. 4세기 말부터 5세기 초 고구려와 백제
의 세력 다툼이 치열해지자 백제는 왜의 군대를 끌어들였습니
다. 백제 · 왜 연합군은 가야를 거쳐서 신라를 공격했고, 신라
와 가야가 이에 날카롭게 대립했지요. 이 때 고구려의 광개토
대왕이 신라를 후원하여 고구려의 군대는 낙동강 유역까지 진
출했습니다.

　고구려의 공격으로 경남 해안 지역에 있던 금관가야는 큰 타
격을 받았습니다. 그 사이 금관가야를 중심으로 하는 가야 연
맹에 포함되었던 소국들이 이탈했고, 이로 인해 금관가야는 세
력이 크게 약해졌습니다.

5세기 이후가 되면 가야의 중심지가 고령의 대가야로 이동합니다. 이곳은 내륙 산간 지역이어서 전쟁의 피해를 받지 않았습니다. 게다가 대가야가 있던 고령 지역은 토지가 비옥하여 벼농사가 잘 되었기 때문에 다른 지역보다 농업 생산력이 높았습니다. 이런 대가야를 중심으로 가야 연맹은 세력권이 재편되기에 이르렀습니다.

초기에 경남 해안 지대에 만들어졌던 고분이 줄어들면서 대신 경상도 내륙 산간 지역에 많은 고분이 만들어졌습니다. 이곳의 고분은 규모도 매우 큽니다. 이런 고분 유적을 보면 가야 연맹의 중심지가 해안 지대의 금관가야에서 내륙 산간의 대가야로 이동하는 과정을 분명히 알 수 있습니다.

대가야는 신라의 팽창에 자극을 받아 빠르게 성장했습니다. 대가야 연맹왕국은 합천·함양·하동 등 여러 지역을 포괄하는 세력권을 형성했습니다. 또한 중국 남조에 사신을 보내기도 하고 백제·신라와 손을 잡기도 했습니다.

5세기 후반 무렵 고구려의 장수왕은 남하 정책에 힘쓰고 있었습니다. 고구려는 수도를 평양으로 옮기고 백제의 한강 유역을 차지하게 되었습니다. 고구려의 세력이 확장되자, 백제와 신라가 급속히 가까워졌고 나제 동맹은 공동전선을 펴게 되었습니다. 이 때 백제와 신라는 가야를 협조 세력으로 끌어들였습니다. 그리하여 대가야는 신라·백제와 힘을 합쳐 고구려에 대항하기도 했습니다.

대가야(大加耶)
《삼국사기》에 의하면 시조 이진아시왕으로부터 도설지왕까지 16대, 520년에 이르렀다고 한다. 금관가야가 주도권을 잡았던 전기 가야와 구별하여 후기 가야라고 한다.

가야의 소국들은 일찍이 벼농사를 짓고 농경 문화를 발전시
켰습니다. 철의 생산과 높은 농업 생산력으로 튼튼한 경제력을
구축했고, 해상 중계무역으로도 번성했습니다. 가야 연맹왕국
은 주변 국가는 물론이고 북쪽의 한 군현, 동해안의 예, 남쪽
으로는 왜와도 교역을 했습니다. 바닷길을 통한 무역국가라고
할 수 있지요.

이러한 경제적 바탕 위에서 우수한 문화가 만들어졌습니다.
특히 고령을 중심으로 한 대가야 연맹왕국은 풍부한 경제력을
바탕으로 문화의 중심지가 되었습니다. 일찍부터 발전했던 경
남 해안 지방의 토기 제작 기술이 보급되었고 수공업도 번성하
게 되었습니다.

가야 문화를 보여 주는 유적으로는 고령 지산동 고분과 부산
복천동 고분이 유명합니다. 이들 고분에서는 금동관, 철제 무

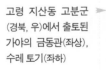
고령 지산동 고분군
(경북, 우)에서 출토된
가야의 금동관(좌상),
수레 토기(좌하)

기와 갑옷, 토기 등이 발굴되었습니다. 가야의 문화가 상당한 수준이었다는 것을 보여 주는 유물들입니다. 특히 가야에서는 토기를 제작하는 기술이 매우 발달했습니다. 수레 토기가 가장 대표적이었지요. 흙을 이용해 여러 모양의 토기를 만들었는데 이들 토기는 신라에 전해져 신라 토기의 원형이 되었습니다. 바다 건너 일본에도 전해져서 스에키 토기에 직접적인 영향을 주기도 했습니다.

3 신라의 역사 속으로 ● 가야의 멸망

신라, 가야를 정복하다 : 가야의 멸망

가야는 중앙집권국가로 발전하지는 못했습니다. 수준 높은 문화를 보여 주었지만, 정치적인 발전을 이루는 데는 실패했습니다. 가야 연맹은 줄곧 백제와 신라 사이에 끼어 두 나라로부터 압박을 받았습니다. 이것이 정치적인 성장에 큰 제약이 되었습니다.

6세기 전반 대가야 연맹왕국은 흔들리기 시작했고, 백제와 신라의 침략을 받아 영토가 줄어들기 시작했습니다. 게다가 가야 남부의 소국들이 대가야 중심 연맹에서 빠져나갔고, 다시 금관가야를 중심으로 연맹왕국이 형성되었습니다.

신라는 백제와 왜의 세력이 김해 지역에 영향을 미칠까 염려했습니다. 결국 법흥왕은 금관가야를 공격했고, 금관가야는 이

스에키 토기

삼국 시대의 토기는 일본에 전해져 경질 토기인 스에키의 태토·제작·색조·기형·문양 등에 이르기까지 그 생산과 발달에 큰 영향을 주었다. 특히 가야 토기는 일본 스에키의 원류가 되고 있다. 회색 경질 토기인 스에키는 대체로 5세기경의 고분에서 다수 출토되고 있는데, 이러한 스에키의 출현은 신라·백제·가야 문화의 일본 전파는 물론이고, 신라·백제·가야인들의 일본 이주를 증명하는 것이다.

로써 신라에 병합되고 말았습니다(법흥왕 19년, 532).

한편, 대가야는 법흥왕에게 결혼 동맹을 요청하여, 신라의 진골 출신 여인을 대가야의 왕비로 맞았습니다. 하지만 신라와의 정치적 결속 효과는 크지 않았습니다. 오히려 백제의 성왕이 가야 연맹의 여러 나라를 포섭하여 영향력을 행사하기 시작했지요. 게다가 가야 연맹 내부의 분열까지 일어나 세력은 점차 약화되었습니다.

6세기 중반 신라와 백제가 손잡고 고구려가 차지한 한강을 되찾기 위해 전쟁을 일으켰습니다. 동맹군은 한강 유역을 되찾는 데 성공했지만, 신라가 백제를 배신하는 바람에 어렵게 되찾은 한강을 다시 잃은 백제는 대대적인 공략을 준비했습니다. 백제는 왜와 가야 세력까지 동원했으나, 성왕이 전사하게 되고 결국 패배했습니다. 이 때 병사를 파견한 가야도 타격을 받지 않을 수 없었습니다. 결국 신라의 진흥왕은 대가야를 공격하여 멸망시켰습니다(진흥왕 23년, 562). 대가야가 망하자 나머지 세력도 같은 운명에 놓이게 되었고, 마침내 신라에 항복했습니다. 이것으로 가야 연맹은 500여 년의 역사를 마감하고 무너져내립니다.

금관가야와 대가야를 멸망시킨 신라는 가야와 국경을 마주하고 있었습니다. 낙동강이 두 나라의 경계선이었습니다. 가야와 신라의 문화는 큰 차이를 보였지만, 가야가 신라에 흡수됨으로써 결국 가야 문화가 신라 문화에 영향을 미쳤습니다.

우륵이 신라에 전한 가야금은 가야의 악기였습니다. 가야의 토기는 신라 토기에 영향을 주기도 했고, 금관가야의 왕족은 신라의 진골 귀족이 되었습니다. 금관가야의 마지막 왕인 구해왕이 신김씨로 진골이 되었습니다. 구해왕의 증손이 삼국 통일에 공을 세운 김유신입니다. 비록 가야는 망했지만 가야 사람과 문화는 신라 발전에 크게 이바지했습니다. 신라의 역사 속에 다시 새롭게 되살아났던 것이죠.

가야사의 진실과 허구 : 임나일본부설

가야의 역사는 500년의 긴 세월 동안 계속되었지만, 정작 우리가 알고 있는 것은 너무나 적습니다. 남아 있는 기록이 거의 없기 때문입니다. 그런데 일본에서는 4세기 후반 가야에 '임나일본부'를 설치하여 이곳을 직접 지배했다고 주장합니다. 여기에서 임나는 가야를 뜻합니다. 왜가 가야 지역에 임나일본부를 두어 식민지로 삼았다는 주장입니다.

일본 사람들은 임나일본부가 있었다는 증거로 광개토대왕릉 비문을 들고 있습니다. 비문의 내용 가운데 한국과 일본의 학자들 사이에서 논란이 되는 부분은 다음과 같습니다. "신묘년에 왜가 바다를 건너와 백제, □□, 신라를 격파해 신민으로 삼았다." 신묘년은 광개토대왕 1년(391)으로 4세기 후반이었습니다. 이 때 일본이 백제와 신라를 신민으로 삼았다는 것입니다. 일본은 이 부분을 강조하여 4세기 후반 왜가 한반도 남부 지역을 식민 통치했다고 주장합니다.

과연 그럴까요? 신라는 왜로부터 침입을 많이 받았습니다.

구지봉(경남 김해)
구지봉은 산이 거북 모양으로 생겼고 김해 김씨의 시조인 김수로 왕의 탄생 신화의 무대로, 가야의 정신을 담고 있는 곳이다. 이러한 구지봉을 일제는 거북의 목 부분에 길을 냄으로써 한번에 가야의 정신을 끊어 버리는 만행을 저질렀다.

하지만 일시적인 침입이 있을 때마다 식민 통치가 이루어지는 것은 아닙니다. 따라서 비문의 기록을 달리 해석해야 한다는 의견이 나왔습니다. 광개토대왕릉비는 장수왕이 만들었습니다. 아버지인 광개토대왕의 업적을 기리기 위해서 만든 것이지 왜를 칭송하기 위해 만든 것이 아닙니다. 따라서 일본인들은 비문 전체의 내용과 관계없이 일부 글자를 확대 해석하고 있는 것입니다.

당시 동아시아 여러 나라의 관계를 따져 봅시다. 일본이 과연 백제와 신라를 지배할 수 있었을까요. 왜는 백제나 가야, 신라에 비해 많이 뒤쳐진 문화를 가지고 있었습니다. 4세기는 우리의 선진적인 문물이 일본에 전해지던 시기입니다. 후진국인 왜가 선진 문물을 가진 나라들을 식민 경영할 수 있는 가능성은 거의 없어 보입니다.

일본에서 임나일본부를 강조한 것은 일제 시대부터였습니

다. 자신들의 식민 지배를 정당화하기 위해 예로부터 우리 나
라가 일본의 식민지였다고 주장하게 됩니다. 일본은 1930년대
민족 말살 정책을 추진했습니다. 대륙 침략을 감행하기 위해
우리 민족 자체를 부정하려 했고, 우리 역사를 인정하지 않으
려는 의도에서 임나일본부설을 내놓았던 것입니다. 따라서 가
야에 임나일본부를 두어 백제와 신라, 가야를 지배했다는 주장
은 사실이 아닙니다.

저장하기 : 가야사

- 2~3세기경, 김해의 금관가야를 중심으로 가야 소국 연맹체가 형성되었
  습니다.
- 5세기 이후 가야는 전쟁의 피해를 받지 않은 고령 지방의 대가야로 중심
  이 이동되면서 연맹의 세력권이 재편되었습니다.
- 가야 토기는 일본 지역에 전해져 스에키 토기에 직접적인 영향을 주었습
  니다.
- 가야는 연맹 단계에서 더 이상의 국가적인 통합을 이루지 못하고, 신라
  에 의해 차례로 병합되었습니다.

신라의 왕

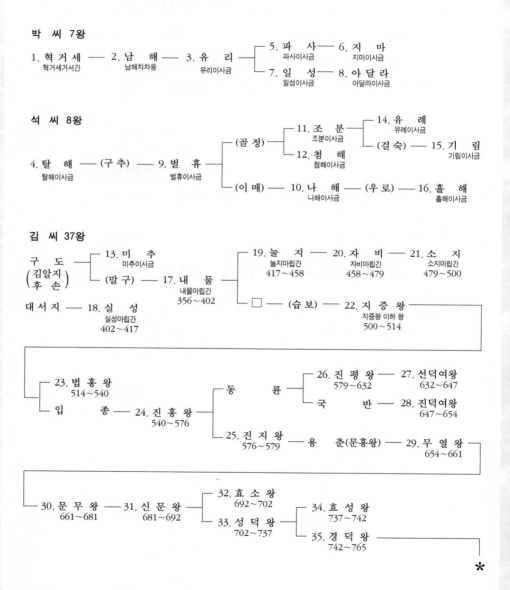

박 씨 7왕

1. 혁거세 ── 2. 남 해 ── 3. 유 리 ┬ 5. 파 사 ── 6. 지 마
혁거세거서간   남해차차웅   유리이사금 │   파사이사금   지마이사금
                                        └ 7. 일 성 ── 8. 아 달 라
                                          일성이사금   아달라이사금

석 씨 8왕

4. 탈 해 ── (구 추) ── 9. 벌 휴 ┬ (골 정) ┬ 11. 조 분 ┬ 14. 유 례
탈해이사금   벌휴이사금 │   │ 조분이사금 │   유례이사금
                                 │   │   └ (걸 숙) ── 15. 기 림
                                 │   └ 12. 첨 해   기림이사금
                                 │   첨해이사금
                                 └ (이 매) ── 10. 나 해 ── (우 로) ── 16. 흘 해
                                             나해이사금   흘해이사금

김 씨 37왕

구 도 ┬ 13. 미 추   19. 눌 지 ── 20. 자 비 ── 21. 소 지
(김알지) │ 미추이사금   눌지마립간   자비마립간   소지마립간
후 손 └ (말 구) ── 17. 내 물 ┬   417~458   458~479   479~500
                     내물마립간 │
대 서 지 ── 18. 실 성   356~402
            실성마립간   └ □ ── (습 보) ── 22. 지 증 왕
            402~417   지증왕 이하 왕
                                               500~514

┌ 23. 법 흥 왕   ┬ 26. 진 평 왕 ── 27. 선덕여왕
│   514~540   │   579~632   632~647
│   ┌ 동   류 ──────┤
│   │   └ 국   반 ── 28. 진덕여왕
└ 입   종 ── 24. 진 흥 왕 ──┤   647~654
                  540~576   │
                               └ 25. 진 지 왕 ── 용   춘(문흥왕) ── 29. 무 열 왕
                                    576~579   654~661

┌ 30. 문 무 왕 ── 31. 신 문 왕 ┬ 32. 효 소 왕 ── 34. 효 성 왕
│   661~681   681~692   │   692~702   737~742
│   └ 33. 성 덕 왕 ── 35. 경 덕 왕
│   702~737   742~765

*

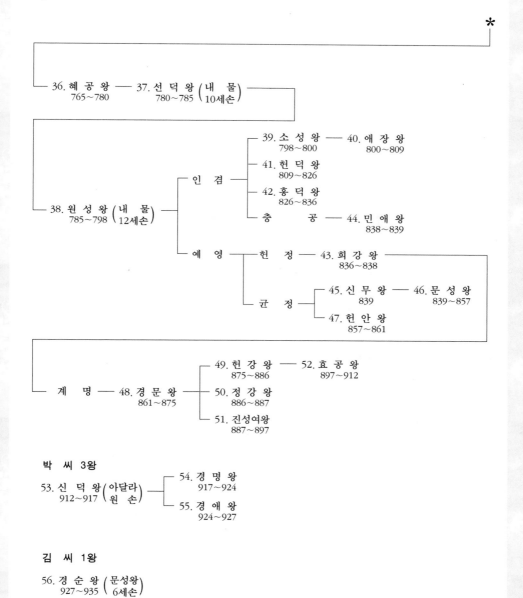

*

```
┌─ 36. 혜 공 왕 ─── 37. 선 덕 왕 ( 내  물 )
│    765~780          780~785 ( 10세손 )
│
│                                    ┌─ 39. 소 성 왕 ─── 40. 애 장 왕
│                                    │    798~800          800~809
│                       ┌─ 인  겸 ─┤
│                       │          ├─ 41. 헌 덕 왕
│                       │          │    809~826
│                       │          ├─ 42. 흥 덕 왕
│                       │          │    826~836
├─ 38. 원 성 왕 ( 내  물 ) ─┤          └─ 충      공 ─── 44. 민 애 왕
│    785~798 ( 12세손 )     │                              838~839
│                       │
│                       │          ┌─ 헌  정 ─── 43. 희 강 왕 ─
│                       └─ 예  영 ─┤              836~838
│                                  │
│                                  │          ┌─ 45. 신 무 왕 ─── 46. 문 성 왕
│                                  └─ 균  정 ─┤    839               839~857
│                                             └─ 47. 헌 안 왕
│                                                  857~861
│                        ┌─ 49. 헌 강 왕 ─── 52. 효 공 왕
│                        │    875~886          897~912
└─ 계  명 ─── 48. 경 문 왕 ─┤
               861~875   ├─ 50. 정 강 왕
                         │    886~887
                         └─ 51. 진성여왕
                              887~897
```

박 씨 3왕

```
                           ┌─ 54. 경 명 왕
53. 신 덕 왕 ( 아달라 )        │    917~924
    912~917 ( 원  손 ) ─┤
                           └─ 55. 경 애 왕
                                924~927
```

김 씨 1왕

```
56. 경 순 왕 ( 문성왕 )
    927~935 ( 6세손 )
```

1 촌장 영감, 큰 알을 줍다 • 신라의 건국

알에서 태어난 아이 : 박혁거세 설화

신라의 원래 이름은 사로였습니다. 사로는 삼한의 진한 12국 가운데 하나였지요. 사로는 경주 지방의 6촌이 결합하여 만들어졌습니다. 경주 지방에는 조선(고조선)의 유민들이 여러 산골짜기에 흩어져 여섯 마을을 이루고 살았습니다. 6촌에는 각각 촌장이 있었습니다.

어느 날, 양산 기슭의 우물 옆 숲 속에서 흰 말이 무릎을 꿇고 우는 것이 보였습니다. 무슨 일인가 하여 촌장들이 가까이 다가가자, 말은 하늘로 날아가고 커다란 알 하나만 남아 있었습니다. 촌장들은 하도 신기한 일이라 알을 깨뜨려 보았고, 그 속에서 갓난아기가 나왔는데, 이 아이가 바로 박혁거세입니다. 사로 6촌 사람들은 그를 높이 받들었습니다. 그는 탄생부터 남달라서 보통 사람이 아니라고 생각했으니까요. 혁거세가 태어

난 큰 알이 박과 같았으므로 성을 박(朴)으로 하였습니다. 박혁거세는 임금으로 추대되었고, 그가 세운 나라가 바로 사로입니다(B.C. 57).

　사로를 세운 박혁거세는 이주민이었습니다. 건국 설화에서 말과 우물이 나왔죠. 아마도 말을 타고 온 기마 민족이 아니었을까요. 그렇지 않으면 물과 관련이 있는 해상 세력일 수도 있습니다. 혁거세 이전의 지도자는 6촌장이었습니다. 이들도 북쪽의 고조선에서 내려온 이주민이었습니다. 그들은 북쪽의 선진 문물을 이용해 토착민과 결합하여 마을을 이루었습니다. 그런데 좀더 발달한 문물을 가진 새로운 이주민인 박혁거세가 나타났던 것입니다. 그 역시 토착민과 결합하여 나라를 세웠습니다. 고구려는 부여에서 내려온 주몽이 세웠고, 백제도 고구려인이 이주하여 세웠습니다. 주로 선진 문물을 가진 유이민이 건국을 주도했지요. 신라도 예외가 아니었습니다.

박씨왕 · 석씨왕 · 김씨왕 : 연맹왕국 사로

신라는 북쪽과 서쪽이 산맥으로 가로막혀 있었습니다. 태백산백과 소백산맥으로 둘러싸였기 때문에 유이민의 이주가 활발하지 못했습니다. 새로운 선진 문화를 받아들이기에 불리한 자연 조건이었죠. 따라서 남달리 토착 세력이 강했고 유이민이 들어오더라도 토착민에게 쉽게 동화되었습니다. 이렇게 새로운 문화를 받아들이지 못한 신라는 삼국 가운데 가장 발전이 늦었습니다.

신라는 박혁거세 이후 크게 발전하지 못했습니다. 왕을 부르는 이름도 제사장이라는 뜻의 차차웅이었습니다. 아직 제정일치 사회의 모습을 벗어나지 못한 것이죠.

석탈해의 등장은 사로가 연맹국가를 만드는 과정을 보여 줍니다. 탈해는 바다를 따라 가야에 갔다가 수로왕에게 쫓겨났습니다. 그 뒤 경주로 와서 세력을 키웠습니다.

그리고 박 · 석 · 김 세 성씨가 번갈아 왕위에 올랐습니다. 이

신라의 왕호 변천

호 칭	뜻	시 기
거서간	군장	박혁거세
차차웅	제사장	남해
이사금	연장자	유리~흘해
마립간	대수장	내물~소지
왕	왕	지증왕~?

것은 연맹왕국에서의 왕위 계승 방식입니다. 어느 한 세력이 강력하지 못하기 때문에 왕위를 독점할 수 없었던 것입니다. 즉 박·석·김 세력이 중심이 되어 부족 연맹체를 이루고, 지배자를 이사금이라 불렀습니다. 이사금은 연장자라는 뜻으로, 비로소 제사장의 성격을 벗어나게 되었습니다. 이사금 시대의 사로는 낙동강 동쪽에서 세력을 키워나갔습니다.

2 사로의 마립간에서 신라의 왕으로 ● 신라의 성장

김씨왕 심은 데 김씨왕 난다 : 중앙집권 체제의 정비

내물마립간(356~402)대에 이르면 김씨만 왕위를 계승하게 됩니다. '마립간'이라는 칭호가 쓰인 것도 이 때부터였습니다. 그 전까지는 이사금이라고 했지요. 이사금은 연장자 즉 나이가 많은 어른이라는 뜻입니다. 이에 반해 새로 바뀐 '마립간'은 대수장을 뜻합니다. 대수장이란 커다란 세력을 가진 우두머리라는 의미로, 왕권이 그만큼 커졌음을 알 수 있습니다.

내물마립간은 낙동강 유역까지 영토를 확장했습니다. 또한 이 때 왕과 신하가 정사를 논하고 행정 사무를 보는 남당이라는 관청도 설립했습니다. 이에 따라 6부에 대한 왕의 통제력도 강화되었습니다.

신라가 4세기 내물마립간에 이르러 중앙집권국가를 형성할 수 있었던 것은 고구려의 도움이 컸습니다. 신라는 고구려를

> **왕권 강화**
> - 고구려 : 2세기 태조왕
> - 백제 : 3세기 고이왕
> - 신라 : 4세기 내물마립간

4세기 외교 관계

- 남북 연합 : 북중국
  전진 + 고구려(광
  개토왕) + 신라(내
  물마립간)
- 동서 연합 : 남중국
  동진 + 백제(근초
  고왕) + 가야 + 왜

상국으로 섬기면서 많은 도움을 받았습니다. 먼저 신라는 중국의 전진에 처음으로 사신을 보냈는데, 이 때 고구려 사신의 도움을 받았습니다. 고구려의 도움으로 신라가 중국과 첫 친교 관계를 맺을 수 있었습니다.

또한 신라는 4세기 후반 왜와 가야의 침입을 받자 고구려에 도움을 요청했습니다. 고구려의 광개토대왕은 보병과 기병을 파견하여 신라를 어려움에서 구해 주었습니다. 이처럼 고구려 군사력에 힘입어 내물마립간이 왕권을 강화할 수 있었습니다. 경주의 호우총에서 발굴된 그릇에는 '광개토지호태왕(廣開土地好太王)'이라는 이름이 새겨져 있습니다. 이것은 고구려와 신라의 관계를 나타내는 증거입니다.

왕위 부자 상속제

- 고구려 : 고국천왕
- 백제 : 근초고왕
- 신라 : 눌지마립간

내물마립간이 죽었을 때 태자는 아직 나이가 어렸습니다. 그 대신 왕족이었던 실성마립간(402~417)이 즉위하였습니다. 실성마립간이 세상을 뜨자 장성한 내물마립간의 아들이 즉위하였습니다. 그가 바로 눌지마립간(417~458)입니다. 그 뒤 내물왕의 후손에 의해 왕위가 계승되었습니다. 이제 신라에도 왕위 부자 상속 제도가 확립되었습니다.

눌지마립간은 제도의 개혁을 추진하고 고구려의 간섭을 배제하면서 발전에 힘썼습니다. 또한 눌지마립간은 백제와 동맹을 체결했습니다(433, 나제 동맹). 이 무렵 고구려의 장수왕은 평양으로 도읍을 옮긴 뒤 남쪽으로 영토를 넓히려는 남하 정책을 폈습니다. 이에 대비하여 신라는 백제의 비유왕과 동맹을 맺었고, 이 때부터 신라의 자주적인 발전이 시작되었습니다.

뒤이은 소지마립간(479~500) 대에는 백제의 동성왕과 결혼 동맹을 맺었지요. 이로써 신라와 백제의 결속이 더욱 강해졌습니다.

신라가 중앙집권국가로서 비약적인 발전을 하게 된 것은 6세기에 들어서였습니다. 6세기에 집권한 국왕은 지증왕, 법흥왕, 진흥왕입니다. 지증왕(500~514) 때에 정치 제도가 정비되었고, 국호를 '사로국'에서 '신라'로 바꾸었습니다. 최고 지도자의 칭호가 드디어 이전의 '마립간'에서 '왕'으로 변하게 됩니다.

신라는 수도의 행정구역을 정리하고 지방의 주·군을 정비하면서 주에는 군주라는 군사적인 성격의 지방관을 파견했습니다. 지방 제도를 군사 제도와 더불어 정비했던 것입니다.

새로이 지방 제도를 정비한 뒤에는 영토 확장에 힘썼습니다. 지증왕은 실직주(지금의 삼척)의 군주 이사부에게 우산국(울릉도)을 정벌하도록 명령했습니다. 그 결과 우산국이 신라 영토로 편입되었지요.

지증왕 시기에는 경제 발전도 두드러졌습니다. 농사를 짓는 데 소를 이용하는 우경법이 실시되었고, 수리 사업을 활발하게 벌였습니다. 이에 따라 농업 생산성이 증가하여 신라가 발전할 수 있는 경제적 토대를 마련하였습니다.

또한 농사가 잘 되자 시장이 열렸습니다. 시장에서의 활발한

동시전(東市典)

509년(지증왕 10년) 경주 동시(東市)의 업무를 관장하기 위해 설치한 관청. 동시전에서는 시장을 열고 닫는 시간, 도량형의 사용, 상인들 사이의 분쟁 해결, 왕궁에서 사용하는 물품 조달, 잉여 생산물 판매 등의 업무를 맡아보았다.

물자 교역으로 상업이 발달하게 되고, 정부에서는 시장을 관리하는 동시전이라는 관청을 설치하기에 이르렀습니다.

내 말은 법이다 : 율령 반포

법흥왕(514~540)은 초기에 중앙 관부로서 병부를 설치했습니다. 병부에는 병사와 관련된 군사적인 기능이 있었습니다. 병부의 설치를 통해 왕은 군사 문제를 장악했습니다. 곧이어 국가 통치의 기본법인 율령을 반포했는데, 율령 안에는 17관등과 백관의 공복을 정하는 내용이 들어 있었습니다.

관등은 관리의 등급을 뜻합니다. 신라의 관등은 제1위인 이벌찬부터 시작하여 2위 이찬, 3위 잡찬, 4위 파진찬, 5위 대아찬 등 17위까지 있었습니다. 제1위 이벌찬이 가장 높은 지위이고 17위가 가장 낮은 직책입니다.

율령 반포

• 고구려 : 4세기 소수림왕
• 백제 : 3세기 고이왕
• 신라 : 6세기 법흥왕

공복은 관리의 복장을 뜻하는데, 관등에 따라 색깔이 달랐습니다. 관리의 등급에 따라 자색 · 비색 · 청색 · 황색으로 색을 구별하여 옷을 입도록 했습니다. 자색 공복을 입은 관료가 가장 높은 지위에 있었지요. 관등과 공복을 제정한 것은 관리의 위계 질서를 분명히 하기 위한 제도였습니다.

왕은 부처다 : 불교 공인

법흥왕은 불법을 성하게 한 왕이라는 뜻입니다. 법흥왕 때에 불교가 공인되어 꽃피게 되었습니다. 처음 신라에 불교가 소개된 것은 눌지마립간(417~458) 무렵이었습니다.

고구려의 승려가 신라에 처음으로 불교를 전파했
을 때, 신라에서는 불교를 금지시켰습니다. 그러다
6세기에 와서 중국 양나라의 승려가 신라 왕실에 들
어와 불교를 전했습니다.

법흥왕은 불교를 수용하려 했지만 귀족들의 반발
에 부딪혔습니다. 당시 귀족들은 전통적인 무격 신앙에 빠져
있었습니다. 이 때 이차돈이 순교를 결심했습니다. "가장 버리
기 어려운 것이 목숨입니다. 하지만 저녁에 죽어 아침에 불교
가 받들어질 수 있다면, 임금께서는 길이 편안하실 것입니다."

이차돈은 경주의 울창한 숲을 베어 절을 짓기 시작했습니다.
귀족들은 법흥왕에게 절을 짓는 이유를 따져 물었습니다. 법흥
왕은 그런 일이 없다며 부정했고, 대신 이차돈을 잡아들여 목
을 베었습니다. 흰 피를 뿌리면서 이차돈이 죽었을 때 하늘에
서는 꽃비가 내렸습니다. 이차돈의 신비로운 죽음은 귀족들의
마음을 돌려놓았습니다. 마침내 법흥왕이 뜻한 대로 불교를 믿
을 수 있게 되었습니다.

과연 귀족들이 이차돈의 흰 피를 보았기 때문에 마음을 돌렸
을까요. 그보다는 현실적으로 불교가 자신들에게 유리한 면이
있었기 때문입니다. 불교는 왕권을 강화하고 귀족의 특권을 정
당화하는 데 유리한 사상이었습니다. 불교 사상 가운데 윤회
(輪廻)라는 것이 있습니다. 진골 귀족들은 현세에서 여러 가지
특권을 누리고 있는 최고 귀족 계층인데, 이는 전생에 공덕을
많이 쌓았기 때문이라고 해석했습니다. 이처럼 불교는 귀족의

▲ 백률사
법흥왕 14년(527)에
신라가 불교를 나라의
종교로 삼도록 순교한
이차돈을 기리기 위하
여 세운 사찰로서, 일
명 자추사라고도 한다
(경북 경주시 동천동).

지위와 특권을 인정하는 데 도움이 되는 사상으로 받아들여졌기 때문에 그 이점을 최대한 이용해야 하는 왕과 귀족이 불교 공인에 함께 동의했던 것입니다.

불교는 왕권 강화에 도움이 되었습니다. 불교를 믿는 백성 역시 하나의 불법에 귀의하는 신도인 동시에 국왕을 받드는 같은 신민이었습니다. 불교는 국왕을 중심으로 백성을 하나로 묶는 데 기여했고, 나중에는 왕이 곧 부처라는 왕즉불 사상까지 확립되었습니다.

신라의 왕들은 전생에 부처였다고 했습니다. 왕의 이름만 보아도 법흥왕부터 진흥왕, 진지왕, 진평왕, 선덕여왕, 진덕여왕까지 불교식 이름을 가지고 있습니다. 특히 진평왕은 다른 왕보다 더욱 불교적인 세계를 추구했습니다. 자신을 석가의 아버지 이름과 같은 백정이라 칭했습니다. 왕비는 석가의 어머니 이름을 따서 마야부인이라 했지요. 왕실과 석가모니 가문을 동일하게 만들고자 했던 것입니다.

자연히 신라의 불교는 현세적인 경향이 강했습니다. 질병을 고치는 등의 개인적인 복을 빌거나, 전쟁에서의 승리를 비는 등 국가의 발전을 바라는 것이었습니다. 개인적인 복을 비는 것은 불교가 토착 신앙을 포섭하면서 널리 보급되었기 때문입니다. 따라서 샤머니즘적인 성격이 강하게 나타났습니다. 국가의 평화를 비는 행사도 자주 개최되었습니다. 그리하여 호국적인 성격도 두드러지게 나타났지요.

원광 이야기에서 호국적인 불교 성격을 잘 알 수 있습니다.

진평왕 때 고구려가 여러 차례 신라의 국경을 침범했습니다. 신라의 왕은 수에 군사를 청하기 위해 원광에게 수에 보낼 글을 짓도록 명령했습니다. "자기가 살기 위하여 남을 멸망시키는 것은 승려가 할 일이 아닙니다. 하지만 제가 대왕의 땅에 살면서 대왕의 물과 풀을 먹고 있사오니 감히 명령을 따르지 않을 수 있겠습니까." 원광은 진평왕의 명을 받들어 글을 지었습니다. 불교의 계율이 있지만 나라를 위한 일보다 더 중요하지 않다고 생각했던 것이죠.

진흥왕은 고구려의 승려 혜량을 맞아 국통으로 삼고, 그 아래에 주통·군통 등의 승관을 두어 전국의 불교 교단을 관할하게 했습니다. 그 뒤 진평왕 때 원광은 불교를 크게 일으키고, 세속 5계를 만들었습니다. 이를 화랑도의 계율로 삼아 새로운 사회 윤리와 국가 정신을 확립하는 데 힘썼습니다.

또한 불교는 문화 발달에도 기여했습니다. 불교가 들어오면서 중국과 인도의 불상이나 불경 등이 들어왔고, 이를 통해 서역(인도)과 중국의 문화가 우리 나라에 전해졌습니다. 이는 우리 문화 발전에 큰 도움이 되었습니다.

서역(西域)
글자 자체로는 서쪽 지역이라는 뜻. 고대사에 나오는 서역은 인도를 말한다.

3 화백의 정치, 골품의 사회 ● 신라 상대의 정치와 사회

만장일치요 : 신라의 정치
신라는 중앙집권적인 통치 조직을 갖추어나갔습니다. 먼저 중앙 통치기구를 살펴볼까요.

법흥왕 때 군사 문제를 담당하는 병부가 있었습니다. 그 뒤 점차 여러 행정 관부가 정비되어 진덕왕 때는 집사부와 창부가 설치되었습니다. 중앙 행정을 총괄하는 부서로 집사부는 오늘날 행정부와 같은 중요한 부서였습니다. 집사부의 장관은 '시중'이라 했는데, 왕권이 강해지면서 시중의 행정 업무도 날로 중요해졌습니다.

왕권은 신장되었지만 여전히 귀족들 간의 합의제인 화백회의가 존재했습니다. 화백회의란 진골 귀족 가운데 높은 관직에 있는 대등이 모여 중대한 국가 사안을 의논하는 회의를 말합니다. 예를 들면 왕위 계승이나 다른 나라와의 전쟁과 같은 일을 논의해 결정을 내렸습니다.

화백회의에서는 한 사람이라도 반대하면 결정을 내릴 수 없었습니다. 모든 사람이 찬성해야 결정하는 만장일치 제도에 따랐습니다. 여러 귀족들의 한결같은 의견을 좇아 국가의 중대사를 결정하던 제도라 할 수 있습니다.

만장일치(滿場一致)
회의장에 모인 모든 사람이 뜻을 같이하는 것

그렇다면 화백회의의 의장은 누구였을까요? 바로 상대등이었습니다. 화백회의에는 대등들이 참여하므로 대등회의라고도 할 수 있는데, 상대등은 대등 가운데 가장 우두머리를 뜻했습니다. 화백회의는 통일 이전 신라 상대에 특히 중요한 기능을 했습니다. 당시 정치가 진골 귀족 중심의 정치였음을 알 수 있습니다.

지방의 지배는 어떻게 이루어졌을까요? 지방 행정구역도 점차 정비되어 주요 거점은 성이 되었습니다. 성은 나중에 군으로 편성되었고, 몇몇 군을 관할하는 행정구역으로는 주가 있었습니다. 지증왕 때 정비된 주군 제도에 따르면, 전국에는 5주가 있었고 그 아래 군이 있었습니다. 수도의 경우 6부의 행정구역과 특수 행정구역으로는 소경이 있었습니다.

군사 조직은 왕권을 강화하고 정복 전쟁을 수행하는 데 필수적이었습니다. 따라서 일찍부터 군사 조직을 정비하는 데 힘썼습니다. 또한 군사 제도는 지방 조직과도 밀접한 관련이 있습니다. 군사가 되는 사람은 백성이고 백성은 대개 지방에 살고 있습니다. 이 지방의 백성을 편제한 것이 군사 제도이니 당연히 군사 제도와 지방 제도는 연관지어 생각할 수밖에 없습니다.

그런데 군사에 대한 총지휘권을 가진 사람은 국왕이었습니다. 왕은 직접 군대를 이끌고 전투에 참가했습니다. 지방에 파견된 장관은 해당 지역의 행정과 군사를 동시에 관할했기 때문에 국가 전체가 하나의 군사 조직과 같은 느낌을 줍니다.

나라 땅은 왕의 땅? : 신라의 경제

경제 생활의 중심은 농업이었습니다. 자연히 토지에 대한 관심이 높았답니다. 왕권을 중심으로 한 중앙집권적인 귀족 정치가 성립됨에 따라 왕토 사상이 나왔습니다. 왕토 사상은 모든 국토가 왕의 땅이라는 사상입니다. 백성은 농사를 지어 왕에게 조세를 바쳐야 했습니다. 왕의 땅에서 농사를 짓기 때문이었죠. 그렇다면 백성이 소유한 땅은 전혀 없었을까요. 아닙니다.

합의기구의 변천

- 신라 : 화백회의
- 고구려 : 제가회의
- 백제 : 정사암회의
- 고려 : 도병마사 → 도평의사사
- 조선 : 의정부 → 비변사

경문왕이 부왕을 장사지낼 땅을 찾던 중, 어느 절의 땅을 사들이기로 결정했습니다. 이 때 왕이 이렇게 말했습니다. "비록 왕토(王土)이기는 하지만, 공전(公田)이 아니므로 좋은 값을 쳐서 사들이도록 하여라." 모든 땅이 왕의 소유였다면 땅값을 지불할 필요가 없었겠지요. 이는 왕토 사상이 실제 모든 국토에 대한 소유권을 왕이 가졌다는 의미가 아님을 말해 줍니다. 왕토 사상은 관념적인 것이었습니다. 실제로는 개인이나 절이 소유한 토지가 있었습니다.

평민은 자기 소유의 토지를 가졌습니다. 조상 대대로 내려오는 땅에서 농사짓고 사는 농민이 많았는데, 이들을 자영농이라고 합니다. 전쟁에 공이 있는 장군이나 귀족들에게는 녹읍 명목으로 많은 토지가 주어졌습니다. 그 결과 귀족들이 개인적으로 소유하는 토지나 노비가 늘었습니다. 그러나 경제 생활이 귀족 중심으로 편제되면서 농민들은 국가나 귀족의 수취 대상이 되었습니다. 고리대업도 성행하여 높은 이자로 빌려 쓴 돈을 갚지 못하면 노비가 되기도 했습니다.

신라는 농업 중심 국가였지만 상업도 발달했습니다. 수도에는 시장이 섰고 지방 특산물이 판매되었습니다. 지방 특산물들은 외국에까지 수출되기도 했답니다.

한강 하류 지역을 확보하면서부터 중국과 자유로이 무역을 할 수 있게 되자 마직물, 금·은세공품과 주옥, 인삼, 모피류 등을 수출했습니다. 수입품은 주로 귀족 생활과 관련된 비단과 장식품·책·약재 등이었죠.

골과 두품을 나누고 : 골품제

신라의 신분 제도는 골품제입니다. 신라가 연맹 단계를 지나 중앙집권국가로 발돋움하는 과정에서 만들어졌습니다.

신라에서는 지방에 있던 족장 세력을 경주로 불러들였습니다. 족장 세력을 통합하고 편제하려 한 것입니다. 이 때 지방 세력의 크기를 헤아려 6두품, 5두품, 4두품의 신분을 주었고 원래 경주에 살았던 신라의 왕족은 성골과 진골이 되었죠. 법흥왕 때에 이르러 골품제는 신라의 신분 제도로 정비되었습니다.

골품제는 신라의 왕족이었던 '골' 신분과 지방 족장 세력 출신의 '두품' 신분으로 이루어졌습니다. 골과 두품을 합한 신분제도이기 때문에 골품제라 부릅니다. 골품제는 경주에 살고 있는 사람들만을 대상으로 한 신분제였습니다. 지방에 사는 사람은 골품제의 테두리에 들지 못했습니다.

골품은 개인의 신분뿐만 아니라 친족의 등급을 표시했습니다. 그래서 친족끼리는 골품이 같았지요. 골품은 태어나면서부터 결정되는 귀속 지위였기 때문에 선택할 수도 없었고, 바꿀 수도 없었습니다. 골품제는 폐쇄적인 신분제였던 것입니다.

골품에 따라서 국왕의 자리에 오를 수 있는 신분도 제한되었습니다. 통일 이전까지는 성골 출신이 국왕의 자리에 올랐습니다. 그러다 진덕여왕을 끝으로 진골에게로 넘어갔

▼ 골품과 관등표

등급	관등명	진골	6두품	5두품	4두품	공복
1	이벌찬					자색
2	이 찬					
3	잡 찬					
4	파진찬					
5	대아찬					
6	아 찬					비색
7	일길찬					
8	사 찬					
9	급벌찬					
10	대나마					청색
11	나 마					
12	대 사					황색
13	사 지					
14	길 사					
15	대 오					
16	소 오					
17	조 위					
관 등			골 품			

습니다. 무열왕 때부터는 진골 중에서 왕이 나왔습니다. 왕족 가운데 성골이 아닌 김씨와 왕비족인 박씨, 가야 왕족, 고구려 왕족 출신인 신김씨가 주로 진골 귀족이 되었습니다.

개인의 골품은 정치적인 활동 범위부터 일상 생활에까지 영향을 미쳤습니다. 골품에 따라서 승진할 수 있는 관등에 한계가 있었습니다. 진골 귀족은 가장 높은 관등인 1위 이벌찬까지 승진할 수 있었고, 6두품은 6위 아찬까지, 5두품은 10위 대나마까지, 4두품은 12위 대사까지 승진하면 더 이상은 오를 수 없었습니다.

그러다 보니 관부의 우두머리인 장관과 군부대의 최고 지휘관인 장군에는 진골 출신 인물만 임명되었습니다. 장관급 아래의 차관 자리에는 6두품도 임명될 수 있었지만, 차관은 6두품이 차지할 수 있는 최고의 관직이었습니다. 두품 신분으로 태어나면 아무리 뛰어난 실력과 능력을 갖추어도 출세하는 데 제약이 따랐습니다.

신라에서는 골품제를 유지하기 위해 원칙적으로 같은 신분끼리만 결혼하도록 했습니다. 진골은 진골과만 혼인했고, 그 사이에서 태어난 자식은 당연히 진골 신분이겠죠. 또한 골품에 따라 살 수 있는 가옥의 규모도 달랐습니다. 그 밖에 평소 사용하는 그릇이나 교통수단의 크기에도 제한을 두었습니다. 돈이 제아무리 많아도 낮은 신분의 사람은 큰 집이나 교통수단을 이용할 수 없었습니다. 이 가운데 최고의 특권을 누린 것은 진골 귀족이었으므로 신라는 진골 귀족이 주도권을 쥐고 있던 사회라 할 수 있습니다.

따라서 6두품 이하의 귀족은 골품제에 불만을 품었습니다. 이들의 불만은 설계두 이야기에서 잘 알 수 있습니다.

설계두는 6두품 출신이었습니다. 어느 날 친구와 술을 마시면서 이렇게 말했습니다. "우리 나라는 사람을 쓰는 데 골품을 따진다. 재주가 많으면 뭘 해. 공을 세워봤자 진골이 아니면 소용없지. 난 중국에서 출세할 거야." 그 후, 설계두는 배를 타고 당으로 망명했습니다. 6두품 출신 인물들은 지략을 발휘하고 공을 세워도 정치적인 진출에 제약이 따랐기 때문입니다.

4 한강에서 뛰놀고 황초령에 오르니 • 신라의 팽창

한강은 신라 땅 : 진흥왕 순수비

법흥왕은 대가야에서 청혼하자 이찬 비조부의 여동생을 출가시켰습니다. 신라와 대가야 사이에 결혼 동맹이 맺어진 것입니다. 그리고 김해의 금관가야를 공격하여 병합하고(532), 신라의 영토를 낙동강 유역까지 넓혔습니다. 법흥왕의 영토 확장을 위한 노력은 대를 잇는 진흥왕(540~576)의 업적으로 이어졌습니다.

신라의 발전은 영토 확장과 함께 이룩되었습니다. 진흥왕은 국력을 정복 사업에 집중시켰습니다. 백제의 성왕과 손잡고 고구려가 차지한 한강 유역을 공격하여, 소백산을 넘어 고구려

단양 적성비(충북)

영토인 남한강 상류에 있는 단양의 적성 지역까지 점령했습니다. 북쪽으로 올라가서는 죽령 이북 한강 상류의 10개 고을을 차지했으며, 동맹국인 백제의 성왕은 고구려를 쳐서 한강 하류 지방을 차지했습니다. 그러나 신라의 진흥왕은 동맹을 깨고 백제를 향해 칼끝을 겨누었습니다. 결국 백제를 몰아낸 뒤 한강 하류 지방을 빼앗습니다(553).

신라는 나제 동맹을 깨면서 한강을 완전히 신라 땅으로 만들었습니다. 진흥왕에게 배신당한 백제의 성왕은 대가야·왜와 힘을 모아 신라를 공격했으나 성공하지 못했습니다. 관산성(충북 옥천) 전투에서 성왕은 전사했고, 120년 동안 계속되던 신라와 백제의 동맹 관계는 완전히 깨지게 되었습니다.

진흥왕 순수비 중 하나인 북한산비(국보 제3호)

진흥왕은 또 고령의 대가야를 토벌했습니다. 법흥왕 때 이미 김해의 금관가야를 정벌했기 때문에 이제 대가야 영토를 포함한 기름진 낙동강 유역을 모두 차지한 셈이죠. 한편, 진흥왕은 한강을 넘어 동북쪽으로 더욱 북상하여 멀리 함경도까지 가서 함흥평야를 정복했습니다. 이리하여 진흥왕의 세력은 낙동강과 한강 유역의 중부 지방을 비롯하여, 함경도에까지 미쳤습니다. 신라가 커다란 왕국으로 웅비할 기세를 갖추었던 것입니다.

진흥왕은 정복 전쟁으로 새로 편입한 지역에 기념비를 세웠습니다. 비석이 세워진 순서를 따라가면 진흥왕의 영토 정복 과정을 확인할 수 있습니다. 남한강 상류의 단양에는 단양 적성비를 세웠습니다(551). 당시 남한강 유역은 고구려 땅이었고, 중원 고구려비가 근처에 있었습니다. 그 뒤 여러 지역에 순수비를 세웠습니다. 대가야을 정복한 뒤, 낙동강 유역에는 창녕비(561)를 세웠습니다. 그리고 북쪽으로 올라가 한강 하류에는 북한산비(555)를, 함경도 지역에는 황초령비(568)와 마운령비(568)를 세웠습니다. 모두 정복 사업을 기념하기 위한 것이었습니다.

이 가운데 신라가 한강을 차지했다는 사실을 알려 주는 것은 단양 적성비와 북한산비입니다. 단양 적성비는 5세기에 장수왕이 세웠던 중원 고구려비와 매우 가까운 지역에 있습니다. 서울 근처의 북한산에 세워진 북한산비는 한강을 차지했다는 확실한 증거물입니다.

신라가 한강 유역을 확보한 일은 매우 뜻깊은 일이었습니다. 한강 유역은 한반도의 중심지로서, 이 지역을 차지한 나라가 삼국 항쟁에서 유리한 위치에 설 수 있었습니다. 그리고 이곳은 인적 · 물적 자원이 풍부한 곳이었습니다. 특히 신라에게는 중국과 교통할 수 있는 길목을 얻게 되었다는 점에서 중요한 의미를 가집니다. 신라는 동남부

순수비(巡狩碑)

임금이 돌아본 곳을 기념하여 세운 비석. 순수는 왕이 자기 영토를 둘러보는 것을 말한다. 진흥왕은 영토를 넓히고 국경 지역을 돌아보며 기념비를 세웠다.

신라의 영토 확장
(6세기 진흥왕)

에 치우쳐 있어서 중국과 교류하기 힘들었습니다. 그러나 한강 유역에 당항성을 쌓음으로써 고구려나 백제를 거치지 않고도 중국에 오갈 수 있게 되었습니다. 당항성을 출발하여 서해안을 지나 중국에 쉽게 닿을 수 있게 된 것입니다. 이처럼 신라가 한강 유역을 차지한 6세기를 삼국 항쟁 제2기라고 합니다.

현명한 재상과 충신은 모두 화랑 출신 : 화랑도 개편

진흥왕은 화랑도를 국가적인 조직으로 개편했습니다. 옛 씨족 사회의 청소년 집단에서 비롯된 이 조직은 사회의 중견 인물을 양성하는 교육기관이었습니다. 이곳에서는 옛 전통에 관한 지식을 가르쳤고, 각종 제전 및 의식에 관한 훈련을 쌓았으며, 수렵이나 전쟁에 관한 지식도 익혔습니다. 이렇게 교육을 받은 화랑은 협동과 단결심을 키우고 강인한 체력을 가지게 되었습니다. 특히 신라가 한창 팽창하던 진흥왕 때는 화랑도의 훈련이 더욱 강화되었습니다. 힘든 훈련으로 단련된 청소년들은 스스로 나라의 일꾼이라 생각했습니다.

화랑도의 최고 지도자는 '국선'입니다. 국선 아래에는 진골 출신의 '화랑'이 있었고, 한 명의 화랑 아래는 수백 명 혹은 수천 명의 낭도가 모였습니다. 낭도에는 6두품에서 평민까지 여러 신분의 청소년으로 구성됩니다. 귀족과 평민이 힘든 훈련을 함께 연마하면서 계급 사이의 대립과 갈등이 완화되었습니다.

승려 원광은 세속 5계를 화랑도 청소년들에게 가르쳤습니다. 세속 5계는 불교에서 지켜야 할 5계를 변형하여 만든 것이었습니다.

첫째 임금을 충성으로 섬기고(사군이충), 둘째 어버이를 효
성스럽게 모시고(사친이효), 셋째 친구를 믿음으로 사귀고(교
우이신), 넷째 전쟁터에서는 물러나지 말며(임전무퇴), 다섯째
살생을 가려서 한다(살생유택)는 내용입니다. 원광은 화랑에게
세속 5계를 내리며 실행하는 데 소홀하지 말도록 당부했습니
다. 여기에는 홍익인간과 유·불·도 사상에 공통적으로 담겨
있는 인간에 대한 사랑이 정신적 바탕을 이루고 있었습니다.

화랑의 사상을 보여 주는 기록으로 임신서기석이 있습니다.
두 명의 화랑이 국가에 대한 충성과 유교 경전을 열심히 공부
할 것을 맹세한 비문입니다.

임신서기석(국립공
주박물관 소장)

임신년 6월 우리 두 사람이 지금부터 3년 이후까지 충성
의 길을 견지하고 과실이 없기를 맹세한다. 만약 이
일을 저버리면 하늘에 큰 죄를 짓는 것이다. 또한
이보다 앞서 신미년 7월 22일에 시경·서경·상
서·예기·춘추전을 3년 안에 차례로 익힐 것을 맹
세하였다.

유교 경전을 익히고 나라에 충성을 다하겠다는 맹
세를 다짐한 이 비문을 보면 화랑이 유교에 밝았다는
것을 알 수 있습니다.

김대문은 《화랑세기》에서 화랑도에 대해 "현명한

재상과 충성스러운 신하가 여기서 나오고, 훌륭한 장수와 용맹스러운 병사가 여기서 생겨났다."라고 썼습니다. 화랑 출신으로 신라의 안정과 발전에 기여한 인물은 많았습니다. 진흥왕 때 대가야 정복에 결정적인 공헌을 한 사다함, 삼국 통일에 기여한 김유신, 김춘추도 모두 화랑 출신이었습니다.

위대한 신라를 기록하여라 : 역사 편찬

진흥왕은 거칠부에게 역사를 편찬하도록 하여 《국사》를 만들었습니다. 이는 국가적인 편찬 사업이었습니다. 그러나 삼국 시대의 역사책은 남아 있지 않습니다.

우리가 찾아볼 수 있는 가장 오래된 역사책은 삼국 시대의 역사를 쓴 《삼국사기》입니다. 김부식은 고려 시대에 이 책을 썼습니다. 그 이전에 쓰여진 역사는 어떤 내용이었을까요? 아마도 왕과 귀족의 위대한 업적에 대해 썼을 것입니다. 진흥왕 때는 통일 이전 신라의 전성기였으므로, 나라의 발전상을 역사에 남기고 싶었을 것입니다. 그래서 국왕의 권위를 합리화하고 과시하는 수단으로 이용했을 것입니다.

삼국의 역사 편찬

	편찬 시기	책이름	편찬자
고구려	영양왕	신집	이문진
백제	근초고왕	서기	고흥
신라	진흥왕	국사	거칠부

5 하늘로 박차고 날아오르는 말 •신라 상대의 문화

껴묻거리가 많은 신라 고분 : 신라 상대의 미술

신라의 문화에는 소박한 옛 전통이
많이 나타나 있습니다. 불상의 생김새
를 볼까요. 우아함이나 세련됨과는 거
리가 먼 매우 소박한 형태입니다. 신라
는 뒤에 고구려와 백제의 영향을 받아
문화적 기반을 넓혀갔습니다. 조화미

▲ 경주 배리 삼존불상
(본존불상)

속에 패기를 담을 수 있었지요. 초기에는 고구려의 영향을 많
이 받았으나, 후기에는 백제의 영향을 많이 받았습니다.

신라의 고분 양식으로는 돌무지 덧널 무덤이 대표적이었습
니다. 고구려와 백제는 돌무지 무덤에서 굴식 돌방 무덤으로
발전했는데, 신라는 통일 이후에야 변하게 됩니다. 돌무지 덧
널 무덤은 구덩이 형태로 출구가 없었습니다. 천마총이 대표적
이죠. 단면도를 보면 그 구조를 잘 알 수 있습니다. 안쪽에 나
무로 짠 관이 있었습니다. 그 주위에 돌을 쌓았고, 돌 위를 다
시 흙으로 덮었습니다.

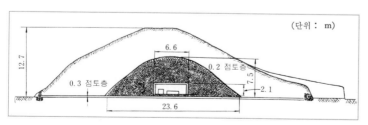

◀ 천마총 단면도

이런 무덤 구조에서는 벽화를 그릴 수 없었습니다. 물론 도굴도 어렵겠지요. 도굴을 하려면 흙을 파고, 돌을 들어낸 후 안을 뒤져야 하기 때문입니다. 그 결과 신라의 고분에는 많은 부장품이 그대로 보존되어 있었습니다.

뒤에 신라의 고분을 조사한 결과 여러 곳에서 금관, 금팔찌, 금귀고리 등의 부장품이 쏟아져 나왔습니다. 가장 규모가 큰 황남대총에서 금으로 만든 장신구 유물들이 출토되었고, 천마총에서는 천마도라는 그림이 발견되었습니다. 하늘로 박차고 날아오르는 말의 모습이 보입니다. 패기에 찬 세련된 솜씨가 돋보이는 그림이지요. 여기서 주의할 것이 있습니다. 천마도는 벽화가 아니라는 점입니다. 무덤 구조상 벽화를 남기기 어렵기 때문에 천마도는 말다래에 그렸습니다.

호우총에서는 광개토왕의 묘호가 기록된 그릇이 발견되었습니다.

호우명 그릇에 쓰인 한자를 읽어 볼까요. '국강상광개토경

말다래
말을 탄 사람의 옷에 흙이 튀지 않도록 가죽 같은 것을 말의 안장 안쪽에 늘어뜨려 놓은 기구(=다래)

묘호(廟號)
임금이 죽은 뒤에 살아 있을 때의 공덕을 기리어 붙인 이름

삼국의 고분 양식

	초 기	후 기
고구려	돌무지 무덤(장군총)	굴식 돌방 무덤
백제	돌무지 무덤(석촌동 고분)	굴식 돌방 무덤
신라	통일 전 : 돌무지 덧널 무덤	통일 후 : 굴식 돌방 무덤

호태왕' 경주의 고분에서 광개토대왕의 이름이 나왔던 것입니다. 고구려사에서 이미 이야기했듯이 이 유물로 4세기 말~5세기 초 고구려와 신라의 밀접한 관계를 증명할 수 있습니다.

호우명 그릇
(경주 호우총)

불교가 수용된 뒤에는 불교 예술이 크게 발전했습니다. 불교 사원 건축과 불상 조각이 활발하게 이루어졌지요. 지금은 남아 있지 않지만, 황룡사는 진흥왕 때 건축되었습니다.

황룡사에는 9층 목탑이 있었습니다. 이 탑은 선덕여왕 때의 것입니다. 자장 율사가 중국에 유학하던 중 신인을 만나게 되었습니다. "그대 나라에 어려운 일이 있소?" 자장이 대답했습니다. "외국의 노략질이 심합니다. 북쪽으로 말갈과 인접해 있고, 남으로는 왜국에 붙어 있습니다. 또 고구려와 백제가 변경을 침범합니다. 장차 어떻게 하면 도움이 되겠습니까?" 신인이 말하기를 "본국에 돌아가 황룡사에 9층 목탑을 세우시오. 이웃 나라들이 항복하고 주변의 아홉 나라가 와서 조공을 바칠 것이오." 자장은 이 말에 따라 탑을 세웠습니다.

황룡사 복원 모형도

9층 높이의 웅장한 황룡사 목탑에서는 외세를 물리치려는 호국 불교의 모습을 살필 수 있습니다. 그러나 고려 시대 몽고가 침입했을 당시 불타 없어져 지금은 남아 있지 않습니다.

불상으로는 금동 미륵보살 반가사유상

이 만들어졌습니다. 불상 이름이 꽤 길지요. 금동은 불상 재료를 말합니다. 청동으로 만들어 도금을 했다는 뜻입니다. 미륵보살은 불상의 종류를 나타냅니다. 반가사유상은 불상의 모습을 말해 줍니다. 반가는 오른쪽 다리를 올려놓은 반 책상다리 형태의 자세를 말하며, 사유는 깊은 생각에 잠겨 있는 모습이지요.

미륵보살 반가사유상은 삼국에서 모두 만들었습니다. 이 가운데 신라의 것은 탑 모양이 새겨진 높은 보관을 쓴 것이 특징입니다. 이 미륵보살 반가사유상에는 정신적인 힘이 나타나 있으며 미의식이 뛰어난 미술품으로 높이 평가받고 있습니다.

삼국의 문화는 각기 다른 특징을 가졌습니다. 고구려는 패기, 백제는 우아, 신라는 소박, 하지만 서로 영향을 주고받으며 공통된 성격을 보이기도 했습니다. 미륵보살 반가사유상이 대표적인 예입니다. 그렇기 때문에 뒷날 단일한 민족 문화를 이룰 수 있었습니다.

삼국 문화의 특성과 일본 전파

	고구려	백제	신 라	통일 신라	발 해
문화 특성	패기, 정열	우아, 세련	소박	통일, 균형미	고구려 문화 + 당 문화
일본 전파	불교, 회화, 종이, 붓	유학, 불교 회화, 천문, 역법	조선술, 축제술	불교, 유교 문화	
	아스카 문화 성립에 영향			하쿠호 문화 성립에 영향	

생각하는 미륵보살 : 신라 문화의 일본 전파

금동 미륵보살 반가사유상은 일본에 전해져 영향을 끼쳤습니다. 두 불상을 비교해 봅시다. 재료는 다르지만 생김새가 매우 비슷합니다. 우리 나라에서는 금동으로 만들었는데, 일본에서는 나무를 사용했습니다. 삼국의 불교와 불교 예술이 모두 일본에 전해졌던 것입니다.

또한 신라의 축제술과 조선술이 일본에 전해졌습니다. 축제술은 제방을 쌓는 기술입니다. 특히 축제술의 전파로 '한인의 연못' 이라는 이름까지 생겨났습니다.

세계 최초의 천문대 : 신라의 과학과 기술

신라의 우수한 건축물로는 선덕여왕 때 만들어진 첨성대가 있습니다. 여기에는 해시계, 관측기 등이 설치되어 있어 천문 관측이 가능했습니다. 첨성대는 현재까지 남아 있는 세계에서

가장 오래된 천문대입니다. 천문학은 농업과 밀접한 관련이 있습니다. 신라 사람들은 풍년을 맞기 위해 자연 현상을 세밀히 관찰했습니다. 첨성대를 만들 때는 물리학적 지식까지 응용하여 축조했다고 합니다.

신라에서는 금은 세공 기술과 도금 기술이 발달했는데, 이는 금관에 잘 나타나 있습니다. 또한 유리 공예도 뛰어났습니다. 황남대총에서 유리로 만든 그릇이 발견됨으로써 신라에서 일찍부터 유리를 만들어 사용했음을 알 수 있습니다.

6 모이자 뭉치자 • 삼국 통일

신라와 당이 손잡고 : 나 · 당 연합

6세기 후반 신라는 한강을 차지한 뒤부터 고구려 · 백제와 원수가 되었습니다. 고구려의 땅을 빼앗은 데다가 백제를 배신했으니까요. 7세기에 오면 신라는 백제의 마지막 왕인 의자왕에게 공격을 받아 대야성(합주)을 비롯한 40여 개의 성을 함락당합니다. 신라는 방어선을 낙동강까지 후퇴시켜야 하는 위험에 빠지게 되지요.

이에 김춘추가 고구려에 도움을 요청하게 됩니다. "백제가 탐욕이 심하여 우리 땅을 침범하므로 우리 임금(선덕여왕)이 대국(고구려)의 병마를 얻어 그 치욕을 씻으려 합니다. 그리하여 신(김춘추)으로 하여금 폐하(고구려 보장왕)를 찾아뵙도록 하였나이다." 당시 고구려는 연개소문이 정권을 잡고 있었습니다. "죽령은 본시 우리 고구려 땅이었다. 네가 만일 죽령 서북의 땅을 돌려주면 원병을 보내겠다." 죽령의 땅은 한강 유역을 말합니다. 고구려는 한강을 돌려주면 신라를 돕겠다는 조건을 내세우며 김춘추를 가두었습니다. 김춘추는 가까스로 고구려를 탈출했습니다.

그리고는 당에 가서 도움을 요청했습니다. 당은 고구려를 공격했다가 실패한 상태라 다시 고구려를 침략할 기회를 노리고 있었습니다. 때마침 신라가 당과 손잡을 것을 제의한 것이죠. 그리하여 신라와 당 사이에 동맹이 체결되었고 이들은 먼저 백제를 정벌한 뒤에 고구려를 협공하는 계획을 세웠습니다.

신라를 셋으로 나누면 : 신라사의 시대 구분

신라에는 여왕이 있었습니다. 김춘추가 활약했던 시기에 선덕여왕과 진덕여왕이 있었습니다. 두 여왕은 마지막 성골 출신이었습니다. 성골은 왕위에 오를 수 있는 유일한 신분이었지만 진덕여왕이 죽자 진골 출신의 김춘추가 왕위에 올랐습니다. 그가 바로 태종 무열왕입니다. 이 때부터 박씨 왕비족 대신 신김씨가 왕비족이 되었습니다.

무열왕은 가야계 신김씨였던 김유신의 여동생을 왕비로 맞았습니다. 언니의 꿈을 사서 김춘추와 인연을 맺었던 왕비였지요. 또한 김유신이 상대등에 임명된 것을 보면 더 이상 귀족 세력의 대변인으로서의 상대등이 아님을 알 수 있습니다. 왕권과 손잡기 시작한 것입니다.

무열왕이 등극한 때부터를 신라 중대라고 합니다. 신라는 천년의 유구한 역사를 자랑합니다. 긴 역사를 몇 시기로 나누어 보면 이해하는 데 도움이 될 것입니다.

신라의 시대 구분

	박혁거세(1대)~ 지증왕(22대)	법흥왕(23대)~ 진덕여왕(28대)	무열왕(29대)~ 혜공왕(36대)	선덕왕(37대)~ 경순왕(56대)
	B.C. 57~A.D. 514	514~654	654~780	780~935
삼국유사	상 고	중 고	하 고	
	불교 수용 이전	불교식 왕호 사용	불교 쇠퇴	
삼국사기	상 대		중 대	하 대
	성골 – 왕		진골 – 무열계 왕	진골 – 내물방계 왕
특징	귀족 권한 강함 화백회의(상대등) 중요		전제 왕권 집사부(시중)	귀족 연립 화백회의(상대등)

《삼국유사》에서는 신라를 상고, 중고, 하고로 나누고 있습니다. 《삼국유사》는 승려 일연이 지은 것이었기 때문에 불교의 수용, 발전, 쇠퇴를 기준으로 하여 시대를 구분했습니다.

《삼국사기》에서는 왕위 계승을 기준으로 상대, 중대, 하대로 구분했습니다. 상대에는 성골 출신이 왕위에 올랐고, 무열왕 때부터 진골 출신이 왕위를 계승했습니다. 나중에 선덕왕 때에 이르면 내물왕의 방계 출신 가운데에서 왕위 계승자가 나타났습니다. 이러한 구분은 신라의 정치적인 특성을 살피는 데 도움이 됩니다. 그래서 보통 신라사를 상대, 중대, 하대로 구분하여 이해하고 있습니다.

우리의 소원은 통일 : 통일의 의의

무열왕 7년(660), 나당 연합군은 백제를 공격했습니다. 소정방이 이끄는 당군과 김유신의 신라군이 힘을 합쳐 백제의 사비성을 함락했습니다. 백제의 계백 장군이 힘껏 싸웠지만 패배했습니다. 이리하여 의자왕을 마지막으로 백제는 멸망합니다. 백제를 되살리려는 백제 부흥 운동이 곳곳에서 일어났지만 오래지 않아 주류성과 최후의 거점인 임존성이 함락되었습니다.

한편, 고구려는 거듭된 전쟁으로 국력이 약해지고 연개소문이 죽은 뒤에는 정권 다툼으로 혼란스러웠습니다. 이 때 나당 연합군의 공격을 받게 된 것입니다. 이세적·설인귀 등이 이끄는 당군과 김인문 등의 신라군이 평양성을 함락하고 고구려를 멸망시켰습니다(668). 고구려에서도 부흥 운동이 일어났지만 모두 실패로 끝났습니다.

신라와 당 사이에는 '백제와 고구려를 멸망시킨 뒤 평양 이남의 땅은 신라가 차지한다.'는 밀약이 있었습니다. 그러나 당은 한반도를 지배하려는 욕심을 드러내기 시작했습니다. 당은 고구려의 옛 영토에 안동 도호부를 설치하고 이를 거점으로 한반도를 장악하려 했습니다. 백제의 옛 땅에는 웅진 도독부를 두었고 신라 땅에도 계림 도독부를 설치했습니다. 당의 입장에서 도호부와 도독부는 군인을 파견하여 백성을 다스리는 지방 행정기구였습니다. 신라 땅까지 영토로 삼으려는 속셈을 드러낸 것입니다.

신라는 고구려 부흥군을 지원하면서 당에 대항하도록 했으며, 고구려 유민과 힘을 모아 백제의 옛 땅에서 당군을 격파시켰습니다. 당은 더욱 강경한 자세로 말갈·거란 연합군과 함께 신라를 공격했습니다. 신라는 매소성(의정부) 전투와 금강 하류의 기벌포 전투에서 승리함으로써 드디어 당을 물리치고 통일을 이루게 됩니다 (676). 결국 통일의 꿈이 실현된 것이죠.

나·당 전쟁 ▼

대동강 ~ 원산만을 경계로 삼국 통일 이룩 (676)

평양성

회양

한성 수곡성
평산 ✕ 마전   매소성의
우봉   대승
    적성 매소성   (675)
검모잠 북한산주   삭주
       한주
       국원
황 해   동 해
    임존성   명주
  석성 흑치상지
주류성 사비
복신·도침·풍 상주
 기벌포 고사비성 금마저
  설인귀의   금성
  해군 격파   안승
   (676)
      무주

☒ 고구려 부흥
   운동 중심지
● 백제 부흥
   운동 중심지
✕ 싸움터
---▶ 신라군의 진격로
━▶ 당의 진격로

탐라

그러나 신라가 통일로 차지한 땅은 대동강과 원산만 이남 지역에 그쳤습니다. 옛 고구려의 넓은 영토에까지는 미치지 못했지요. 이런 이유로 신라의 통일을 불완전하다고 합니다. 게다가 신라는 외세를 끌어들여 통일을 이루었습니다. '다른 종족을 끌어들여 같은 종족을 멸망시키는 것은 도적을 불러들여 형제를 죽이는 것과 같다.' 신채호가 신라의 통일을 비판한 글입니다. 바로 이 점이 신라 통일의 한계라 할 수 있습니다.

하지만 결국 신라는 당을 몰아내는 데 성공했습니다. 결과적으로 통일을 위해 당의 군사력을 적절히 이용한 셈이죠. 또한 신라의 통일로 민족 문화의 토대가 마련되었습니다. 신라는 고구려와 백제의 우수한 문화를 융합함으로써 새로운 문화를 발전시킬 수 있는 준비를 끝낸 것입니다.

통일 신라는 고구려·백제의 유민들을 통합하는 민족 융합 정책을 추진했습니다. 즉 고구려와 백제 출신의 왕족과 귀족을 골품제에 편입시켜 신라의 지배층으로 받아들였습니다. 이러한 정책으로 신라는 비약적인 발전을 이룩하게 됩니다.

● 삼국 통일 과정

신라의 한강 유역 점령→나제 동맹 결렬→고구려와 백제 연합→신라와 당의 연합→백제 멸망→고구려 멸망→나당 전쟁→삼국 통일

7 국왕이 오로지 혼자서 • 신라 중대의 정치

피리가 말하기를 "파도여 쉬어라": 전제 왕권의 강화

신라가 통일을 이룩한 뒤 나타난 가장 커다란 변화는 왕권이 전제화되었다는 것입니다. 진골 출신이었던 무열왕이 통일 전

전제 왕권(專制王權)
왕이 혼자서 절대적인 권한을 가지는 정치

문무왕 수중왕릉(대
왕암, 경주 봉길리 해
수욕장 앞바다)
죽어서도 나라를 지키
겠다는 문무왕의 숭고
한 호국 정신이 깃들
어 있다. 문무왕이 용
으로 변한 모습을 보
았다는 곳인데, 신문
왕이 전설의 피리인
만파식적을 얻은 곳이
기도 하다.

쟁을 치르는 과정에서 왕권을 강화하기 시작했습니다. 이 때부
터를 신라 중대라고 부릅니다. 무열왕이 왕권을 강화하기 위해
노력한 결과 무열왕의 직계 자손이 계속해서 왕위를 계승할 수
있게 되었습니다. 또한 중앙집권적 관료 정치가 발달하였고 이
과정에서 점차 왕실의 권위가 높아지고 왕권이 더욱 강화되었
습니다. 이러한 바탕 위에서 문무왕은 통일 왕국을 이룩할 수
있었습니다.

신문왕(681~692)은 귀족 세력을 숙청하고 전제 왕권의 토
대를 마련했는데, 김흠돌의 난이 계기가 되었습니다. 김흠돌은
신문왕의 장인이었는데 반란을 도모했습니다. 왕은 김흠돌은
물론, 상대등 군관까지 처형함으로써 이 사건에 연루된 진골
귀족을 몰아낸 것입니다. 화백회의 의장이며 진골 귀족의 대표
자인 상대등을 처형하여 강력한 왕권을 과시했습니다.

신문왕은 용에게서 대나무로 만든 피리를 얻었습니다. "이
피리를 불면, 군사가 물러가고 병이 낫고 가뭄에는 비가 오고
오던 비는 개고 바람은 가라앉고 물결은 평온해질 것이다." 그
리고 외적이 침입할 때 피리를 불면 군사가 물러가 나라가 고

요해졌다고 했습니다. 이 피리가 바로 만파식적입니다. 모든 파도 즉 나라의 모든 근심 걱정을 멈추게 할 수 있는 만병 통치의 효험이 있었습니다. 결국 신문왕 때에는 아무런 걱정도 없었겠지요. 이 피리는 왕실의 번영과 신라의 평화를 상징하는 것입니다.

집사부 중심 : 중앙 행정

전제 왕권 아래에서 정치·군사·경제 등 여러 제도가 정비되었습니다. 정치 구조는 강력한 중앙집권 체제로 재편되었고, 중앙 관제에서 집사부의 기능이 크게 강화되었습니다. 집사부는 왕권의 지배를 받는 행정부의 성격을 띠고 국가의 기밀 사무를 관장했습니다. 집사부를 중심으로 병부·창부·예작부 등 14개의 관청이 정비되어 행정 업무를 분담했습니다.

전제 왕권의 확립에 따라 귀족 세력을 대표하는 상대등은 세력이 약화되었습니다. 그 반면 왕권을 대변하는 집사부의 시중은 그 지위가 더욱 강화되었지요. 이러한 행정 체제는 신라의 독자적인 성격을 나타내는 것이었습니다.

한편, 백제와 고구려의 옛 관리 가운데 일부는 신라의 지배 체제 안에 흡수되었습니다. 그리고 왕권 강화와 정치 조직의 정비에 발맞추어 신라에서는 유교 정치 이념이 적극적으로 수용되었습니다. 신문왕 때에 교육기관으로 국학이 설립되었지요. 이것은 유교 정치 이념을 바탕으로 인재를 양성하려는 의도에서 나온 일이었습니다.

9주 5소경 : 지방 행정

신라는 통일을 이룬 뒤 이전까지의 제도를 확대, 발전시켜 지방 제도를 전면적으로 조정했습니다. 그 기본은 주, 군, 현이었습니다. 신문왕 때에 9주 5소경의 지방 제도가 마련되었습니다.

우선 전국을 아홉 개의 주로 나누었는데, 9주의 구성을 보면 옛 신라 지역에 3주, 옛 고구려 지역에 3주, 옛 백제 지역에 3주를 두었습니다. 구체적으로 상주, 강주, 양주, 한주, 삭주, 명주, 웅주, 전주, 무주가 있었지요.

주는 오늘날의 도와 비슷합니다. 예를 들면 강원도에는 강릉시·평창군 등의 행정구역이 포함되어 있습니다. 이처럼 주 아래에는 군과 현이 있었습니다. 주에는 '총관(뒤에는 도독)'이라는 지방관이 파견되었고 군에는 '태수'가, 현에는 '현령'이 있었습니다. 이들 지방관들이 백성을 잘 다스리는지를 감독·감찰하기 위해 '외사정'을 따로 파견하기도 했습니다. 중앙집권적 통치 조직을 강화한 흔적이 엿보입니다.

특별 행정구역으로는 5소경이 있었습니다. 소경은 작은 서울이란 뜻으로 오늘날 광역시 정도에 해당한다고 보면 됩니다. 북원경(원주)·중원경(충주)·서원경(청주)·남원경(남원)·금관경(김

신라의 9주 5소경 ▼

해)이 있었고, '사신'이라는 지방관을 파견했습니다. 신라의 수도는 통일 이전과 다름없이 금성(경주)이었습니다. 그러나 수도가 지나치게 동남쪽에 치우쳐 있어 지방 통치에 어려움을 겪었습니다. 이를 극복하기 위해 지방의 중심지를 소경으로 삼았던 것입니다. 소경은 지방 사회에 문화를 전하는 중심지로 성장했습니다. 또 소경 가운데는 옛 고구려나 가야의 귀족 세력을 강제로 이주시킨 곳도 있었는데, 이들을 감시하고 견제하려는 목적도 있었습니다.

지방 제도를 정비한 것은 결국 신라가 새로 차지한 지역에 통치 기반을 다지기 위해서입니다. 따라서 신라의 통치에 반항하는 지역 주민에게는 특수한 역을 부과했습니다. 또한 그러한 지역을 향, 부곡으로 편입시켜 이곳에 사는 주민들은 일반 군현의 백성에 비해 천시했습니다. 그 밖에 지방의 세력가들을 통제하기 위해 지방 세력가를 교대로 서울에 머물게 하는 상수리 제도를 마련하기도 했습니다.

군사 제도는 지방 제도와 밀접한 관련이 있었습니다. 통일 후 신라는 전국을 9주로 나누어 다스렸고, 각 주에 1정의 군부대를 배치했습니다. 북쪽의 한주는 국경 지대였기 때문에 2개의 정을 두었습니다. 따라서 모두 10개의 지방군이 전국에 주둔했습니다.

전제 왕권을 유지하려면 군사력이 있어야 합니다. 누가 반란을 일으키면 곧바로 제압할 수 있는 힘이 필요하기 때문입니다. 수도를 지키며 국왕 직속 부대의 역할을 하는 중앙군은 신

상수리 제도(上守吏 制度)
통일 신라 시대 볼모로 금성(경주)에 와 있던 향리. 지방에서 올라와 현지의 일에 자문 역할을 하였다. 신라는 삼국 통일 후 지방 세력을 견제하고 중앙집권을 강화하기 위해 각 주(州)의 향리 자제 1명을 뽑아 볼모 겸 고문으로 중앙에 두었다. 이를 고려 시대에는 기인(其人)이라 하였다.

문왕 때 9서당으로 완성되었습니다. 9서당에 소속된 군사는 신라인뿐만 아니라 고구려인·백제인·말갈인까지 포함되어 있었습니다.

8 이 마을엔 성인 남자가 29명
● 신라 중대의 사회와 경제

6두품, 국왕의 파트너가 되다 : 신라 중대의 사회

삼국의 통일은 새로운 사회 발전을 가져왔고, 우리 민족은 하나의 통일된 정부로써 뭉치게 되었습니다. 단일한 민족 문화와 사회를 이룰 수 있게 된 것입니다. 이렇게 단일 사회와 단일 문화를 이룰 수 있었던 것은 삼국이 혈연적인 동질성과 문화적인 공통성을 많이 지녔기 때문입니다.

신라 중대에는 왕권이 전제화되었고, 왕위는 성골에서 진골 출신으로 넘어갔습니다. 따라서 진골 귀족이 지배층의 핵심을 형성합니다. 하지만 같은 진골 안에서도 김씨가 정치 권력을 거의 독점했습니다.

한편, 6두품 귀족 세력이 상대적으로 부각되었습니다. 집사부의 차관인 시랑에는 6두품 출신이 임명되었습니다. 시랑의 관직을 맡은 6두품 출신들은 정치적인 활동을 활발히 함은 물론, 국왕의 정치적 조언자가 되었습니다.

6두품 출신 가운데는 유학자로 학문적 식견을 갖춘 인물이 많았습니다. 설총과 강수가 대표적인 인물입니다. 설총은 꽃 가운데 왕인 모란꽃에게 할미꽃이 충언을 바치는 내용을 담은 〈화왕계〉를 썼습니다. 신문왕에게 비행을 경계하도록 꽃에 비유해서 쓴 이 글은 왕에게 정치적인 충고를 한 셈입니다. 강수는 외교 문서를 작성하여 왕을 돕는 임무를 맡았습니다.

6두품 출신의 유학자는 보통 국학 출신이었습니다. 국학은 신문왕이 설치한 국가에서 운영하는 국립학교였습니다. 국학에서는 《논어》,《효경》 등의 유교 경전을 가르쳤고 여기서 배출한 유학자들이 왕의 조언자로 성장했답니다.

녹읍 대신 관료전 : 신라 중대의 경제

통일 신라는 넓어진 영토와 늘어난 인구를 다스림으로써 국가 경제력을 증가시킬 수 있었습니다. 귀족들은 통일 전쟁 과정에서 많은 노비와 토지를 받아 부유한 생활을 했습니다. 또한 관직에 따라서 녹읍을 받았습니다. 녹읍에서 사는 백성들에게 조세와 공물을 징수하면서, 그들의 노동력도 마음대로 징발했습니다. 그리고 섬이나 산간에 목장을 가지고 있어 이곳에서

신라의 토지 제도

	7세기 후반(신문왕)	8세기 전반(성덕왕)	8세기 후반(경덕왕)
내용	관료전 지급 녹읍 폐지	정전 지급	녹읍 부활
배경	왕권 강화	국가의 농민 지배 강화	진골 귀족의 반발

가축을 사육하기도 했고, 이러한 부를 기반으로 고리대업을 하기도 했습니다.

그런데 왕권이 전제화되면서 왕은 귀족들의 경제적 기반을 약화시키려 했습니다. 신문왕은 녹읍을 폐지하고(689), 대신에 관료전과 세조를 지급했습니다. 관료전은 관리의 급여로 지급한 토지였는데, 토지에서 나오는 조세만 가져갈 수 있도록 했습니다. 세조는 해마다 나오는 쌀을 가리킵니다. 녹읍에서는 토지와 노동력을 함께 징발할 수 있었지만 관료전으로 바뀌면서 귀족들은 토지만을 지배할 수 있었습니다. 그러나 귀족들의 반발이 거세었습니다. 그 결과 녹읍제가 다시 부활되었고 녹읍에서 나오는 조세는 귀족의 몫이 되었습니다.

또한 사원의 토지가 날로 늘었습니다. 사원전은 국가에 조세를 내지 않았기 때문에 이로 인해 국가 경제는 날로 위태로워졌습니다. 왕족과 귀족은 경주에 호화 주택과 별장을 짓고 향락 생활을 즐겼습니다. 포석정·안압지 등은 당시 귀족들의 사치스러웠던 생활을 보여 줍니다. 이리하여 점차 신라의 굳건한 기상이 사라지고 사회가 흔들리게 되었습니다.

안압지(경북 경주) ▶

통일 후 신라에서는 농업·목축업뿐 아니라 수공업도 발달했습니다. 견직물·마직물 등의 방직 기술과 금은 세공, 나전칠기 등의 공예품 제조 기술도 발달했지요. 이처럼 물자를 생산하는 기술이 발전하다 보니 자연스럽게 상업도 발달했습니다. 경주에는 통일 이전부터 시장이 있었답니다. 이것이 '동시'입니다. 여기에 '서시', '남시'가 더 생겨나 상업이 번성했습니다.

민정 문서를 보니 : 농민의 생활

백성들은 토지를 가지고 농사를 지으며 살았습니다. 성덕왕(702~737)은 백성에게 정전을 주었고(722), 정전에서 나온 수확물을 국가에 조(租)로 바치도록 했습니다.

신라 농민의 생활을 엿볼 수 있는 기록으로는 민정 문서가 있습니다. 촌락 문서, 신라 장적이라고 부르기도 하지요. 민정 문서는 신라 서원경(청주) 부근에 있던 몇몇 촌락의 실태를 알려 줍니다.

농민들은 열 채 정도의 집들이 모여 촌락을 이루고 살았습니다. 촌은 지방의 말단 행정구역이었습니다. 몇 개의 촌을 관할하는 대표자로 촌주가 있었는데, 국가는 촌주를 통해 농민의 사정을 파악했습니다. 민정 문서에는 촌락에 살고 있는 사람의 수, 토지의 결수, 소와 말의 수, 나무의 수 등이 자세하게 실려 있습니다. 여기서 잠깐 내용을 살펴볼까요.

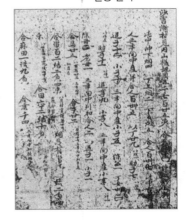

통일 신라 시대의
민정 문서

이 고을 사해점촌을 조사하니, 마을 크기가 5,725보이다. 공연수(호수)는 합하여 11호가 된다. 마을의 모든 사람의 숫자를 합하면 147명이고, 그 가운데 전부터 계속 살아온 사람과 3년 사이에 태어난 자를 합하면 145명이 된다. 정이 29명(노비 1명 포함), 조자가 7명(노비 1명 포함), 추자가 12명, 소자가 10명, 3년간 태어난 소자가 5인, 제공은 1명이다. 여자의 경우 정녀 42명(노비 5명 포함), 조녀자 9인, 소녀자 8인, 3년간 태어난 소녀자 8명(노비 1명 포함), 제모 2명, 노모 1명이다. 3년간 다른 마을에서 이사온 사람은 2명이다.

가축으로는 말이 25마리가 있고 그 가운데 전부터 있던 것이 22마리, 3년 사이에 보충된 말이 3마리이다. 소는 22마리가 있고 그 가운데 전부터 있던 것이 17마리, 3년 동안 늘어난 소는 5마리이다.

논은 102결 2부 4속이며 관모전이 4결, 내시령답이 4결, 연수유답이 94결 2부 4속이며 이 가운데 촌주가 그 직위로써 받은 논 19결 70부가 포함되어 있다. 밭은 62결 10부 5속이 있다.

뽕나무는 모두 1,004그루였으며 3년간 심은 것이 90그루, 그 전부터 있던 것이 914그루이다. 잣나무는 모두 120그루였으며 3년간 심은 것이 34그루, 그 전부터 있던 것이 86그루이다. 호두나무는 모두 112그루였으며, 3년간 심은 것이 38그루 그 전부터 있던 것이 74그루이다.

내용이 매우 상세하게 적혀 있음을 알 수 있습니다. 사람의 숫자를 남녀별, 연령별로 나누어서 파악했습니다. 3년 사이에 태어난 아이의 숫자, 이사온 사람 수도 적었습니다. 또한 소와 말의 숫자와 3년 사이의 변동까지 자세히 살피고 있습니다. 이어서 논과 밭이 얼마나 있었는지를 헤아렸고, 마지막에는 뽕나무·잣나무·호두나무가 몇 그루이며 3년 사이에 새로 심은 것을 계산했습니다. 내용을 보면 오늘날 주민등록이나 등기부 등본과 비슷합니다. 다만, 집집마다 따로 파악한 것이 아니라 한 촌락을 묶어서 적었다는 것이 차이점입니다.

이처럼 자세하게 촌락의 인구와 토지를 파악한 까닭이 무엇이었을까요? 당연히 노동력을 사용하고 세금을 거두기 위해서였습니다. 어느 촌락에 성인 남자가 몇 사람인지를 알아내 부역에 동원했습니다. 토지의 수확량을 파악해서 해마다 쌀을 얼마씩 정부에 납부하도록 하기도 했습니다.

민정 문서에서는 특히 사람에 관한 내용이 맨 첫머리에 나옵니다. 남자인지 여자인지를 나누고 평민인지 노비인지를 밝힌 다음, 다시 연령별로 숫자를 파악했습니다. 예를 들면 마을에 20~59세의 성인 남자가 29명인데 그 가운데 1명이 노비 출신이라고 적었다면, 군대에 가야할 평민 출신의 성인 남자는 28명이 됩니다. 이처럼 인구에 대한 파악에 관심을 기울인 것은 노동력 징발을 위해서였습니다. 옛날로 거슬러 올라갈수록 버려진 땅이 많았습니다. 튼튼한 성인 남자가 많으면 이런 땅을 경작해서 부자가 될 수 있었겠죠. 국가에서도 토지보다 노동력을 대상으로 한 수취에 관심이 많았답니다.

신라방, 신라소, 신라원 : 해상 무역

중대에 오면 신라의 무역 활동은 좀더 활발히 전개되었습니다. 특히 당과의 관계가 긴밀해지면서 무역은 더욱 번성했습니다. 당나라에 수출하던 주요 품목으로는 베 · 해표피 · 인삼 · 금은 세공품 등이 있었습니다. 수입품은 비단과 책, 귀족들이 필요로 하는 사치품이었습니다.

신라와 당의 교역은 바다를 통해 이루어졌습니다. 조선 후기 이전까지 우리 나라는 중국과 바다를 통해 교류했습니다. 당으로 가는 항구는 보통 서해안에 있었는데, 지금의 전남 영암에서 상하이 방면으로 가는 길이 있었습니다. 또 경기도 남양만의 당항성에서 산둥 반도로 가기도 했습니다. 한편, 경주에서 가까운 국제 무역항으로는 울산이 있었는데 이곳에는 이슬람 상인까지 드나들었습니다. 이 때 당의 특산물과 서역 상품들이 수입되었습니다.

신라인 가운데 유학생이나 승려, 상인 등은 당에 자주 드나들었습니다. 그래서 당나라에 신라인 집단 거주지까지 생겨났습니다. 지도를 따라 신라에서 당으로 이동해 봅시다. 당항성에서 배를 타고 출발해 덩저우에 도착합니다. 이곳에서 가까운

통일 신라와 발해의
무역 활동도 ▼

- 신라방
— 무역 · 교통로
⟵⟶ 무역 관계

산둥반도와 양쯔강 하류 일대에 신라인이 사는 신라방이 생겼습니다. 신라방을 관리하는 자치 행정기관으로 신라소가 설치되었고, 신라 사람들에게 숙식 등의 편의를 제공하는 신라관도 있었습니다. 신라인들이 세운 신라원이라는 사원도 있었는데, 이곳에서 신라인들이 무사히 항해하도록 기원하는 의식이 거행되었습니다.

반면 신라와 일본의 관계는 그다지 좋지 않았습니다. 신라의 통일로 말미암아 일본은 신라를 경계했습니다. 신라도 일본으로 망명한 고구려, 백제 사람들의 동향을 염려해 경계를 엄하게 하였습니다. 그 결과 일본과의 경제적 교류는 예전처럼 자유롭지 못했습니다. 그러나 8세기에 이르러 정치가 안정되면서 두 나라 사이의 교류는 다시 활발해졌습니다.

특히 장보고가 해상 무역에서 두각을 나타냈습니다. 9세기 이후 해적들의 약탈이 심해졌고, 이들은 신라인들을 잡아다가 중국에 노비로 팔기까지 했습니다. 장보고는 당에서 비참하게 학대받는 신라인 노비를 보고 분개하여 바다를 지키기로 결심했습니다. 귀국한 장보고는 흥덕왕을 뵙고 아뢰었습니다. "저에게 바다를 지키는 일을 맡겨 주십시오. 그러면 제가 해적을 막겠습니다." 왕의 허락을 받은 장보고는 지금의 완도에 청해진을 설치하고 해적들을 소탕한 뒤 남해와 황해의 해상 교통을 지배했지요. 장보고는 당·일본과의 무역을 독점하고 커다란 정치 세력으로 성장했습니다. 그 밖의 지역에서도 해상 세력이 커가고 있었습니다.

'나무아미타불!' : 신라 중대의 사상

통일 후, 신라의 지배적인 사상은 불교였습니다. 위로는 국왕에서 아래로는 백성까지 모두 불교를 믿었습니다. 그러면서 신라인의 불교에 대한 이해가 깊어졌습니다. 당이나 인도까지 건너가 불법을 구하는 승려도 많아졌습니다. 일찍이 원광 이래 자장, 의상, 원측 등이 중국에서 불교를 배웠습니다. 그 결과 여러 종파의 불교가 신라에 전해졌습니다.

지배층은 화엄종에 두터운 신앙을 보였습니다. 신라 화엄종은 의상이 창설했습니다. 의상이 지은 〈화엄일승법계도〉는 간략하지만 화엄 사상의 요체를 제시해 주는 글이었습니다. 그는 당나라에서 유학했지만 중국과는 다른 독특한 사상을 발전시켰습니다. '하나 속에 만물을 아우른다.' 이것이 의상이 제창한 화엄 사상의 핵심입니다. 하나는 국왕을 상징합니다. 이 사상은 국왕

의상대사
해동화엄의 창시자로서, 《법계도총수록》, 《소미타경의기(小彌陀經義記)》 등의 저서를 남겼으며 676년 태백산에 부석사를 창건하고 화엄종의 10찰을 지었다.

의 전제 정치를 뒷받침하는 사상으로 지배층의 환영을 받았습니다.

원측은 당에 들어가 유식 불교의 깊은 뜻을 깨달았습니다. 유식 불교는 사물에 대한 인식을 중요하게 여겼습니다. 원측은 당의 수도에 있는 서명사에서 자기 학설을 강의했습니다. 여기에서 현장의 사상을 계승

한 규기라는 승려와 논쟁을 벌였습니다. 이 때 원측은 교리 이해면에서 우월성을 보여 주었습니다.

이들과는 달리 원효는 중국에 유학하지 않았습니다. 원래 원효는 의상과 함께 당 유학을 떠나려 했었습니다. 배를 타러 당항성으로 가는 길에 그들은 동굴에서 하룻밤을 보냅니다. 잠결에 목이 말라 달콤한 물을 한 그릇 마셨는데, 다음 날 아침에 보니 이게 어찌된 일입니까. 간밤에 마신 것은 해골에 고인 썩은 물이었습니다. 이 때 원효는 한순간 깨달음을 얻었습니다. '아! 모든 것은 내 마음 속에 있구나.' 원효는 유학가려던 마음을 접고 발길을 돌렸습니다.

원효는 불경을 연구하고 종합적으로 이해하려고 노력했습니다. 그 결과 《금강삼매경론》, 《대승기신론소》와 같은 유명한 책을 남겨서, 불교를 이해하는 기준을 확립했지요. 그리고 화쟁 사상을 주장하여 여러 종파를 융합하는 데 힘쓰면서, 어떤 하나의 경론에만 집착하지 말아야 한다고 주장했습니다. 여러 종파의 모순을 좀더 높은 차원에서 융화하고, 통일하려 했지요. 화쟁은 종파 통합 사상이었습니다. 전제 정치가 내포한 사회적인 모순을 사상적으로 해소하려는 노력의 결과로 볼 수 있습니다. 이러한 화쟁 사상은 원융 회통 사상이라고도 합니다.

또한 원효는 불교를 대중화하는 일에 앞장섰습니다. 방방곡곡의 촌락을 돌아다니면서 신분이 낮은 사람과 어울리고 함께 일하면서 불교를 널리 알렸습니다. 그는 불경의 깊은 교리를 터득하지 못해도 누구나 서방 정토에 왕생할 수 있다고 했습니

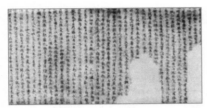

《왕오천축국전》
혜초가 인도를 여행하
면서 쓴 기행문으로,
1908년 프랑스 학자
펠리오에 의해 발견되
었으며, 세계적으로
중요한 자료로서 파리
국립도서관에 보관되
어 있다.

다. '나무아미타불'을 외기만 하면 된다고
했지요. 나무아미타불은 아미타불에 귀의한
다는 뜻입니다. 아미타불은 서방 정토를 지
키는 내세의 부처님입니다. 원효는 정토 신
앙을 널리 전도했습니다. "정토의 깊은 뜻은 보통 사람을 위함
이지, 보살을 위함이 아니다." 원효의 전도로 대부분의 신라
백성이 정토 신앙을 떠받들게 되었습니다.

한편, 불교 연구를 위해 인도로 가는 승려도 많았습니다. 그
가운데 혜초는 당에서 바닷길을 통해 인도로 들어가 각지를 두
루 순례하고 돌아왔습니다. 이 때 쓴 기행문이 《왕오천축국전》
입니다. 천축국 즉, 인도에 가서 불교 유적을 순례한 여행기였
습니다. 이 글은 인도와 서역 지방의 역사 연구에 귀중한 자료
가 되고 있습니다.

독서 성적이 좋으면 특채 : 학술과 과학 기술

한학에 있어서 통일 초의 유명한 문장가로 강수가 있었습니
다. 그리고 설총은 경서에 조예가 깊었습니다. 설총은 이두를
정리하여 한문학 학습에 큰 도움을 주었습니다. 이들 한학자들
은 대개 6두품 귀족 출신으로, 유교를 받들고 도덕적 합리주의
를 내세웠습니다. 설총은 〈화왕계〉를 지어 임금도 향락을 배격
하고 도덕을 엄격하게 지켜야 한다고 주장했습니다.

전제 왕권이 강화되면서 유교가 중요하게 여겨졌습니다. 성
덕왕은 신문왕 때에 설립한 국학에 당에서 가져온 공자의 화상

을 두고 모셨습니다(717). 또한 박사와 조교를 두어 유학을 가르치게 했습니다. 국학에서는 《논어》, 《효경》을 비롯한 유교 경전을 가르쳤습니다. 국학에는 귀족들이 입학할 수 있었는데, 주로 6두품 출신이 입학하여 유학을 공부했습니다.

이처럼 교육기관이 정비된 뒤 독서삼품과가 실시되었습니다(원성왕 4년, 788). 독서삼품과는 관리 채용을 위한 국가 시험으로, 훗날 과거 시험과 비슷한 제도였습니다. 국학을 졸업한 학생을 대상으로, 독서 성적에 따라 3등급으로 나누어 관리를 채용했습니다. 자연히 국학에서 배웠던 유교 경전을 시험했답니다. 독서삼품과에서는 골품제의 신분보다는 유교적인 실력을 기준으로 사람을 뽑으려 했던 것입니다. 유교적 교양을 갖춘 관료를 양성하여 전제 왕권을 뒷받침하려는 의도가 엿보입니다.

그러나 독서삼품과를 실시한 원성왕(785~798) 때는 이미 전제 왕권이 붕괴된 직후였습니다. 진골 귀족은 이 제도에 반발했고, 독서삼품과는 제대로 실효를 거두지 못했습니다. 그러나 짧은 기간이었지만 학문을 보다 널리 보급시키는 데 커다란 구실을 했습니다.

성덕왕 때 활동한 김대문은 《화랑세기》, 《고승전》, 《한산기》 등을 저술했습니다. 이 책들은 신라의 역사와 지리에 관한 것으로, 신라 문화를 주체적으로 인식하려는 경향을 보여 줍니다. 김대문은 진골 귀족 출신이었습니다. 그는 중국에서 들어온 유교를 기반으로 한 전제 왕권에 대항해 우리 전통 문화를 강조했습니다.

당에서 공부한 유학생으로 이름을 남긴 사람은 김운경, 최치원 등이 있습니다. 그들은 골품 제도에서 오는 사회적·정치적 모순을 점차 인식했습니다. 특히 최치원은 진성여왕(887~897) 때 문란해진 정치를 바로 잡고자 개혁안 10여 조를 건의했으나 받아들여지지 않았습니다. 그 뒤로 최치원은 정치에 뜻을 잃고 은둔 생활을 했습니다. 그런 생활 속에서 훌륭한 저서와 뛰어난 문장을 많이 남겼습니다. 그가 쓴 책에 《계원필경》이 있습니다. 또 비문의 일부가 오늘날까지 전해지기도 합니다. 최치원이 쓴 비문 가운데는 우리 고유 사상으로 '풍류도'를 전한 것도 있습니다. 중국에서 전래되기 이전부터 우리 나라에 유교·불교·도교가 조화된 전통 사상이 있었는데, 이 사상이 바로 풍류도라고 주장했습니다.

천문학·역법·의학·병학 등의 기술학도 발달했습니다. 병학과 천문학에는 김암이 조예가 깊었습니다. 삼국 시대에 중국에서 전래된 의학이 전통 의술과 어우러져 더욱 발전했습니다. 수학도 크게 발달하여 각 방면에 응용되고 있었습니다. 석굴암의 평면 구성이나 천장의 돔, 불국사 3층 석탑 등 여러 건축물의 균형잡힌 비례 구성에는 모두 정밀한 수학적 지식이 활용되었습니다.

또한 목판 인쇄술도 발달했습니다. 그 대표적인 것이 불국사 3층 석탑(석가탑)에서 나온 《무구정광대다라니경》입니다. 이것은 8세기 중엽에 만들어진 것으로, 현재 남아 있는 목판 인쇄물 가운데 세계에서 가장 오래된 것입니다. 이처럼 불교나

최치원의 난랑비서문의 내용

"우리 나라에는 현묘한 도가 있으니, 이를 풍류라 한다. 이 사상은 유, 불, 선 3교를 포함한 것으로서, 화랑들이 집에 들어가서는 부모에게 효도하고 밖에 나가서는 나라에 충성을 다하는 것은 공자의 가르침이다. 또 모든 일을 억지로 하지 않고 묵묵히 실행하는 것은 노자의 가르침이다. 그리고 악한 일을 하지 않고 착한 행실만을 신봉하고 행함은 석가모니의 가르침이다."

유교의 경전을 펴내기 위한 수단으로 일찍부터 목판 인쇄술이 발달했습니다.

세계의 문화 유산 : 신라 중대의 문화

성덕왕(702~737)·경덕왕(742~765) 대에는 전제 왕권이 안정되고 경제 발전을 기반으로 문화가 크게 번성했습니다. 특히 경덕왕 때는 신라의 문화가 절정기에 이르렀습니다.

신라 중대의 문화를 대표하는 예술 작품으로는 석굴암, 불국사, 범종, 탑 등이 있었고, 불교 미술 중심의 조형 예술도 발달했습니다. 이 때의 미술은 빼어난 기교를 자랑하며, 미술 작품을 통해 이상적인 조화의 미를 드러내고자 시도했습니다. 이러한 특징들은 바로 통일 신라의 안정과 번영이 미술품에도 반영되었음을 보여 줍니다.

석굴암과 불국사는 유네스코가 지정하는 세계 문화 유산에 등록되었습니다. 세계적으로 인정받은 이 두 작품은 경덕왕 때 중시였던 김대성이 지은 것이라고 합니다. 석굴암은 원래 사찰로 만들어졌기 때문에 석불사라고도 합니다.

석굴암의 중앙에 석가 불상이 있습니다. 그 둘레를 보살상, 나한상, 인왕상 등이 에워싸고 있습니다. 중앙에 석가모니가 있는 이 작품은 불교 세계의 이상을 표현한 것입니다. 석굴암은 치밀한 조각과 설계로 제작된 매우 과학적인 유적입니다.

불국사는 원래 나무로 만들어져 임진왜란 때 불타 없어지고 말았습니다. 현재는 석조물과 기단만 남아 있는데, 이것만으로

도 높은 예술 수준을 엿볼 수 있습니다. 대웅전 앞에는 3층 석탑(석가탑)과 다보탑이 있는데, 두 탑의 세련된 아름다움을 칭송하는 글들이 많습니다.

통일 이후 신라에서는 높은 기단 위에 3층으로 석탑을 세우는 형식이 유행했습니다. 층마다 폭과 높이를 대담하게 줄여서 3층탑을 만들었습니다. 불국사의 다보탑, 석가탑도 모두 3층탑입니다. 그 밖에 감은사 3층탑, 부석사 3층탑, 화엄사 4사자 3층탑 등이 있습니다.

범종을 만드는 기술도 뛰어났습니다. 범종은 절에서 쓰는 큰 종을 말합니다. 상원사의 동종(강원도 평창 오대사)이 가장 오래되었고, 가장 유명한 것은 나중에 만들어진 성덕대왕신종입니다(771). 봉덕사종 혹은 에밀레종이라고도 하지요. 혜공왕이 할아버지였던 성덕왕을 기리기 위해 12만 근의 구리로 만

석굴암 배치도 ▶

석굴암 내부 전경 ▼

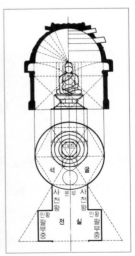

든 동종입니다. 연꽃무늬나 하늘로 날아오르는 듯한 조각도 화려하지만, 소리의 아름다움은 특히 유명하죠. 종소리가 약 100리까지 은은히 울려 퍼졌답니다.

삼국 문화에 이어 통일 신라의 문화도 일본에 전해졌습니다. 일본에 전해진 신라의 정치 제도는 다이카 개신 이후의 강력한 전제 왕권 확립에 기여했습니다. 또 통일 전쟁에서 보여 준 신라인의 강렬한 국가의식은 일본 지도자들에게 많은 영향을 끼쳤습니다.

통일 신라 문화의 일본 전파는 일본이 신라에 사신을 파견함으로써 이루어졌습니다. 이 시기에 원효, 강수, 설총 등에 의해 불교와 유교 문화가 일본에 전해졌고, 이것은 일본 하쿠호 문화 성립에 크게 기여했습니다. 특히 심상에 의해 전해진 의상의 화엄 사상은 일본 화엄종을 일으키는 계기가 되었습니다.

◀ 화엄사 4사자 3층 석탑(전남 구례)

▼ 불국사(경북 경주)

흔들리는 왕권 : 신라 사회의 동요

중대의 전제 왕권은 혜공왕(765~780)에 이르러 위기를 맞았습니다. 진골 귀족들은 세력을 강화하여 왕권에 도전했고, 잇달아 반란을 일으켰습니다.

먼저 대공의 난이 일어났습니다(혜공왕 4년, 768). 이 반란으로 96 각간이 3년 동안 서로 싸우는 혼란이 발생했습니다. 혜공왕 10년(774)에는 상대등 김양상이 정권을 잡는 데 성공하면서 진골 귀족이 왕권을 누르게 되었습니다. 이제 왕은 이름뿐이지 실권이 없었습니다. 왕권을 회복하기 위한 움직임이 있었지만 모두 실패했습니다. 혜공왕 16년(780)에는 김지정이 왕을 배반하고 무리를 모아 궁궐을 포위하여 침범했습니다. 상대등 김양상은 김경신과 함께 군사를 일으켜 김지정 등을 죽였고, 이 과정에서 왕과 왕비가 살해되었습니다.

혜공왕이 죽자 실권을 쥐고 있던 상대등 김양상이 왕위에 올랐습니다. 그가 선덕왕(780~785)입니다. 선덕왕이 세상을 떠나자 다시 상대등 김경신이 즉위했습니다. 그런데 그가 왕위에 오르는 일은 그리 순조롭지 않았습니다. 선덕왕이 죽자 처음에는 무열왕계 출신인 김주원이 왕위 계승자로 결정되었습니다. 그런데 왕위 즉위식 날, 갑자기 비가 많이 내려 냇물이 불어나는 바람에 김주원은 궁궐에 도착하지 못했습니다. 그 사이 김경신이 먼저 궁궐에 들어가 왕이 되었습니다. 그가 바로 원성왕(785~798)입니다.

선덕왕은 내물왕의 10대손이고, 원성왕은 내물왕의 12대손입니다. 이로써 태종 무열왕계가 끊어지고 원성왕계가 왕위를 차지하게 되었습니다. 그 이후를 신라 하대라고 합니다.

하대 150여 년 동안은 끊임없이 왕위 다툼이 일어났습니다. 왕이 자주 바뀌었고, 제대로 수명을 다하고 죽은 왕을 손에 꼽을 정도였습니다. 그러다 보니 왕권은 점차 약화되었습니다. 중대에서 하대로 옮겨간 계기는 전제 왕권에 진골 귀족이 반항했기 때문입니다. 혜공왕을 죽이고 왕위에 오른 김양상이나 뒤를 이은 김경신 모두 진골 귀족 세력을 대표하는 상대등 출신이었습니다. 다시 진골 귀족이 세력을 키워 중대의 시중(중시)을 누르고 상대등이 부상하는 시대가 온 것입니다.

그런데 이러한 흐름을 거스르는 움직임이 일어났습니다. 웅천주 도독 김헌창의 반란이 그것입니다(헌덕왕 14년, 822). 김헌창은 김주원의 아들이었습니다. 비 때문에 즉위식에 제때 도

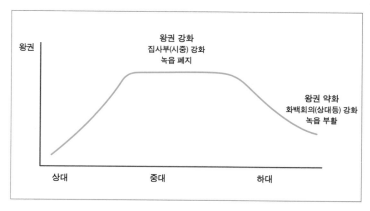

▲ 신라의 왕권

착하지 못하고, 원성왕에게 왕위를 빼앗긴 김주원의 아들이 바로 김헌창입니다. 아버지가 왕이 되었다면 김헌창은 아버지를 이어서 왕이 될 수 있었겠지요. 그런데 모든 것이 물거품이 되자 쌓인 불만이 폭발했습니다. 그는 웅주(공주)를 근거로 하여 국호를 '장안'이라 하고 대규모 반란을 도모했습니다. 한때 무진주(광주), 완산주(전주), 청주(진주), 사벌주(상주) 등 넓은 지역에서 호응했으나, 결국 중앙 귀족 세력에 의해 좌절하고 맙니다. 다시 김헌창의 아들 범문이 반란을 이어갔지만 또다시 실패했습니다.

이로 인해 진골 귀족들 사이에 대립과 항쟁이 끊이지 않았습니다. 귀족들은 사병을 거느리고 세력을 키워 서로 정치 권력을 잡으려 했습니다. 흥덕왕(826~836)이 죽은 뒤 사촌 동생인 균정이 왕이 되었습니다. 그러나 곧바로 균정의 조카 제륭이 실력으로 균정을 내쫓고 즉위하여 희강왕(836~838)이 되었습니다. 다시 그 6촌 형제인 민애왕(838~839)이 희강왕을 내몰았습니다. 이 때 균정의 아들이었던 우징은 청해진의 장보고와 손을 잡았습니다. 장보고의 군대를 빌려 민애왕을 쫓아내고 신무왕(839)에 즉위했습니다. 이제 바야흐로 군사적인 실력을 갖춘 사람이 왕위에 오르는 시대가 되었습니다. 이렇게 왕위 계승을 둘러싼 혼란은 오래도록 계속되었습니다.

중앙 정치가 혼란해지자 지방에 대한 통제력이 크게 약화되었습니다. 9세기 중엽 문성왕(839~857) 때에 이르러 진골 귀족 사이의 왕위 쟁탈전이 잠잠해졌습니다. 지방 세력의 위협에 중앙 귀족이 함께 대처해야만 했기 때문에 귀족들 사이에는 타협이 이루어졌습니다.

중앙 정부에서 싸움이 계속되는 동안 지방에서는 새로운 움직임이 있었던 것입니다. 호족이 세력을 키우면서 정치 무대가 중앙에서 점차 지방으로 옮겨가게 되었습니다.

혼란한 사회를 바로잡기 위해 6두품 지식층들은 새로운 정치 질서를 세우도록 건의했습니다. 최치원은 나라를 구할 능력 있는 인재를 뽑기 위해 과거 제도를 실시하자고 건의했고 유교 정치 이념을 제시했습니다. 하지만 건의가 받아들여지지 않자, 최치원은 벼슬을 버리고 유랑 생활을 했습니다. 이처럼 6두품의 의견이 진골 귀족에게 탄압을 받자, 6두품 귀족은 반신라적(反新羅的)인 사고를 가지게 되었습니다.

당시에 이러한 건의들이 탄압을 받기는 했지만, 능력 중심으로 인재를 선발하자거나 유교를 정치 이념으로 삼자는 주장은 새로운 시대를 열 수 있는 이념적 기반이 되었습니다. 또한 반신라적 의식을 가진 6두품 출신 인물이 후백제나 고려의 신하가 되었습니다. 예를 들면 최승우는 견훤에게 정치 이념을 제공했고, 최언위는 고려 태조 왕건의 책사로 활동했습니다. 이처럼 6두품은 반신라 세력으로서 호족과 후삼국 지도자에게 정치 이념을 제공하는 역할을 했습니다.

한편, 진골 귀족은 골품 제도에 대한 집착을 쉽게 버리지 못하고 골품제 테두리 안에서 자신들의 특권을 유지하는 데 관심을 기울일 뿐이었습니다. 또한 진골 귀족은 향락을 즐기고 농

● 유교 정치 이념

• 신라 중대 : 도입(신문왕, 국학 설립)
• 신라 하대 : 개혁 사상으로 제시(6두품, 골품제 폐단 시정 건의)
• 고려 전기 : 정치 이념으로 채택(성종, 최승로의 건의 채택)

민 착취를 멈추지 않았습니다. 이로 인해 농민의 생활은 점점 더 어려움에 빠졌습니다.

중앙에서 지방으로 : 지방 세력의 대두

신라 하대에 지방에서는 호족이 등장했습니다. 호족은 지방 세력가입니다. 이들은 중앙 정치가 혼란한 사이를 틈타 지방에서 큰 세력권을 형성했습니다.

호족 출신을 따져 보면 크게 네 부류가 있습니다. 첫째는 촌주가 성장하여 호족이 된 경우입니다. 촌주는 출신지에서 실질적인 지배권을 대를 이어가며 행사했습니다. 둘째는 중국과의 무역으로 부를 축적한 해상 세력 가운데 호족으로 성장한 경우입니다. 왕건 가문이 대표적이었죠. 셋째로는 군사력을 바탕으로 성장한 군진 세력이 있었습니다. 청해진을 설치한 장보고를 예로 들 수 있습니다. 마지막으로 왕위 쟁탈전에서 밀려난 진골이나 초적 출신의 인물도 있었습니다. 원성왕에게 왕위를 빼앗긴 김주원은 강릉 호족이 되었습니다. 왕자였던 궁예도 이런 경우입니다.

호족은 출신 지역에 새로운 관료제를 만들어 백성을 통치하기 시작했습니다. 호족은 넓은 토지와 많은 백성을 지배했는데, 토지에서는 세금을 거두고 백성을 병사로 징발하기도 했습니다. 그리고 스스로를 성주 또는 장군이라 칭했습니다. 성을 쌓고 그 성의 주인이라는 뜻에서 성주라 했고, 자신의 지배를 받는 병사를 지휘한다는 의미에서 장군이라 했습니다. 이들은 지방의 군

호족(豪族)
지방에서 재산이 많고 세력이 강한 토착 세력가. 신라 말기 중앙 정치의 혼란으로 지방에 대한 통제가 약화된 사이 독립된 세력으로 성장한다.

초적(草賊)
남의 곡식단이나 농작물을 훔치는 도둑

사력과 경제력을 장악했습니다. 이렇게 호족이 신라의 통제를 받지 않는 독립된 세력을 이루면서 지방분권적인 현상이 나타났습니다.

호족은 선종과 풍수지리설을 적극적으로 받아들였습니다. 선종은 참선을 통해 깨달음을 얻을 수 있다고 주장하며 교종의 권위에 도전했습니다. 호족은 이러한 선종을 환영했습니다.

선종의 중심지는 호족의 근거지와 가까운 지방에 자리잡았습니다. 선종의 각 파들은 각 지방에 본거지를 두고 여러 종파를 이루었는데, 그 중 유력한 것이 9산이었습니다. 수미산파는 개성 호족이었던 왕건 가문과 관련이 깊었습니다. 이렇게 각 지방에 본거지를 두고 있는 선종은 호족의 종교로 불렸습니다. 선종이 유행하자 참선 수행을 한 승려의 사리를 모으는 부도가 만들어졌습니다.

그렇다면 호족은 왜 선종을 환영했을까요? 참선을 통해 깨달음을 얻으려는 선종이 개인주의적인 성향을 보였기 때문입니다. 스스로 사색하여 진리를 깨닫는 이 종파는 개인적인 정신 세계를 추구하려는 경향이 강했습니다. 그렇기 때문에 지방에서 독자적인 세력을 만들려는 호족의 취향에 잘 맞았던 것이죠. 선종은 새로운 시대의 정신적인 기반이 되었고, 고려 왕조를 여는 사상적 기틀을 이루었습니다.

또다른 호족의 신앙은 풍수지리설이었습니다. 신라 말기 승려 도선은 중국에서 유행한 풍수지리설을 받아들였습니다. 이 사상에서는 땅의 모양과 위치에 따라서 좋은 곳과 나쁜 곳이

대안사 적인선사 부도
(전남 곡성)

있다고 주장합니다. 풍수지리설은 예언적인 도참 신앙과도 결부되었습니다. 풍수지리설을 내세워 경주 중심으로 운영되는 행정 조직을 고쳐야 한다고 했으며, 국토를 지방 중심으로 다시 편성해야 한다고 했지요. 따라서 풍수지리설은 신라 정부의 권위를 약화시키는 구실을 했습니다. 호족은 자신의 근거지가 새로운 도읍지가 될 명당이라고 말하기도 했습니다. 이들 호족은 신라 말의 혼란한 사회를 극복하고 새로운 왕조를 건설하는 구심점이 되었습니다.

한편, 신라 하대의 혼란은 진성여왕(887~897) 대에 이르러 극에 달했습니다. 정치가 문란해져 수습하기 어려운 지경에 이르렀고, 잇달아 천재지변까지 일어났습니다. 민심이 흉흉해지고 생활이 어려워진 농민들은 여기저기를 떠돌다가 귀족이나 사원의 노비로 전락했습니다. 혹은 초적이 되어 도둑질로 배고픔을 달래기도 했습니다. 지방에 사는 일부 백성들은 옛 고구려와 백제의 부흥을 외치면서 신라 정부에 저항했습니다.

드디어 전국 각지에서는 농민 반란이 일어났습니다. 먼저 상주에서는 원종과 애노의 난이 일어났습니다(진성여왕 3년, 889). 북원(원주)의 양길과 그 부하였던 궁예, 죽주(죽산)의 기훤, 무진주(광주)의 견훤 등이 대표적인 초적의 두목이었습니다. 초적의 대표자는 호족으로 성장하기도 했습니다.

호족은 백성을 실질적으로 지배하는 세력이 되었습니다. 중앙에 제대로 세금이 올라오지 않자 진성여왕은 지방에 관리를 파견하여 조세를 독촉하기에 이르렀습니다. 지방의 백성은 호족에게 세금을 바칠 뿐만 아니라 중앙에서 파견된 관리에게도 세금을 내야 하는 처지에 놓였습니다. 이러한 이중적 조세 부담이 농민의 생활을 더욱 어렵게 만들었고, 이로 인해 농민 반란은 전국적으로 번져나가게 되었던 것입니다.

다시 삼국 시대로 : 후삼국의 정립

효공왕(897~912) 대에 이르면 신라를 따르지 않고 새로운 나라를 세운 세력이 나타납니다. 후백제와 후고구려가 세워진 것입니다.

견훤은 900년에 완산주(전주)에 도읍을 정하고, 백제를 부흥한다는 명분을 앞세우며 후백제를 건국했습니다. 궁예는 901년, 고구려의 부흥을 기치로 후고구려를 건국했습니다. 후고구려는 나중에 왕건에 의해 고려로 바뀝니다. 그 뒤 왕건이 936년 후삼국을 통일하기까지를 후삼국 시대라고 부릅니다.

후삼국 시대가 열린 것은 그만큼 신라에 반감을 가진 백성이 많았기 때문입니다. 특히 경주에서 멀리 떨어진 지방에 살던 사람들의 반신라 감정은 대단했습니다. 이들은 신라 정부에 불만을 가졌고, 자신이 후고구려나 후백제의 후손이라 믿으며 신라의 백성이기를 부정했습니다.

후고구려와 후백제는 반신라 정책을 내세웠습니다. 원래 신라의 왕자였던 궁예는 신라 왕실에 적개심을 품고 있었습니다.

그리고 후백제의 견훤은 신라의 도성을 침입하기에 이르렀습니다. 이 때 신라의 경애왕(924~927)은 포석정에서 연회를 베풀고 있었는데, 경주의 궁궐에 들이닥친 견훤은 왕과 왕비를 모두 사로잡았습니다. 그리고 왕을 협박하여 자결하게 만들고 김부를 경순왕(927~935)으로 삼았습니다.

천 년의 신라가 사라지고 : 경순왕의 고려 귀부

신라는 나날이 영토가 줄어들고 국력이 약화되어 국가의 명맥을 유지하기 어렵게 되자, 결국 경순왕은 고려에 항복하기로 마음먹었습니다. 사실 경순왕을 왕위에 올린 것은 견훤이었습니다. 그럼에도 불구하고 경순왕은 견훤이 아닌 왕건을 선택했습니다. 왕건은 친신라 정책을 추구했기 때문에 견훤이 경주를 공격했을 때도 병사를 내어 신라를 돕고자 했었습니다.

경순왕은 고려의 왕건을 초청했습니다. "전에 견훤이 왔을 때는 사나운 승냥이나 호랑이를 만난 것 같더니, 지금 오신 왕건을 보니 꼭 부모를 만난 것 같네." 신라 사람들은 입을 모아 왕건을 환영했습니다. 그 뒤 경순왕은 신하들과 의논하여 스스

신라 천 년의 막을 내린 포석정(경주 배동)

로 나라를 지키기 어려우니 고려에 항복하기로 결정했습니다. 결국 경순왕은 신하들을 거느리고 고려의 수도 개경으로 갔습니다. 그리하여 천 년의 역사를 자랑하던 신라가 사라지고 말았습니다 (935).

- 신라는 4세기 후반 내물왕 때에 이르러 중앙집권국가로 발전하여 체제를 정비했습니다.
- 단양의 적성비, 북한산·창녕·마운령·황초령의 여러 순수비들은 6세기 신라의 발전을 알려 주는 기념물입니다.
- 신라의 골품은 개인의 신분뿐만 아니라 친족의 등급을 표시하는 것으로, 골품에 따라 사회 활동과 정치 활동의 범위가 결정되었습니다.
- 신라의 화백은 상대등을 의장으로 하는 귀족회의기구로서, 국가의 중대사를 결정했습니다.
- 삼국 통일로 민족 자주성과 민족 문화 발전의 기반이 확립되었습니다.
- 통일 후, 신라는 왕권이 전제화되고 상대적으로 진골 귀족 세력은 왕권에 눌려서 약화되었습니다.
- 6두품 귀족은 신라 중대에 이르러 국왕의 정치적 조언자로 활약하다가, 하대에는 중앙 권력에서 점차 배제되어 반신라 세력으로 변했습니다.
- 신라의 농민들은 몇 개의 촌을 관할하는 촌주를 통해 국가의 지배를 받았습니다.
- 원효는 불교를 이해하는 기준을 확립하고 화쟁 사상을 주장했으며, 정토 신앙을 통하여 불교를 대중화하는 데 앞장섰습니다.
- 신라 하대에는 호족 세력을 중심으로 한 지방 세력의 저항이 전국적으로 일어났습니다.

발해의 왕

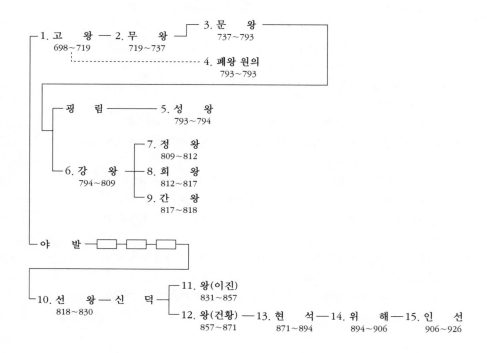

```
┌─ 1. 고      왕 ─ 2. 무      왕 ─┌─ 3. 문      왕 ─────────────┐
│      698~719        719~737    │      737~793              │
│                                └──── 4. 폐왕 원의           │
│                                         793~793            │
│                                                            │
│      ┌─ 굉   림 ───────── 5. 성      왕 ────────────────────┘
│      │                        793~794
│      │                   ┌─ 7. 정      왕
│      │                   │      809~812
│      └─ 6. 강      왕 ────┤── 8. 희      왕
│            794~809       │      812~817
│                          └─ 9. 간      왕
│                                 817~818
│
├─ 야   발 ─[  ]─[  ]─[  ]─┐
│                         │
└─ 10. 선   왕 ─ 신   덕 ─┌─ 11. 왕(이진)
       818~830           │       831~857
                         └─ 12. 왕(건황) ─ 13. 현   석 ─ 14. 위   해 ─ 15. 인      선
                                857~871        871~894       894~906       906~926
```

발해 698~926

1 고구려 다시 태어나다 ● 발해의 건국

발해는 고구려 장군 출신의 대조영(大祚榮)이 세웠습니다. 고구려가 멸망하자 대조영은 요서 지방의 영주로 이사했습니다. 이곳에는 고구려 유민을 비롯하여 말갈족·거란족 등 여러 민족이 모여 살았습니다. 그런데 영주에서 거란족 이진충이 반란을 일으켰습니다(696). 이에 대조영은 고구려 유민과 말갈족을 이끌고 영주를 벗어나 만주 동부 지역으로 이주했습니다. 당 군대가 추격했지만, 대조영은 당나라 병사를 무찔렀습니다.

698년, 대조영은 옛 고구려 땅이었던 동모산을 거점으로 하여 성을 쌓았습니다. 그리고 발해를 건국했지요. 이 때는 신라가 삼국을 통일할 무렵이었습니다. 발해는 옛 고구려 땅이었던 만주를 중심으로 연해주까지를 포함한 커다란 나라로 발전했습니다.

발해의 건국으로 남북국 시대가 열렸습니다. 신라와 발해,

두 나라가 삼국에 이어 남북국 형세를 이루었습니다. 조선 후기 실학자였던 유득공은 《발해고》에서 신라와 발해를 남북국으로 보았습니다. 그리고 고려에서 발해 역사를 편찬하지 않은 일을 비판했습니다. "저 대씨는 어떤 사람인가? 바로 고구려 사람이다. 그들이 차지하고 있던 땅은 어떤 땅인가? 바로 고구려 땅이다. 고려의 정치가들은 마땅히 발해사를 편찬했어야 한다. 그 다음 이것을 가지고 여진에게 따졌어야 한다. '어찌하여 우리 발해 땅을 돌려주지 않는가.' 하고 장군을 보내 수복했으면 토문강 이북 지방을 차지할 수 있었을 것이다."

남북국 시대라고 하면 신라와 발해를 우리 민족의 역사 안에 묶어서 이해하는 것입니다. 두 나라는 어떤 관계에 있었을까요. 만약 두 나라가 서로 대립 관계에만 있었다면 한 민족으로 묶어서 보기 어려운 면이 있습니다. 신라인 최치원이 쓴 글을 보면 발해를 북국이라고 한 대목이 있습니다. 발해가 북국이면 신라는 남국이겠죠. 같은 민족이 남북으로 나뉘었다고 생각했던 것입니다.

실제 외교 관계를 보면 두 나라 사이에 교류가 있었습니다. 신라도(新羅道)라는 교통로가 그 증거입

발해의 영역 ▼

● 발해의 5경

철리부
발 해
당
부여부
상경 용천부
솔빈부
동모산 ▲
동경
용원부
정리부
장령부
중경
현덕부
서경 압록부
요동성
남경
남해부
동 해
신 라
황 해
한주
금성 ◉

니다. 발해의 영역 안에 신라도가 있었는데 39개의 역이 설치되어 신라 사람들이 오갔기 때문에 신라도라고 불렀습니다.

발해에는 고구려인과 더불어 고구려 지배 아래 있던 말갈족이 다수 있었습니다. 발해의 주민은 지배층인 고구려인과 피지배층인 말갈족으로 구성되었습니다. 그리고 발해의 외교 사절을 보면 고씨가 많았습니다. 이들이 고구려 계통의 지배층이었죠. 이처럼 고구려인을 주축으로 성립했기 때문에 고구려 계승 의식이 분명했습니다.

발해가 일본에 보낸 외교 문서에 이런 표현이 있습니다. "고구려의 옛 땅을 수복하고 부여의 전통을 이어받았다." 그리고 발해의 왕은 자신을 고구려 왕이라고 표현하여 발해가 고구려 계승국이라는 점을 분명히 했습니다. 발해는 국가의 정책을 결정하고 운영하는 데 있어 지배층인 고구려 유민의 의견을 중요시했습니다. 따라서 발해는 고구려 정치의 연장선에서 이해할 수 있습니다.

발해의 미술이나 무덤 양식을 보면 고구려의 것을 그대로 이어받았습니다. 발해의 돌사자상은 패기와 정열이 넘쳐 고구려의 씩씩한 기상을 보는 듯합니다. 발해의 돌방 무덤은 고구려의 무덤 양식을 그대로 옮겨 놓고 있는데, 중국 지린성〔吉林省(길림성)〕에 있는 정혜공주 무덤과 정효공주 무덤이 대표적입니다.

또한 발해에서는 온돌을 사용했습니다. 중국 계통과 달리 온돌을 이용한 것은 발해가 고구려 계통을 이었다는 증거입니다.

2 해동성국으로 우뚝 서다 ● 발해의 발전

정당성을 중심으로 : 발해의 정치

대조영이 죽자 그 아들 무왕(719~737)이 발해 2대왕으로
즉위했습니다. 무왕은 영토 확장에 힘써 동북 방면의 여러 오
랑캐들을 굴복시켰습니다. 여기에 위협을 느낀 흑수말갈이 당
과 동맹을 꾀하자, 발해는 흑수말갈과 당을 공격했습니다. 무
왕은 대장군 장문휴를 파견하여 바다 건너 당의 산둥반도를 공
략했고(732), 흑수말갈에 대한 공격은 발해와 당 사이의 전쟁
으로 확대되었습니다. 이에 대항하여 당은 신라와 연결을 꾀하
였고, 발해는 일본과 화친 정책을 도모했습니다.

무왕에 뒤이은 3대왕은 문왕(737~793)이었습니다. 문왕은
상경(上京)으로 도읍을 옮기고 국내 체제를 정비하는 일에 나
섰습니다. 이 때에는 당과의 관계가 개선되어 친선 관계를 맺
었으며, 당의 문물을 받아들여 국가 운영 체제를 손질하기도
했습니다.

발해는 당의 제도를 수용하여 3성 6부 체제를 갖추었습니
다. 하지만 그대로 가져다 쓴 것은 아닙니다. 발해의 실정에
맞게 바꾸어 사용했습니다. 그리고 3성과 6부의 명칭이 당과
는 달랐습니다. 도표에서 괄호 안에 쓰여 있는 명칭이 당의 것
입니다. 상서성, 문하성, 중서성을 발해에서는 정당성, 선조
성, 중대성으로 불렀고, 운용 방식도 발해의 독자적인 측면이
많았습니다.

발해 중앙 정치를 움직이는 핵심 부서는 정당성이었습니다. 정당성은 귀족들이 국가의 중요한 일을 의논하고 결정하는 회의기구였습니다. 장군은 대내상인데, 정당성의 대내상은 선조성과 중대성에 명령을 내렸습니다. 그리고 6부를 3부씩 나누어 각각 관리를 두어 통제하였습니다. 정당성을 정점으로 이원적인 통치를 한 것이지요. 또한 6부는 충부·인부·의부·지부·예부·신부라고 불러 유교적인 이념이 널리 보급되었음을 알려 줍니다.

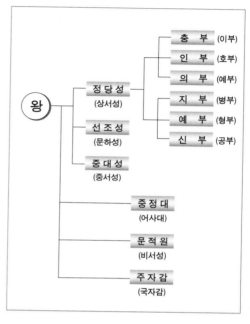

발해의 중앙 정치 제도

한편, 중정대는 관리들의 잘못을 살피는 감찰기관이었습니다. 최고 교육기관으로는 주자감이 있었습니다.

동쪽의 융성한 나라 : 발해의 발전

발해의 영역을 최대로 확대하고 발전시킨 임금은 10대왕 선왕(宣王)이었습니다. 선왕 대에는 요동으로 영토를 확장하여 발해 최대의 영토를 가지게 되었습니다. 이제 옛 고구려의 영역을 대부분 회복하게 되었습니다. 이에 맞추어 5경·15부·62주의 지방 제도가 갖추어집니다.

5경은 수도나 이에 준하는 기능을 갖춘 대도시를 뜻합니다.

발해 전성기의 수도는 상경이었으며, 그 밖에 동경 · 중경 · 남경이 있었습니다. 15부는 지방의 주요 도시로 62주의 중심지 역할을 하는 행정구역이었습니다. 부에는 도독, 주에는 자사를 파견했습니다. 지방에 파견되는 지방관은 고구려인이었습니다. 하지만 지방 조직의 말단인 촌락에는 말갈인 촌장이 있었습니다.

발해에는 10위인 중앙군이 있었습니다. 10개의 부대로 나뉘었지요. 각 위마다 대장군과 장군이 임명되었습니다. 지방에는 농민들로 이루어진 지방군이 있었는데, 농병일치의 군사 조직이었으므로 촌락 단위로 조직되어 있었습니다. 정비된 군사 조직은 왕권 확립과 중앙집권적인 통치를 위한 중요한 기반이 되었습니다.

이처럼 선왕 때 발해는 중흥기를 맞았습니다. 당에서는 이 시기의 발해를 해동성국(海東盛國)으로 부르며 칭송했습니다.

각국의 연호 사용

고구려	광개토왕(영락)
백 제	위덕왕(건흥)
신 라	법흥왕(건원), 진흥왕(개국 · 대창 · 홍제), 진평왕(건복), 선덕여왕(인평), 진덕여왕(영휘)
발 해	대조영＝고왕(천통), 무왕(인안), 문왕(대흥), 선왕(건흥)
후고구려	궁예(무태 · 성책 · 수덕만세 · 정개)
고 려	태조(천수), 광종(광덕 · 준풍)
조선 · 대한 제국	고종(건양 · 광무), 순종(융희)

이처럼 발해가 발전한 것은 강력한 왕권이 기초가 되었습니다. 발해에서는 독자적인 연호를 사용하고 있었습니다. 무왕은 '인안'이라는 연호를 썼고 문왕은 '대흥'이라 했습니다. 중국의 연호를 쓰지 않았던 것입니다. 우리 나라에서는 보통 중국의 연호를 가져다 썼습니다. 그런데 스스로 연호를 제정한 시기도 있었습니다. 이것은 우리의 연호를 만들어 씀으로써 중국과 대등하다는 것을 과시하려 했던 것이었습니다. 왕권의 강력함을 표현하는 것이기도 했지요. 즉 발해는 신라 중대와 마찬가지로 왕권이 전제화되었습니다.

연호(年號)

각각의 해를 부르는 이름. 중국을 비롯한 아시아 국가에서는 군주의 재위 연도에 따라서 해를 부르는 이름을 달리했다. 예를 들어 광개토대왕의 연호는 '영락'으로 그가 재위한 지 3년째 되는 해는 영락 3년으로 불린다.

신라도가 있었으니 : 발해의 대외 관계

고구려를 계승한 발해는 처음에는 당과 무력 대결을 피할 수 없었습니다. 8세기 초 무왕이 장문휴 장군을 통해 산둥반도를 공격하기도 했습니다. 그러나 8세기 후반, 적대 관계는 친선 관계로 바뀌었고, 문왕은 당에 사신과 유학생을 파견했습니다. 그 결과 당의 문물이 수입되고 무역도 활발했습니다.

발해는 당과 신라의 협공에 대비하여 일본과 우호적인 관계를 맺었습니다. 신라와는 사이가 좋지 않았지만 교류는 있었습니다. 때에 따라서 발해와 신라는 사신을 교환하고 무역을 했으며, 어려움에 처하면 도움을 요청하기도 했습니다. 이러한 발해와 신라의 교류를 증명하는 증거물로 신라도를 들 수 있습니다. 39개의 역이 있어서 신라와 발해를 연결하는 통로 역할을 했습니다.

신라도(新羅道)

발해에서 신라로 가던 내외 교통로. 《삼국사기》에 인용된 가탐(賈耽)의 《고금군국지》에 따르면 발해의 책성부(동경 용원부, 중국 지린 성 창춘)와 신라의 천정군(성남 문천군 덕원) 사이에 역이 39개 있었다고 하는데, 이는 신라도의 주요 경로로 추정된다. 즉 신라도는 발해의 수도 상경을 출발하여 동경과 남경을 거쳐 신라로 가던 교통로로 오늘날의 동해안을 따라 발해와 신라가 통교했음을 보여 준다. 한편, 이 교통로는 발해에서 일본으로 가는 경로로도 사용되었다고 한다.

밭농사와 목축 : 발해의 경제

발해에서는 밭농사가 주로 이루어졌습니다. 지리적으로 북쪽에 자리하고 있어 기후가 찼기 때문이지요. 콩·조를 비롯한 잡곡이 재배되었습니다. 그러나 철제 농기구가 널리 사용되고 수리시설이 확충되면서 점차 재배하는 곡물의 종류도 다양해졌습니다. 농업과 더불어 수공업도 발전했습니다. 제철업이 발달하여 금속 가공업이 성행했습니다. 또한 목재와 피혁을 이용한 가공업도 발전했습니다.

목축이나 수렵도 발해인에게는 중요한 경제 활동 중 하나였습니다. 말갈의 솔빈부에서는 좋은 말이 많이 생산되었습니다. 돼지나 소도 길렀고, 아울러 모피·녹용·사향 등이 생산되었습니다. 짐승의 털가죽은 옷감으로 사용했습니다. 고기잡이 도구가 개량되어 그물을 사용했고, 먼 바다에 나가 고래를 잡는 등 어업도 발달했습니다.

상업은 크게 흥하지는 않았지만 곳곳에 시장이 열렸습니다. 당과 평화 관계를 맺은 뒤에는 무역 활동이 활발하여 문왕 때부터 외교 사절과 무역 왕래가 빈번해졌습니다. 당의 덩저우에는 발해관이 설치되었습니다. 덩저우는 일찍이 장문휴 장군이 공격했던 곳입니다. 이곳이 나중에는 무역의 중심지가 되어 발해의 선박이 자주 왕래하게 됩니다.

왕실이나 귀족 중심으로는 공무역이 행해졌으며, 민간 무역도 있었습니다. 발해가 당에 수출한 물품은 주로 모피 · 인삼 · 말 · 금은 등 토산물이었고, 당에서는 비단 · 책 따위를 수입했습니다. 비단과 책은 귀족들이 쓰는 물건으로 대개 수입품은 귀족 수요에 충당되었습니다.

일본과도 동해의 바닷길을 통해 무역이 이루어졌습니다. 발해와 일본의 무역 규모는 매우 컸습니다. 한 번에 수백 명이 넘는 발해 사람들이 일본에 가기도 했습니다. 삼국 시대에는 백제와 일본의 관계가 밀접했지요. 발해와 일본도 신라를 견제하면서 서로 가까워졌습니다.

불교 융성과 유학 발달 : 발해의 사상과 학문

발해는 독특한 문화적 기반을 가졌습니다. 전통적인 고구려 문화를 토대로 하여 당 문화를 수용하며 발전시켰습니다. 귀족 문화가 발달한 수도 상경은 만주 지역의 문화적 중심지였습니다. 문왕 이후 당 문화를 적극적으로 받아들여 문화를 더욱 발전시켰지요. 또 중앙아시아 지역의 여러 민족과 교류하여 문화의 내용이 풍부해졌습니다.

발해에서는 불교가 융성했습니다. 고구려 불교를 계승하여 왕실이나 귀족 중심으로 믿었습니다. 유명한 승려로는 정소가 있습니다. 정소는 불법을 널리 선양하고 당과 일본에 왕래하여 이름을 떨쳤습니다. 상경에서는 10여 개의 절터가 발견되었습니다. 또 불상, 석등, 연화무늬 와등 등 불교 관계 유물이 출토되었습니다.

빈공과(賓貢科)

중국에서 외국인을 대
상으로 치르는 과거 시
험. 당·송·원에서 실
시했고 빈공은 중국에
공물을 바치는 외국인
을 말한다. 신라인·발
해인 가운데는 당에 유
학하여 빈공과에 급제
하는 사람이 있었는데
최치원, 최승우가 대표
적인 인물이다.

발해는 당에서 많은 서적을 수입했고 유학생을 보냈습니다. 그 결과 일찍부터 학문이 발달했지요. 국가에서 세운 최고 교육기관으로 주자감이 있었는데, 이곳에 귀족 자제들이 입학하여 유교 경전을 공부했습니다. 유학생 가운데 당의 빈공과에 급제하는 사람도 나왔습니다. 이거정 등은 당에 유학한 뒤 유교 지식인으로 활동했습니다.

발해에는 공식 기록에 한문을 사용했습니다. 외교 문서나 묘지를 보면 한문학의 수준이 상당히 높았음을 알 수 있습니다. 문왕의 딸이었던 정혜공주와 정효공주 묘비가 세련된 4·6변려체로 쓰여지기도 했습니다. 외교 사신이나 승려 가운데는 한시를 잘 짓는 사람도 많았는데, 특히 양태사나 왕효렴의 작품이 유명합니다.

4·6변려체

네 글자 또는 여섯 글
자로 질서 있게 끊고,
서로 대구를 이루어 쓴
문체

발해의 석등(중국 흑
룡강성 영안현, 좌)
정효공주 묘비(중국
지린성, 우)

고구려의 전통을 이어받아 : 발해의 미술

발해의 유적이 발굴되면서 문화의 웅장함이 속속 드러나고 있습니다. 발해의 건축이나 미술을 보면 고구려의 전통을 토대로 당의 문화를 수용했던 특성이 잘 나타나 있습니다.

수도 상경은 당의 장안성과 비슷하게 꾸며졌고, 수도 전체는 외성으로 둘렀습니다. 국왕이 있는 궁궐은 내성이 에워싸고 있었습니다. 궁성 남문에서 외성 남문까지 직선으로 뻗은 주작대로라는 큰길을 냈습니다. 주작대로는 당의 것을 모방하여 만들었습니다.

발해의 도읍지에는 많은 고분이 남아 있습니다. 육정산 고분군에는 정혜공주 묘가 있습니다. 이 묘는 남쪽에 입구를 가진 굴식 돌방 무덤입니다. 벽은 다듬은 돌로 쌓아올리고 천장은 모줄임 구조를 이루고 있습니다. 고구려의 무덤과 매우 비슷합니다. 정혜공주 무덤에서는 두 개의 돌사자 조각이 나왔습니다. 매우 생동감 있고 힘찬 모습을 보여 주는 이 유물을 통해 고구려 예술의 기운을 다시 느낄 수 있습니다.

절터에서 발견된 기와·벽돌 등의 무늬는 소박하고 직선적입니다. 연화무늬 기와는 강건한 기풍을 지닌 고구려의 와당에서

▼ 발해의 유적지

발해의 돌사자상(좌)
발해의 무늬벽돌(우)

영향을 받았습니다. 또한 발해의 자기는 신비스러운 물건으로 여겨졌습니다. 가볍고 광택이 있으며, 종류나 크기 · 형태 · 색깔이 매우 다양하여 당에 수출되기도 했습니다. 당나라 사람들은 그 뛰어난 제조 기술에 경탄했습니다. 이처럼 발해의 미술은 패기 넘치는 고구려 미술을 계승하면서 좀더 부드러워지고, 웅장하면서 건실한 기풍을 나타내고 있습니다.

만주여 안녕 : 발해의 멸망

발해는 선왕이 죽은 뒤 별다른 발전상을 보여 주지 못하고 쇠퇴기에 접어들었습니다. 이 무렵 발해의 서쪽에 거란족이 나라를 세웠습니다(916). 거란족 태조가 발해를 공략하여 926년 발해는 멸망하고 말았습니다. 거란족의 침략을 받은 지 보름 만이었습니다.

이렇게 쉽게 발해가 무너진 것은 내부의 권력 다툼 때문이었다고 합니다. 내부의 종족 갈등으로 인해 단결된 힘을 모으는

거란족

5세기 이후부터 내몽골의 황수이강(潢水:시라무룬강) 유역에 등장하여 유목 생활을 하던 민족. 10세기에 야율아보기(耶律阿保機)가 여러 부족을 통일하고 요하 유역에 나라를 세워 정복 왕조 요(遼)로 발전한다.

데 실패했던 것이죠. 이로써 대조영으로부터 시작된 발해는 230여 년 만에 역사의 무대에서 모습을 감추었습니다. 발해의 영토였던 만주와 연해주는 잊혀진 땅이 되기 시작했지요.

발해가 망한 뒤 유민들이 여러 지역에서 부흥 운동을 꾀했습니다. 발해 유민이 세운 나라로 정안국이 있었습니다. 정안국은 일찍이 고구려가 일어났던 압록강 중류 지역에 근거지를 두었습니다. 정안국은 송과 연합하여 거란족에 대항했지만, 거란은 송과 맞서면서 그 배후에 있는 정안국을 공격하여 멸망시켰습니다.

발해에는 이처럼 거란족에 대항하는 세력이 있는 반면, 고려에 망명하는 무리도 있었습니다. 왕자 대광현이 대표적인 예입니다. 그 밖에도 고구려 계통의 지배층 수만 명이 30여 차례에 걸쳐 고려로 들어왔습니다. 그래서 한국사의 한 부분을 담당하는 사람들로 이어지게 됩니다.

저장하기 : 발해사

- 발해는 고구려의 전통을 계승하여, 통일 신라와 더불어서 남북국을 이루었습니다.
- 발해는 고구려의 유민들이 건설한 국가였으므로, 지배층은 고구려계 사람들로 구성되었습니다.
- 8세기 이후 발해는 당과 친선 관계를 맺고 일본과 통교했으며, 신라와는 때때로 사신을 교환했습니다.

고대의 중앙 정치기구

	고구려	백 제	신 라	통일 신라	발 해
관 등	10여 관등	16관등	17관등	17관등	
수 상	대대로	상좌평	상대등	시중→상대등	대내상
귀족회의	제가회의	정사암회의	화백회의	화백회의	정당성

고대의 행정 조직

	고구려	백 제	신 라	통일 신라	발 해
수 도	5부	5부	6부	6부	
지 방	5부	5방	5주	9주	15부
특수 행정구역	3경	22담로	2소경	5소경	5경

중세 사회의 발전

건원중보

후백제

삼국유사

청동 은입사 포류 수금포늬 정병

후고구려

강화산성

경천사 10층 석탑

고 려

10세기 초에 이르러 고대 사회는 중세 사회로 전환되었습니다. 이 때 고려는 호족 세력을 통합하고 유교 정치 사상에 의한 중앙집권화 정책을 추진하였습니다. 그 결과 지방 세력들이 중앙 정치에 참여하여 관료가 되었습니다. 더불어 문벌 중심의 귀족 사회가 만들어졌습니다.

그 뒤 안으로는 보수적인 문벌 귀족이 정권을 독점하고, 밖으로는 북방 민족의 침략을 받게 됩니다. 그러면서 집권층 내부에서는 분열이 일어나고 사회는 혼란해졌습니다. 이자겸의 난, 묘청의 서경 천도 운동, 무신정변과 같은 사건이 잇달아 일어났던 것입니다. 이러한 사회의 동요가 미처 수습되기도 전에 고려는 몽고의 침입을 받게 되고, 40여 년 동안의 끈질긴 투쟁에도 불구하고 결국 고려는 몽고의 간섭을 받게 되었습니다. 이 때부터 친원파를 중심으로 한 권문세족이 힘을 얻게 되었습니다.

고려 말에는 권문세족에 대항하는 신진 사대부 세력이 등장하였습니다. 신진 사대부 세력은 현실의 모순을 극복하고자 노력했고, 마침내 이들은 신흥 무장 출신인 이성계와 손 잡고 새로운 사회 개혁을 추진하였습니다.

후백제 900~936

후백제의 왕
1. 견훤(900~935)
2. 신검(935~936)

1 의자왕의 원수를 갚으리라

백제를 꿈꾸며 : 후백제의 건국

견훤은 경상도 상주 지역 출신이었습니다. 그의 아버지는 농업으로 크게 성공하여 집안을 일으켰습니다. 또한 스스로를 장군이라고 부르며 지방에서 세력을 키웠습니다. 견훤의 아버지는 호족이었지만 견훤이 호족으로 출세한 것은 아닙니다. 견훤는 경주에 가서 중앙 군인이 되었습니다. 견훤은 신라 서남 지역 방위군의 장군이 되어 서남해 방위를 맡아보았습니다.

견훤이 서남해에서 국방을 담당했던 시기는 신라 말 진성여왕 시기였습니다. 정치는 부패하고, 진골 귀족들은 불법적으로 땅을 넓혀가고 있었습니다. 이에 농민들의 생활은 점점 어려워졌고, 땅마저 빼앗긴 농민들은 여기저기 떠돌게 되었습니다. 부패한 정부에 대한 농민들의 불만은 쌓여갔습니다. 마침내 여러 곳에서 농민들이 들고 일어났습니다. 농민 봉기를 배경으로

견훤 출생신화

옛날 광주(光州) 북촌에 한 부자가 살았는데 그에게 아름다운 딸이 하나 있었다. 딸이 아버지에게 아뢰기를 밤마다 자색 옷을 입은 남자가 침실에 와서 자고 간다고 하자, 아버지가 그 남자의 옷에 실을 꿴 바늘을 꽂아 두라고 일러서 그 딸이 아버지 말대로 했다. 날이 밝은 뒤 북쪽 담 밑에서 실 끄트머리가 발견되었는데, 바늘은 큰 지렁이의 허리에 꽂혀 있었다. 얼마 후 그녀에게 태기가 있었고 후에 아들을 낳았는데, 그가 견훤이다. 견훤은 한 여인과 지렁이 사이에서 태어났다. 15세가 되자 스스로 견훤이라 이름하고 900년에 후백제를 건국, 완산주(현 전주)에 도읍을 정했다.

지방에서는 호족들이 성장하여 스스로를 성주나 장군으로 불렀습니다. 호족들은 중앙 정부의 통제에서 벗어나 독립적인 세력을 이루어나갔습니다.

신라 말의 혼란이 견훤에게는 기회가 되었습니다. 견훤은 자신이 거느린 군대를 기반으로 전라도의 호족 세력과 손잡고 새로운 정권을 수립했습니다. 서남해에서 출발하여 무진주(광주)에 이르자 호응하는 사람이 많아졌습니다. 한 달 사이에 무리가 5,000명에 달했지요. 견훤은 계속 북쪽으로 올라가 완산주(전주)에 이르렀습니다.

견훤은 짧은 시간 안에 민심을 얻은 것을 기뻐했습니다. "내가 삼국의 시초를 근본부터 살펴보았는데 마한이 먼저 일어났소. 그 후에 혁거세가 일어났소. 백제는 금마산에 나라를 세워 600년을 내려왔는데, 신라가 당나라 군사와 합세하여 백제를 멸망시켰소. 그러니 이제 내가 완산주에 수도를 세워 의자왕의 원수를 갚으려 하오." 드디어 견훤은 후백제를 세우고(900), 자신이 후백제 왕이라고 선언했습니다. 이리하여 백제가 다시 후백제로 부활하게 됩니다.

견훤은 원래 백제 지역 출신의 인물이 아니었습니다. 그의 고향은 경상도 상주였기 때문에 만약 전라도 지역 호족들이 호응하지 않았다면 견훤은 성공하지 못했을 것입니다. 신라에 대한 농민들의 불만이 없었다면 새로운 나라를 세우기 어려웠을 것입니다. 견훤은 자신을 지지하는 사람들이 옛 백제 땅에 산다는 사실에 관심을 기울였습니다. 견훤은 그곳의 호족과 농민의 마음을 읽은 것입니다. 그래서 백제의 부활을 외쳤던 것입니다.

견훤, 신라의 왕을 바꾸다 : 후백제의 발전

후백제는 전라도와 충청도의 대부분 지역을 차지했습니다. 군인 세력이 배경이었기 때문에 무력으로 영토를 확장하는 데 힘썼습니다.

그리고 전라도·충청도 일대의 호족들과 연합하여 세력을 키워나갔습니다. 혼인 정책으로 호족의 딸을 왕비로 맞았으며, 신라의 정치에 비판적이었던 6두품 출신 유학자를 등용했습니다. 당에서 과거에 급제한 최승우가 견훤을 도왔지요.

후백제는 관직을 설치하고 남중국의 후당·오월, 일본과 통교하며 반듯한 국가 체제를 갖추어나갔습니다.

견훤은 신라를 원수처럼 여겼습니다. 의자왕의 원한을 씻겠다면서 반신라 정책을 내세워 여러 차례 신라를 침공했습니다. 927년에는 신라의 도읍 경주까지 침입했습니다. 견훤은 경애왕(924~927)을 죽이고 대신 왕의 친척인 김부를 왕으로 삼았습니다. 그가 바로 신라의 마지막 왕인 경순왕입니다. 신라의 마지막 왕은 견훤이 선택했던 것입니다.

또한 견훤은 경애왕의 동생과 신라의 재상을 비롯하여 여러 기술자들을 잡아갔으며, 신라 궁궐에 있던 진기한 보물과 무기도 가져갔습니다. 만일 궁예나 왕건이 없었다면

속리산 국립공원 내에 위치한 이 산성은 신라 경순왕과 견훤이 전투를 했다고 전해지나 기록을 찾을 수 없고, 백제 무녕왕 12년 고구려군이 이 성을 쳐서 빼앗고 지금의 예천군 용궁까지 진격했다고 전한다《삼국사기》).
▼ 견훤산성

견훤은 벌써 신라를 타도했을 것입니다.

아들에게 쫓겨난 아버지 : 후백제의 멸망

강력한 군사력을 앞세워 영토를 넓히던 견훤이 어느 날 갑자기 쫓겨나고 맙니다. 왕위 계승을 둘러싸고 내분이 일어난 것입니다.

호족들과 손잡으면서 혼인 정책을 추진했기 때문에 견훤에게는 여러 명의 부인이 있었습니다. 무진주에 입성한 직후에는 무진주 지역 호족의 딸과 혼인했고, 나중에 도읍으로 정한 완산주에서도 그곳 호족의 딸을 왕비로 맞았습니다. 자연히 왕자도 여러 명이었습니다. 그 결과 견훤 이후의 왕위를 놓고 다툼이 벌어졌습니다.

견훤은 넷째 아들인 금강을 총애하여 후계자로 삼으려 했지만 금강 위의 세 형들은 불만을 품게 됩니다. 특히 첫째 아들인 신검의 불만이 가장 컸습니다. 위의 세 형제인 신검, 양검, 용검과 넷째 금강은 서로 어머니가 달랐습니다. 드디어 신검이 정변을 일으켰습니다. 신검은 아버지 견훤을 폐위하여 금산사에 가두었습니다. 그리고 아우 금강을 죽였습니다. 그런 뒤 신검 자신이 후백제의 두 번째 왕으로 등극한 것입니다.

견훤왕릉(충남 논산) ▼

견훤은 3개월 동안 금산사에 갇혀 있었습니다. 그러던 중, 몰래 빠져나와 고려에 항복했습니다. 얼마 전까지 적군이었던 왕건에게 도움을 청하자 왕건은 견훤을 기쁘게 받아들이고, 아버지라 부르며 극진히 대접했습니다. 고려에서는 후백제를 공격하기 위해 10만여 명의 병사를 조직합니다. 견훤이 왕건을 도와 자신이 세운 나라를 공격하게 되자 후백제의 왕 신검은 아버지 견훤와 대결하게 되었습니다.

후백제 군사와 고려 군사가 맞서 싸웠으나, 막강한 고려의 군대에 패배하여 후백제군이 퇴각했습니다. 고려의 군대는 황산(논산)까지 진격했고, 신검은 항복하고 맙니다. 결국 후백제가 멸망하게 되었습니다(936). 이로써 후삼국 시대도 막을 내리게 됩니다.

저장하기 : 후백제사

• 견훤은 서남 지역 방위군의 장군 출신으로 자신이 거느린 군대와 전라도 지역의 호족 세력을 토대로 후백제를 건국하였습니다.
• 견훤은 신라에 침입하여 경애왕을 살해하고 경순왕을 세웠습니다.

후고구려 901~918

후고구려의 왕

• 궁예(901~918)

1 후고구려, 마진, 태봉을 거쳐 고려로

신라 왕자에서 고구려 왕으로 : 후고구려의 건국

궁예는 신라의 왕족 출신으로, 신라 헌안왕 혹은 경문왕의 아들이었다고 합니다. 왕자였지만 그는 궁궐에서 쫓겨났습니다. "이 아이는 이상하게도 태어나면서부터 이빨이 났습니다. 장차 국가에 이롭지 못할 것입니다. 기르지 마시옵소서." 신하의 말을 들은 왕은 궁예를 죽이라고 명령했습니다. 누각 마루 아래로 떨어뜨려 어린아이를 죽이려 했지만 유모가 몰래 구해서 길렀습니다. 그때 한쪽 눈이 찔려 상처를 입은 궁예는 외눈박이가 되었습니다.

궁예는 왕실의 정권 다툼으로 인해 희생되었던 듯합니다. 어머니가 후궁이었기 때문에 그는 왕자이기는 했지만 서자였습니다. 서자인 그는 왕위 계승을 둘러싼 싸움으로 왕실에서 쫓겨났을 것입니다.

궁예는 나중에 자신의 신분을 알게 되었고, 출생의 비밀을 안은 채 출가했습니다. 그러나 승려 생활은 오래 계속되지 못했습니다. 세상일에 관심이 많아 신라 말 사회가 혼란해진 사이에 궁예는 절을 떠났습니다.

출가(出家)
불교의 도를 따르기 위해 속세를 떠나는 것

궁예는 먼저 죽주의 산적인 기훤의 부하가 되었다가 나중에는 북원(강원도 원주)의 양길을 찾아갔습니다. 양길의 밑에서 부장으로 있으면서 명주(강릉)를 점령한 뒤 서쪽으로 진출하여 강원도와 경기도 일대를 차지했습니다. 그의 세력은 예성강 서쪽의 황해도 지역까지 미쳤습니다. 점차 궁예를 따르는 무리가 늘어나 많은 군사를 모으는 데 성공하자, 궁예는 양길을 타도합니다. 그리고 나라를 세웠습니다(901). 나라 이름을 후고구려라 하고 송악을 도읍으로 삼았습니다.

궁예는 처음 나라를 세우면서 신라에 대한 적개심을 드러냈습니다. "예전에 신라가 당나라의 도움을 받아 고구려를 쳐부쉈지. 그때부터 평양의 옛 도읍은 황폐해져 무성한 풀밭이 됐어. 내 반드시 그 원수를 갚을 것이야."

일찍이 궁예는 남쪽 지방을 순행하다가 부석사에서 신라 왕의 초상이 그려진 벽화를 보게 되었습니다. 궁예는 그 자리에서 곧 칼을 들어 초상화를 내리쳤습니다. 궁예는 어렸을 때 신라 왕실에게 버림받은 것을 원망하고 있었고, 옛 고구려 지역 백성들은 이러한 궁예의 반신라 정책을 반겼습니다. 백성들의 마음이 신라를 떠난 지 오래였습니다.

커다란 동방의 나라 : 영토의 확장

궁예가 나라를 세우고 오래지 않아 왕건 부자가 항복했습니다. 왕건 가문은 송악 호족이었는데 송악에 궁예가 후고구려를 세우자 그의 신하가 된 것입니다.

궁예는 한강 유역을 차지하고 조령(문경새재)을 넘어 상주 일대까지 세력을 넓혔습니다. 이리하여 후백제의 견훤보다 먼저 신라로 나아갈 수 있는 발판을 마련했습니다. 궁예는 죽령 이남에 있는 영주 일대를 차지하여 옛 신라 땅의 절반 이상을 차지합니다.

궁예는 영토를 넓히고 국가 기반을 확충하자, 나라 이름을 마진으로 고쳤습니다(904). 마진은 대동방국이란 뜻입니다. 그리고 도읍을 송악에서 철원으로 옮겼습니다. 궁예는 나라 정치를 모두 책임지는 광평성을 설치했습니다. 광평성의 장관은 시중으로 최고의 관직 자리였습니다. 나중에 궁예의 부하가 되었던 왕건이 시중 자리에 오르기도 했습니다.

병부 · 대룡부 · 수춘부 등의 여러 관부를 정비했고, 정광을 비롯한 9관등을 설정하면서 당당한 국가의 면모를 갖추었습니다. 그런데 철원은 백성이 부족했습니다. 궁예는 청주에서 민

마진(摩震) ▶

904년 궁예가 후고구려에서 바꾼 나라 이름. '마하진단(摩訶震旦)'을 줄인 말인데, 마하는 크다는 뜻이고 진단은 동방을 가리킨다. 즉 커다란 동방의 나라라는 의미이다.

후고구려의 국호 변경

국 호	후고구려	마진		태봉	
도 읍	송악	송악	철원	철원	철원
연 호		무태	성책	수덕만세	정개

가 1,000호를 이곳으로 이주시켰습니다. 그리고 청주 세력을 정권의 핵심 지지 세력으로 삼았습니다. 그 뒤 다시 국호를 태봉으로 바꾸었습니다. 태봉은 영토를 더욱 넓히면서 통일 전쟁을 수행해 나갔습니다.

나는 미륵이다 : 전제 정치와 멸망

궁예는 새로운 사회를 건설하는 데 필요한 정치적인 기반이 미약했습니다. 그래서 청주 사람들을 이주시키기도 했지요. 궁예는 신라 왕실 출신이었기 때문에 호족의 지원을 받는 데는 한계가 있었습니다. 이러한 한계를 궁예는 종교를 통해 극복하려 했습니다.

궁예는 스스로를 미륵불이라 칭했습니다. 미륵불은 미래의 부처를 말합니다. 미륵불이 이 세상에 나타나면 이상 사회가 실현됩니다. 궁예는 머리에는 금빛 모자를 쓰고 승복을 입고 다녔습니다. 세상을 구할 미륵불의 모습이었죠. 아들은 청광보살, 신광보살이라 불렀습니다. 태봉은 미륵의 나라가 되었습니다.

궁예는 자신이 다른 사람의 마음을 볼 수 있다고 말했습니다. "나는 신통력으로 사람의 마음을 들여다본다." 이것이 미륵 관심법이었습니다.

궁예는 관심법을 이용하여 정치적인 반대파를 제거했습니다. 많은 호족 출신의 관료와 장군들을 살해하여 점차 독재권을 강화했습니다. 나중에는 왕비와 왕자까지 희생되었습니다. 왕비 강씨가 궁예의 잘못된 정치를 지적하자 궁예는 왕비가 다른 사람과 간통을 했다고 몰아세웠습니다. 결국 왕비도 관심법의 희생자가 되어 숨을 거두고 말았습니다.

궁예의 의심은 시간이 갈수록 더해졌습니다. 그만큼 희생당하는 관료나 장군의 숫자도 늘었지요. 독재 정치에 반발하는 호족 세력도 많아졌고, 백성들의 원망도 커져만 갔습니다. 부역이 번거롭고 세금도 많았기 때문입니다.

통일 전쟁을 치르면서 궁예는 세금을 올렸습니다. 그런데도 궁예는 왕의 권위를 높이려는 뜻에서 궁궐을 크게 지으려 했습니다. 백성들이 공사에 동원되자 점차 생활은 어려워졌습니다. 전쟁터에 나가고, 공사장에 불려가면서 백성은 농사를 제대로 돌보지 못하게 되었습니다.

918년 6월, 네 사람의 장군이 왕건의 집을 찾습니다. "지금 주상께서는 형벌을 너무 좋아하십니다. 처자식을 죽이고 신하들의 목을 베니 백성들이 불안에 떨고 있습니다. 우리 모두 힘을 모읍시다." 장군들은 왕건을 추대할 생각을 밝히며 독재자 궁예를 몰아내도록 재촉했습니다. 왕건이 머뭇거리자 장군들은 다시 말했습니다. "때는 두 번 오지 않습니다. 하늘이 주신 기회를 저버리면 오히려 벌을 받게 됩니다."

결국 왕건과 네 명의 장군이 정변을 일으켰습니다. 여기저기서 울려 퍼지는 함성과 함께 백성들이 궁성문 앞에 모여들었습니다. 독재자 궁예를 내몰자는 데 뜻을 함께 한 것입니다. 궁예는 어찌할 바를 몰랐습니다. 궁궐을 빠져나와 간신히 목숨만 건질 수 있었습니다. 산속으로 도망친 궁예는 배고픔을 참지 못해 몰래 남의 보리이삭을 훔쳐먹다 백성에게 살해되었습니다. 백성을 궁지에 몰아넣었던 폭군은 백성의 손에 최후를 맞았습니다.

저장하기 : 후고구려사

- 신라 왕족 출신인 궁예는 처음에는 양길의 부하였다가 점차 세력을 키워 후고구려를 건국하였습니다.
- 궁예는 광평성을 국정의 최고 기구로 하는 중앙 관제를 마련했습니다.
- 궁예는 미륵불을 자칭하며 실정을 거듭하다 마침내 신하들에 의해 축출되었습니다.

고려의 왕

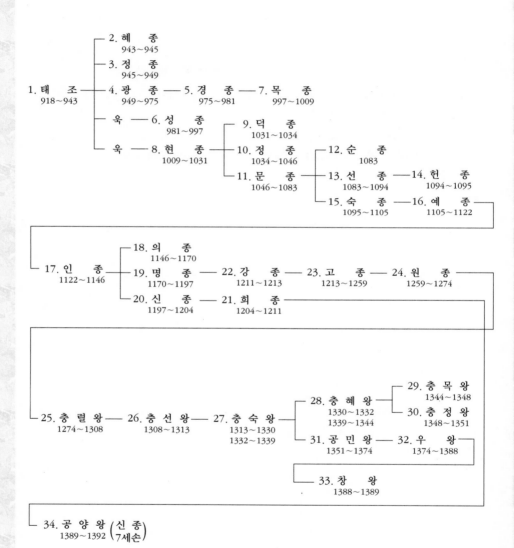

1. 태 조 918~943
  - 2. 혜 종 943~945
  - 3. 정 종 945~949
  - 4. 광 종 949~975 ── 5. 경 종 975~981 ── 7. 목 종 997~1009
  - 욱 ── 6. 성 종 981~997
  - 욱 ── 8. 현 종 1009~1031
    - 9. 덕 종 1031~1034
    - 10. 정 종 1034~1046
    - 11. 문 종 1046~1083
      - 12. 순 종 1083
      - 13. 선 종 1083~1094 ── 14. 헌 종 1094~1095
      - 15. 숙 종 1095~1105 ── 16. 예 종 1105~1122

17. 인 종 1122~1146
  - 18. 의 종 1146~1170
  - 19. 명 종 1170~1197 ── 22. 강 종 1211~1213 ── 23. 고 종 1213~1259 ── 24. 원 종 1259~1274
  - 20. 신 종 1197~1204 ── 21. 희 종 1204~1211

25. 충 렬 왕 1274~1308 ── 26. 충 선 왕 1308~1313 ── 27. 충 숙 왕 1313~1330 1332~1339
  - 28. 충 혜 왕 1330~1332 1339~1344
    - 29. 충 목 왕 1344~1348
    - 30. 충 정 왕 1348~1351
  - 31. 공 민 왕 1351~1374 ── 32. 우 왕 1374~1388
  - 33. 창 왕 1388~1389

34. 공 양 왕 1389~1392 (신 종 7세손)

고려 918~1392

1 나라 세우고 통일 이루고
• 고려의 건국과 후삼국 통일

정변 성공, 독재 타도 : 고려의 건국

고려를 세우고 후삼국 시대의 분열을 마감한 사람이 태조 왕건이었습니다. 왕건은 송악 지방의 호족 가문 출신이었습니다. 송악(개성) 지방은 예성강을 끼고 있어 문물 교류의 중심지였습니다. 왕건의 집안은 신라 말 해상 세력으로 힘을 모았습니다. 왕건의 조상 이야기에는 유달리 바다와 관계된 내용이 많습니다.

왕건의 할아버지는 중국으로 향하는 배를 탔다가 서해 용왕을 괴롭히는 늙은 여우를 잡았습니다. 용왕의 답례로 왕건의 할아버지는 용왕의 딸인 용녀와 혼인하게 되었습니다. 왕건의 할아버지가 중국에 간 것은 해상 무역을 하기 위해서였습니다. 그러므로 여기서 용왕은 당시 서해에서 이름을 떨치던 세력가

를 뜻합니다. 해상 세력과 손잡고 왕건 가문은 세력을 키워나
가기 시작합니다.

궁예가 후고구려를 세워 그 세력이 송악까지 미치게 되었습
니다. 왕건의 아버지는 아들을 데리고 궁예에게 투항했고 왕건
은 궁예의 신하로 성장했습니다. 왕건은 한강 유역을 점령하는
등 후고구려의 영토를 넓히는 데 많은 공을 세웠습니다. 특히
수군을 이끌고 빛나는 공훈을 세웠습니다. 궁예의 명령을 받아
서남 해안의 중심지인 나주 지방을 점령하여 후백제를 견제하
는 데 성공했습니다. 이처럼 큰 공을 세운 결과 왕건은 시중의
자리에까지 오를 수 있었습니다. 그러면서 점차 후고구려의 정
치적 실력자로 성장하게 됩니다.

궁예는 집권 후반기에 스스로를 미륵불이라 칭하며 미륵 관
심법을 내세워 많은 사람을 탄압했습니다. 어느 날 궁예는 왕
건을 추궁합니다. "경이 어젯밤에 여러 사람을 모아 반역을 꾀
한 것은 무슨 까닭인고?" 왕건은 "신이 사실 반역을 꾀하였습
니다. 저는 죽어 마땅하옵니다."라며 머리를 조아렸습니다. 이
런 경우에 대부분의 사람들은 그런 일이 없다고 부정하기에 바
빴을 것입니다. 그런데 뜻밖에도 왕건이 자신의 잘못을 인정하
자 궁예는 웃었습니다. 자신이 남의 마음을 꿰뚫어본다는 것이
여러 신하들 앞에서 증명된 셈이었기 때문입니다. "경은 매우
정직하도다." 이 말로 왕건은 죽을 고비를 간신히 넘기게 됩니
다. 하지만 목숨을 잃을까 두려워하는 신하들은 점점 늘어갔
고, 궁예의 잘못된 정치에 불만만 쌓여갔습니다.

드디어 마군 장군 홍유·배현경·신숭겸·복지겸 등이 궁예를 내몰기로 뜻을 같이했습니다. 네 명의 장군은 지도자로 왕건을 내세웠습니다. 왕건은 호족적인 기반을 갖추었고 새로운 사회를 건설할 수 있는 경륜과 철학이 있었습니다. 이들이 궁예를 내몰고 정변을 일으켰습니다. "왕건이 의기를 들었다." 여기저기서 백성들이 뛰쳐나와 궁성문 앞에 모였습니다. 백성들은 만세를 부르며 왕건을 환영했습니다. 백성의 물결에 놀란 궁예는 궁궐을 빠져나와 도망쳤습니다. 이로써 궁예의 전제 정치는 막을 내렸습니다.

왕건은 918년 새로운 나라를 세웠습니다. 나라 이름은 '고려'라 했습니다. 고구려를 계승한다는 뜻이죠. 이 점은 궁예의 '후고구려'와 다르지 않았습니다. 그리고 도읍을 송악(개경)으로 옮겼습니다. 송악은 왕건의 고향이며 자신의 세력 근거지이기도 했습니다. 국가의 자주성을 강조하기 위해 '천수'라는 연호를 사용하였고, 그 뒤 국가 기반을 확고하게 하고자 민심을 수습하는 데 힘썼습니다.

백성의 마음을 사로잡다 : 민심 수습 정책

태조 왕건은 백성의 생활을 안정시켜 생업에 힘쓰도록 했습니다. 왕위에 오른 뒤 발표한 성명서의 내용입니다.

궁예는 자신의 욕심을 채우려고 오직 거두어들이기만 했다. 일경의 토지에 세금을 여섯 석이나 받았다. 오늘부터는 두 석만 내도록 하여라.

연등회(燃燈會)

고려 시대에 성행한 불교 행사로 왕궁, 서울, 시골 모두가 불을 밝혀 여러 부처와 천지신명을 우러러 받들고 국가와 왕실의 태평을 기원하던 제전이다. 고려 태조 때부터 매년 정월 보름에 행해지다가 현종 때부터 음력 2월 15일로 변경되고, 공양왕 때에는 음력 4월 8일에 궁중에서 연등회를 열어 많은 승려들에게 공양하였다.

팔관회(八關會)

고려 시대에 국가적으로 행한 의식. 태조의 훈요 10조 제6조에 의해 팔관회의 대상은 천령(天靈 : 하느님)과 용신(龍神 : 산천신령)이었다. 고려의 역대 왕은 모두 이 팔관회를 열었다. 이 날은 등불을 밝히고 술과 다과 등을 베풀며 음악과 가무 등으로 군신이 함께 즐겼고, 천신(天神)을 위무하고 국가와 왕실의 태평을 아울러 기원하였다.

왕건은 '취민유도' 정책을 내세웠습니다. 이것은 백성에게 수취할 때 일정한 법도가 있어야 한다는 뜻입니다. 공신이나 호족들이 백성에게 지나치게 수취하는 횡포를 금지하기 위한 조치였습니다. 태조는 궁예 때에 비해 세금을 1/3로 낮추었고, 백성들은 당연히 이를 환영했습니다.

또한 전쟁 때문에 억울하게 노비가 된 평민을 풀어 주었습니다. 가난하여 자기 몸과 가족을 팔아 노비가 된 사람도 많았습니다. 국가에서 이들의 몸값을 물고 평민으로 돌아갈 수 있게 했습니다.

태조는 백성들 사이에 널리 퍼져 있던 불교와 관습을 존중했습니다. 신라 시대부터 내려오던 연등회와 팔관회를 성대하게 거행했습니다. 연등회는 국가적인 차원에서 개최되는 불교 행사였고, 팔관회는 불교에 민간 신앙이 가미된 행사였습니다. 연등회와 팔관회는 많은 백성들이 참여하여 국가의 안녕과 자신의 소원을 비는 자리였습니다.

또한 풍수지리설을 중요하게 여겼습니다. 풍수지리설은 산세와 수세를 살펴서 도읍·주택·능묘 등을 선정하는 사상이었습니다. 지형과 지세가 개인의 길흉화복을 결정한다고 보는 것이죠. 이 사상은 백성들 사이에서 널리 유행했고, 태조는 백성들의 신앙을 존중했습니다.

태조의 부인은 29명 : 호족 연합 정책

태조는 통일에 필요한 힘을 기르기 위해 많은 지방 세력을 흡수했습니다. 호족에게 적극적인 자세를 취했지요. 사신을 보내서 값진 예물을 내리고 호족을 우대했기 때문에 많은 호족이 고려의 편이 되었습니다. 견훤의 아버지였던 상주 호족 아자개도 고려 태조에게 귀부했습니다.

태조는 호족을 흡수하고 통합하는 방법으로 결혼 정책을 추진했습니다. 때문에 태조의 부인은 아주 많았습니다. 무려 스물아홉 명이나 되었습니다. 첫째 왕후는 정주(貞州) 지방 호족의 딸 유씨였습니다. 두 번째 왕후인 나주 지방 호족의 딸인 오씨, 셋째 왕후인 충주 지방 호족의 딸 류씨 ……

왕건은 이렇듯 전국 여러 지역의 호족들과 혼인 관계를 맺었습니다. 태조에게 딸을 혼인시킨 호족은 국왕의 장인이 되었습니다. 따라서 이들 호족은 사위인 태조를 지지했지요.

때로는 유력한 호족들에게 왕씨 성을 내리기도 했는데, 이를 사성(賜姓) 정책이라 합니다. 태조는 명주(강릉) 호족 김순식에게 왕씨 성을 주었습니다. 이리하여 태조 왕건과 명주 호족 왕순식은 모두 같은 왕씨로 친척이 되었습니다. 이런 방법으로 호족을 가족으로 삼으면서 왕건은 세력을 점차 늘려갔습니다.

지방의 호족이 개경으로 태조를 찾아오면 높은 관직을 주어 관리로 삼았습니다. 호족은 원래 지방에 근거를 가지고 있었기 때문에 출신 지역의 사정에 밝았습니다. 태조는 중앙 관리가 된 호족을 출신 지역의 사심관으로 삼았습니다. 사심관에 처음

사심관(事審官)

고려 시대에 중앙의 고위 관리 가운데 지방에 연고가 있는 사람에게 출신 지역을 다스리도록 임명한 관직 이름. 태조가 고려를 세운 뒤 중앙 공신을 이 관직에 임명하여 지방의 일을 맡아보도록 하였다.

임명된 사람은 신라의 마지막 왕인 경순왕이었습니다. 경순왕이 고려에 항복하자 태조가 경순왕을 경주 사심관으로 임명하여, 경주 지역의 사무에 관여하게 했습니다. 그 후에는 공신이나 중앙 관리들을 사심관으로 임명하여 출신 지역의 일을 맡아보게 했습니다. 호족이 고향의 일을 계속 돌볼 수 있게 하는 이 정책 역시 호족 우대 정책의 하나였습니다.

하지만 사심관이 관할한 지역에서 반란이 일어나는 경우 그 책임은 사심관에게 있었습니다. 즉 치안에 대한 연대 책임이 있었음을 알 수 있습니다. 또한 사심관을 통해 지방을 감시하는 효과도 있었습니다.

호족이 직접 개경으로 올라오지 않고 자제를 개경에 보내기도 했습니다. 이들을 기인이라고 합니다. 이러한 기인 제도는 호족의 자제가 중앙에서 정치적으로 성장할 수 있는 계기가 되었습니다. 하지만 만약 호족이 태조를 배신하면 기인의 목숨은 위태로웠습니다. 기인은 한편으론 중앙의 인질이었습니다. 호족이 고려를 배반할 수 없도록 견제하기 위해 만든 제도였죠.

고구려의 옛 땅을 찾아서 : 북진 정책

태조는 고구려의 옛 땅을 찾기 위해 힘썼습니다. '고려'는 고구려를 줄여서 부른 것으로 고구려의 계승자라는 뜻입니다.

고려는 우선 고구려가 차지했던 북방 영토를 되찾으려 했습니다. 건국 직후부터 평양을 서경이라 하여 중요하게 여겼습니다. 평양은 옛 고구려의 수도이고 개경보다 북서쪽에 위치하기

기인(其人)

고려 시대에 향리의 자제를 선발하여 서울에 올라와 출신 지역의 일을 자문하도록 했는데, 이 때 서울에 올라온 사람을 가리킨다. 태조 때 호족의 아들을 중앙에 보내면 왕은 이들을 인질로 삼아 지방 호족을 견제할 수 있었으며, 한편 기인도 중앙에서 높은 벼슬을 하며 출신 지역에서 권력을 행사할 수 있었다. 신라의 상수리 제도와 비슷하다.

서경(西京)

서쪽의 수도란 뜻으로 평양을 가리킨다.

때문에 고려가 북진 정책을 추구하기에 좋은 위치에 있었지요.

태조는 서경에 관리를 파견하고 군사를 주둔시켰을 뿐만 아니라, 백성들을 이주시켜 정착하도록 했습니다. 그리하여 태조 말년에는 고려의 영토가 신라 때보다 넓어졌습니다. 지도에서 볼 수 있듯이 청천강에서 영흥만에 이르는 고려의 땅이 형성되었습니다.

그런데 고려가 북방으로 나아가는 데 장애가 되는 세력이 있었습니다. 거란족이었지요. 거란은 만리장

태조의 북진 정책

성을 넘어서 세력을 확장했습니다. 그 과정에서 발해를 멸망시키기도 했습니다(태조 9년, 926). 태조는 거란에 강경하게 대응했습니다. 거란에서 사신을 파견하여 낙타 50필을 선물한 일이 있었습니다(942). 이 때 태조는 사신을 귀양보내고 낙타를 굶겨 죽였습니다. 거란이 발해를 멸망시킨 무도한 나라라는 이유에서였습니다.

그러나 고려에 망명한 발해의 유민들은 따뜻하게 맞았습니다. 태조는 고구려, 발해, 고려로 연결되는 계승의식을 가졌던 것입니다. 이러한 태조의 정책은 후대 왕들에게도 계승되었습니다. 태조는 자손들에게 남긴 '훈요 10조'에서도 북진 정책을 이어가도록 당부했습니다. 성종과 현종 때 거란이 침입하자 고려는 당당히 맞서 싸웠습니다. 거란을 물리치고 북방으로 진

출하려는 뜻이 이어졌던 것입니다.

세 나라를 다시 하나로 : 민족의 재통일

태조는 백성의 생활을 안정시키고자 노력했습니다. 조세를 낮추고 억울하게 노비가 된 사람을 풀어 주었습니다. 또한 지방 호족을 흡수하고 통합하는 일에도 힘써 혼인 정책이나 사성 정책으로 호족을 우대했습니다. 이는 모두 통일 역량을 키우는 데 도움이 되는 일이었습니다. 후삼국을 통일하려면 지지 기반을 넓히는 일이 무엇보다 중요했습니다. 지방 호족과 농민이 고려를 지지하느냐, 후백제를 지지하느냐에 따라 통일의 주도권이 변할 수 있었기 때문입니다.

태조는 다른 나라들과 우호 관계를 맺었습니다. 중국 5대의 여러 나라와 외교 관계를 수립함으로써 고려의 국제적인 지위를 높였습니다. 또한 신라에 대해서도 화친 정책을 썼습니다. 이 점이 태봉·후백제와 가장 대조되는 점입니다. 궁예나 견훤은 반신라적 태도를 보였고, 견훤은 신라를 공격하여 경애

고려의 통일 ▼

발해 유민의 입국 934
□ 고려 건국 초의 영토
▨ 태조의 북진 후의 영토
서경(평양)
고 려
고려 건국 918
송악(개성)
철원
동 해
북원(원주)
고려 정도 919
황 해
후백제   신 라
후백제 영토 귀속 936
완산주
(전주)
금성
신라 영토 귀속 935
무진주
(광주)
강주
(진주)
견훤의 항복 935
금성
(나주)
탐라
건국 전 왕건의 점령지

왕을 죽이기까지 했습니다. 이 소식을 들은 태조는 군대를 거느리고 신라를 위해 후백제와 맞서 싸웠습니다. 이러한 친신라 정책은 후삼국을 통일하는 데 큰 힘이 되었습니다.

고려와 후백제는 여러 곳에서 전투를 벌였습니다. 팔공산, 문경, 풍기, 안동 등지에서 치열한 싸움이 이어졌습니다. 후백제는 강력한 군사력을 자랑했습니다. 번번이 고려군이 수세에 몰렸지요. 전투력으로 따지면 후백제가 후삼국을 통일할 만한 유력한 국가로 보였습니다. 그런데 930년에 일어난 안동 전투가 판도를 바꾸어 놓았습니다. 고려군이 후백제를 크게 격파했던 것입니다. 이 전투를 계기로 고려가 통일의 주도권을 쥐게 되었습니다.

한편, 신라는 나날이 영토가 줄었습니다. 국력이 약화된 신라는 더 이상 국가를 유지하기 어려워졌습니다. 경순왕은 신하들과 협의한 끝에 고려에 항복하기로 결정하고 신라의 영토를 태조에게 바쳤습니다(935). 태조는 "지금 경순왕께서 나라를 저에게 주셨습니다. 이보다 더 큰일이 무엇이 있겠습니까. 종실과 결혼하여 사위와 장인의 친분을 맺고자 합니다."라고 했습니다. 태조는 경순왕 백부의 딸과 혼인했습니다. 경순왕은 견훤이 신라 도성을 침공하여 경애왕을 죽이고 왕위에 올렸던 사람입니다. 그러나 경순왕은 견훤을 지지하지 않았습니다. 오히려 고려의 태조를 선택했습니다. 이는 태조의 친신라 정책이 결실을 맺은 결과였습니다. 신라 천 년 역사의 빛나는 전통이 그대로 고려 태조에게 넘어갔습니다.

그 사이 후백제에서는 왕위 계승으로 인한 내분이 일어났습니다. 견훤이 넷째 아들 금강을 후계자로 삼으려 하자 큰아들 신검이 정변을 일으켰습니다. 신검은 견훤을 폐위시키고 금산사에 감금했습니다. 금강을 죽인 뒤, 신검 스스로 후백제의 두 번째 왕에 즉위했지요.

견훤은 금산사에서 몰래 빠져나와 고려 땅인 나주로 도망쳐 망명했습니다. 든든한 협력자를 만난 태조는 이제 신검의 군대와 싸우는 일만 남았습니다.

태조는 후백제 정벌을 위한 군대를 조직하여 경상북도 선산 부근에서 격전을 벌였습니다. 이 전투에서 태조는 후백제 군대를 크게 무찌르고 퇴각하는 군대를 쫓아 후백제의 도읍까지 점령했습니다. 마침내 후백제는 멸망하고, 이로써 고려 태조는 후삼국을 통일하는 위업을 달성합니다. 936년, 태조가 왕위에 오른 지 19년째 되는 해였습니다.

한편, 거란족에 의해 멸망한 발해 사람들이 고려로 몰려왔습니다. 발해의 왕자였던 대광현이 오자 태조는 크게 환대하였습니다. 발해의 관리, 장군, 학자, 승려를 비롯하여 상류 지식층들이 고려의 백성이 되었습니다. 태조는 이들을 적재 적소에 임명하여 후삼국 통일에 기여하도록 했습니다.

태조는 후삼국의 백성뿐만 아니라 발해의 유민까지 끌어안았습니다. 예전에도 우리 민족은 통일을 이룬 적이 있었습니다. 신라가 삼국을 통일했을 때였죠. 그런데 이 때의 통일은 불완전한 것이었습니다. 옛 고구려의 백성이 대부분 포함되지 않았으니까요. 이에 비해 태조는 민족 구성원 모두를 포함하는 통일을 이루었습니다. 진정한 민족의 재통일을 이룩한 것입니다.

신라에서 고려로, 고대에서 중세로 : 중세 사회의 성립

고려의 건국과 후삼국의 통일은 새로운 사회의 출현을 의미합니다. 즉 중세 사회가 성립한 것을 뜻합니다. 후삼국을 통일한 뒤의 고려는 이전까지와 확연히 구별됩니다. 신라에서 고려로의 변화는 단순한 왕조의 교체에 그친 것이 아닙니다. 그 이상의 질적인 차이가 있었습니다. 그래서 신라까지는 고대 사회, 고려는 중세 사회라 구분합니다. 그렇다면 어떤 차이인지 알아볼까요.

첫째는 사회 지배 세력이 대대적으로 바뀌었다는 점입니다. 신라와 지배 세력은 진골 귀족이었으나, 고려에는 호족을 비롯한 새로운 세력이 대두했습니다.

신라의 진골 귀족은 골품제를 중심으로 폐쇄적인 사회 질서를 유지하려 했습니다. 자신들의 특권만을 유지하려는 보수적 체제였다고 할 수 있습니다. 호족은 이런 폐쇄적인 사회 질서를 개혁하는 데 앞장섰습니다. 그리고 골품제를 대신하여 새로운 신분 체제를 만들었습니다.

둘째로 유교 사상에 입각한 새로운 질서를 마련했다는 점입니다. 고려 정치에는 지방에서 성장한 호족과 6두품 계열의 유학자들이 참여했습니다. 이들은 유교적 정치 이념을 정립시켰습니다.

유교는 덕치와 민본적인 왕도 정치를 강조합니다. 백성을 나라의 근본으로 여기고 도덕과 교화의 정치를 주창했습니다. 또한 유교적 윤리를 바탕으로 한 여러 제도를 마련했습니다. 특히 농민의 조세 부담을 가볍게 하는 등 농민의 생활을 안정시키려는 노력이 두드러졌습니다. 유교를 중시하다 보니 교육 제도와 과거 제도가 정비되었습니다. 학교에서는 유교 경전을 가르쳤고, 그 결과 교육 제도가 발달했습니다.

셋째, 문화의 폭이 넓어지고 질이 향상되었습니다. 그리하여 새로운 중세 문화가 성립하게 되었습니다. 고려의 문화는 통일 신라의 혈족적인 관념과 종교의 제약에서 벗어났습니다.

신라에서는 문화를 만들고 누리는 주체가 귀족에 한정되어 있었습니다. 귀족이 돈을 내서 탑을 만들고 절을 짓고 책을 썼습니다. 이에 반해 고려에서는 중앙의 귀족과 더불어 지방의 호족, 향리도 문화의 주인공이 되었습니다. 이들이 불상을 만들고, 모임을 꾸려 지방 문화를 발전시켰습니다. 또한 종교와 사상에서도 다양성이 나타났지요. 고려에서는 유교와 불교가 모두 발달했습니다. 중국의 송 · 원 뿐만 아니라 서역 문화와의 교류도 활발해서 독특한 개성을 가진 문화를 창조하기도 했습니다.

넷째, 고려 시대에는 민족의식이 국가를 이끌어나갔습니다. 고려 시대 사람들은 고대 사회의 모순을 극복하고 민족의 재통일을 이루었습니다. 이러한 역사적 경험은 자신감을 가지게 했습니다. 이러한 자신감을 바탕으로 강력한 민족의식이 형성되었고, 그 결과 북진 정책을 추진하게 되었습니다. 강인한 민족 의식으로 똘똘 뭉친 고려는 거란·몽고 등 북방 민족에 대항해서 당당히 싸울 수 있었던 것입니다.

고려가 나라를 세우고, 후삼국을 통일하는 데는 외세의 도움이 전혀 없었습니다. 오직 자주적인 힘으로 이룬 것이죠. 왕조만 바뀐 것이 아니라, 그 이상의 큰 의미가 있었던 것입니다.

태조, 유언을 남기다 : 훈요 10조

태조는 새로운 나라를 세우고 민족을 재통일했습니다. 건국 초부터 국가의 기반을 확립하기 위해 끊임없이 노력했습니다. 그렇지만 후삼국을 통일한 뒤에도 강력한 호족 세력으로 인해 왕권은 불안정했습니다. 태조는《정계》1권과《계백료서》8권을 지어 관리들에게 지키도록 했습니다. 왕권을 지키려는 뜻에서였지요. 또한 왕위를 넘겨받을 후손에게 '훈요 10조'를 남겼습니다.

훈요 10조의 제1조와 제6조에서 불교를 숭상하도록 하여 국가 행사로서 연등회와 팔관회를 성대하게 거행하게 했습니다. 제2조와 제5조에서는 풍수지리설을 존중하도록 강조했습니다. 명당이 아니면 함부로 사찰을 짓지 못하도록 하고, 서경(평양)을 중시하도록 했습니다. 차령산맥 이남에 사는 옛 후백제 지역 사람을 등용하지 못하도록 했습니다. 제4조에서는 전통 문화를 지키고 거란의 풍습을 본받지 말라고 일렀습니다. 이러한 뜻이 후대 왕에게 계승되기를 바라는 태조의 유언이었습니다.

간언(諫言)
신하가 임금에게 하는 충고

참소(讒訴)
남을 헐뜯어서 잘못이나 죄를 있는 듯이 꾸며 고해 바치는 일

훈요 10조

1. 우리 나라는 부처의 힘을 바탕으로 하는 까닭으로 사원을 짓고 승려를 파견하여 불도를 닦도록 하여라.
2. 도선이 선정한 곳 이외에 함부로 사원을 짓는 것을 경계하여라.
3. 적자에게 왕위를 계승시키는 것이 상례이지만 맏아들이 착하지 못할 경우에는 신망이 있는 아들에게 왕위를 계승시키도록 하여라.
4. 당나라의 풍습에 억지로 맞출 필요는 없고 거란의 풍습은 아예 본받지 말아라.
5. 서경(西京)은 우리 나라 지맥의 근본이니 국왕은 100일 이상 서경에 체류함으로써 왕실의 안녕을 도모하라.
6. 연등회와 팔관회를 지금과 같이 시행하여라.
7. 간언을 따르고 참소를 멀리하며, 농업을 장려하고 부역과 세금을 가볍게 하여 인민의 신망을 얻도록 노력하여라.
8. 차령 이남 금강 바깥의 사람은 등용하지 말아라.
9. 신료들의 녹봉은 현재의 것을 증감하지 말고, 평화시에도 군대를 양성하는 데 힘써라.
10. 경사를 널리 읽어서 옛날을 거울삼아 현재를 경계하여라.

2 귀족적 통치기구 · 정치 구조의 정비

호족은 강한데, 왕권은 약하니 : 왕위 계승전

　태조가 죽은 뒤 왕위 계승을 둘러싸고 혼란이 계속되었습니다. 태조는 여러 호족의 딸과 정략적 혼인을 했기 때문에 29명의 왕후와 후비가 있었습니다. 그 결과 호족은 외척으로 정치에 영향력을 행사했고, 자기 집안 출신의 왕자가 왕위를 계승하기를 바랐습니다. 왕자는 25명이나 되었고 그들 사이에서의 왕위 다툼이 치열했습니다. 태조에 뒤이어 왕위에 오른 사람은 혜종, 정종, 광종으로 모두 태조의 왕자였습니다. 호족 출신의 외척들이 서로 얽혀서 정변이 일어나기도 했습니다.

제2대 혜종(943~945)은 태조의 장남이었습니다. 일찍이 태자로 책봉되어 태조를 이었습니다. 그런데 혜종의 외가는 세력이 미약하여 그를 후원하는 세력이 강력하지 못했습니다. 혜종이 어려움을 겪는 사이 왕규의 난이 일어났습니다.

왕규는 광주(廣州) 지방의 호족이었습니다. 자신의 딸을 바쳐 태조의 비로 삼고, 그 사이에서 '광주원군'이 태어났습니다. 왕규는 외손자 광주원군을 왕위에 앉히려 했습니다. 왕규는 혜종에게도 딸을 바쳐 이중으로 외척이 되었습니다. 왕규는 사위인 혜종을 내몰고 광주원군을 왕위에 올리려 했지만 실패로 끝났습니다. 호족 세력이 강하고 왕권이 미약해서 일어난 사건이었습니다.

뒤이은 정종(945~949)은 혜종의 이복동생이었습니다. 정종은 서경을 지키던 왕식렴 장군과 손잡고 있었습니다. 정종은 서경으로 도읍을 옮기려 했으나 공신과 외척 세력이 반발하여 결국 천도에 실패했습니다. 정종은 왕식렴이 먼저 죽자 시름시름 앓기 시작하더니 오래지 않아 운명했습니다.

혜종과 정종은 왕위에 오른 지 2~4년 만에 갑자기 세상을 떴습니다. 왕의 자리가 매우 불안했음을 엿볼 수 있습니다.

정종의 동생이었던 광종(949~975)은 왕권을 강화하려는 굳은 의지를 보였습니다. 처음에는 온건한 방법으로 지지 기반을 확대했으나 점차 개혁 정치를 추구하면서 반대파를 억눌렀습니다.

광종은 개혁 정치에 필요한 경제적 기반을 다지기 위해 주현의 공부법이라는 조세 제도를 마련했습니다. 이는 지방의 주현에서 올라오는 토산물을 납부하는 법규였습니다. 국가를 운영하는 데 필요한 물질적인 기반을 튼튼히 하기 위한 노력에서 비롯한 일이었습니다.

또한 광종은 노비 안검법을 실시했습니다(956). 신라 말부터 원래는 평민이었는데 노비가 된 사람이 늘었습니다. 후삼국 시대의 혼란을 틈타 세력가들이 부당하게 노비로 만든 사람들입니다. 혹은 너무 가난해서 자신의 몸을 부잣집에 파는 경우도 있었습니다. 일찍이 태조는 전쟁 중 억울하게 노비가 된 사람을 풀어 주었습니다. 광종 시대에 다시 노비 조사를 실시하여 억울한 사정으로 노비가 된 사람을 찾아 해방시켜 평민으로 되돌려 놓았습니다.

노비를 많이 소유한 사람들은 호족이었습니다. 이들은 노비를 부려 많은 토지를 경작할 수 있었고, 또 노비를 훈련시켜 자신의 사병으로 부리기도 했습니다. 노비가 많은 호족은 경제적으로나 군사적으로 큰 힘을 가질 수 있었지만, 반면 국가는 경제적으로 손해를 보게 됩니다. 노비는 주인의 재산이기 때문

주현 공부법(州縣貢賦法)

지방의 주현에서 바치는 공물의 액수를 정한 법. 지방마다 일정한 양의 특산물을 바치도록 한 제도이다.

에 주인에게 복종하고 주인의 명령에만 따르면 되고 국가에 세금을 낼 의무도 없었습니다. 병사로서 나라를 위해 싸우지도 않았습니다.

광종이 많은 노비를 조사하여 풀어 주자 그 결과 노비를 많이 가진 호족 세력이 약해졌습니다. 호족은 경제적 · 군사적으로 힘을 잃게 되었습니다. 반대로 국가는 세금을 징수할 수 있는 평민의 숫자를 늘릴 수 있게 되었습니다.

또한 이 때에 과거 제도가 처음으로 실시되었습니다. 중국 후주 사람인 쌍기가 건의한 내용을 따른 것입니다. 과거는 유교적인 실력을 시험하는 제도였습니다. 과거를 통해 능력 있고 충성스러운 관리를 왕이 직접 뽑을 수 있었습니다. 광종 이전까지는 고려를 건국하고 후삼국을 통일하는 데 기여한 호족들이 주요 관직에 임명되었습니다.

그러나 호족의 세력이 커질수록 국왕은 자신의 개혁 정치를 추진하기 어려웠습니다. 이들은 자신들이 가진 기득권을 지키기 위해 개혁에 반대했기 때문에 왕은 이제 자신을 도와 나라를 안정되게 운영할 새로운 관리가 필요하게 되었습니다. 광종은 호족을 누를 새로운 세력으로 유교적 학식을 가진 관리를 선택했습니다. 더불어 관료 사회의 위계 질서를 엄격히 하기 위해 공복 제도를 실시했습니다.

마침내 광종은 호족 세력을 숙청하고 개혁 정치를 성공으로 이끌었습니다. 광종은 자신을 황제라 칭하고 독자적인 연호를 만들어 썼습니다. 황제는 본래 중국의 통치자를 일컫는 말이었

● 과거 시험의 종류
• 제술과 : 문학적 소양이나 정책에 관한 의견 논술
• 명경과 : 유교 경전의 해석
• 잡과 : 천문 · 지리 · 통역 · 의학
• 무과 : 없었음

는데 광종이 자신을 황제라 칭한 것입니다. 즉 고려는 황제가 다스리는 제국이 되었음을 의미합니다. 이로써 고려의 백성들은 제국의 아침을 맞게 되었습니다.

최승로의 꿈 : 중앙집권적 귀족국가

고려는 성종(981~997) 대에 이르면 중앙집권적인 정치 체제를 정비합니다. 성종은 왕위에 오르자 여러 관리들에게 나라의 정치 가운데 고쳐야 할 점이나 시행되었으면 하는 것을 건의하도록 했습니다. 이 때 최승로는 스물여덟 개 조목에 걸쳐서 앞으로의 정치 운영 방안을 내세웠습니다.

> 불교를 행하는 것은 수신의 근본이요, 유교를 행하는 것은 치국(治國)의 근원입니다. 수신은 내세를 위한 것이고 치국은 금일에 지켜야 할 방안입니다. 임금께서는 유교를 정치의 근원으로 삼고, 불교를 수양의 근본으로 삼으십시오.

최승로는 개인적으로 불교를 믿고 보시를 많이 하여 공덕을 쌓는 일에 반대하지 않았습니다. 다만, 그것이 너무 지나쳐서 재정을 낭비하는 일을 비판했습니다. 연등회와 팔관회를 베풀면서 사람들을 많이 동원하는 것을 문제삼았죠. 이러한 최승로의 건의를 받아들여 성종은 유교적 정치 사상에 바탕을 둔 통치 질서를 정비했습니다.

또한 최승로는 지방관을 파견하도록 건의했습니다. 고려에

최승로의
시무 28조

최승로가 성종에게 올린 것으로 현재 22조만 전한다. 그 내용은 첫째 유교 정치 이념에 입각한 국가 기구 정비 및 중앙집권화(3성 6부 설치, 지방관 파견), 둘째 유교 정치 이념의 구현에 장애가 되는 불교와 토속 신앙의 배격(연등회·팔관회 중지), 셋째 민폐의 시정과 민역 감소를 주장하는 민생 안정의 문제, 넷째 귀족 세력의 옹호(공신자손의 복권, 신하의 간언을 수용하는 군주의 태도) 등으로 집약될 수 있다.

서는 나라를 세운 지 60여 년이 되었지만 아직 지방관이 없었습니다. 지방 고을에는 호족들이 있어서 백성에게 세금을 거두고 있었습니다. 그런데 지방 호족들은 국가의 업무라는 핑계를 대고 백성에게 횡포를 부렸습니다. 이에 따라 최승로는 "외관(外官, 지방관)을 두시기를 바랍니다. 한꺼번에 다 보낼 수 없으면, 먼저 십수 주현을 아울러서 한 사람의 관원을 두십시오."라고 건의했습니다. 건의를 받아들여 고려 왕조 건립 이래 시초로 성종 때에 12목에 지방관을 파견했습니다. 지방의 호족을 누르고 중앙 관리를 지방관으로 삼아 중앙집권적 정치를 이루고자 했지요.

최승로가 건의한 내용 가운데에는 국왕에게 마음을 겸손하게 하여 신하를 존중하라는 내용도 있었습니다. "임금께서는 날마다 하루를 삼가 스스로 교만하지 말고, 신하를 접함에 공손함을 생각하시기 바랍니다. 그러면 태평의 대업을 가히 서서 기다릴 수 있을 것입니다." 임금에게 교만함을 주의하라는 이 말은 왕권이 지나치게 강해지는 것을 경계하기 위해서였습니다. 신하의 의견을 존중하도록 건의한 이 내용을 보면 최승로가 광종의 개혁 정치에 대해 불만을 느꼈던 것을 알 수 있습니다. 그는 왕보다 귀족을 중심으로 한 정치가 이상적이라고 보았습니다. 즉 중앙집권적인 귀족국가를 만들고자 꿈꾸었던 것입니다. 이러한 최승로의 꿈처럼 고려는 귀족 중심의 정치 제도와 기구를 정비하고 운영합니다.

고려의 정치 조직은 성종 때 크게 정비되었습니다. 성종은 2성 6부와 중추원, 삼사 등의 중요한 기구를 설치했습니다. 이러한 중앙 정치 조직은 당과 송의 정치 제도를 수용하면서 후고구려와 신라의 제도를 참조하여 만든 것이었습니다.

2성은 국가 정치의 핵심이 되는 기구였습니다. 당의 3성인 중서성, 문하성, 상서성을 본떴습니다. 고려에서는 중서성과 문하성을 통합하여 중서문하성을 두었지요. 중서문하성은 2품 이상의 최고급 관리인 재신과 3품 이상의 낭사로 구성되었으며, 장관은 문하시중이었습니다. 재신은 국가의 중요한 정책을 의논하고 결정했습니다. 상서성은 행정부의 기능을 가졌는데, 6부를 하부 기구로 두었습니다.

고려의 중앙 관제

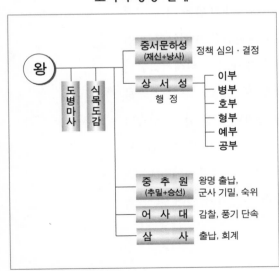

6부는 이부, 병부, 호부, 형부, 예부, 공부의 여섯 부서를 말합니다. 이부는 문신의 인사를 담당했고, 병부는 무관의 인사와 군사 문제, 호부는 호구와 조세, 형부는 법률과 소송, 예부는 의례와 교육이나 과거, 공부는 건축 따위의 행정 실무를 맡아보았습니다.

중추원은 중서문하성과 함께 국정을 맡은 중요 기구였습니다. 2품 이상의 관리인 추밀이 있었고 3품의 승선이 있었는데, 왕명 출납을 맡는 비서실 역할을 했습니다. 어사대는 감찰기관으로 관리의 잘못을 규찰하는 임무를 맡았습니다. 오늘날 감사원과 같은 역할을 했지요. 삼사는 곡식과 화폐의 출납을 맡은 회계기구였습니다.

● 6부의 기능

• 이부 : 인사, 관리
• 병부 : 국방, 군사
• 호부 : 재정, 세금
• 형부 : 사법
• 예부 : 외교
• 공부 : 건설

중앙 정치 조직 가운데 가장 중요한 자리를 차지했던 것은 중서문하성과 중추원이었습니다. 이 두 기구에서 활동하는 2품 이상의 관료를 재신과 추밀이라 불렀는데, 이들은 함께 모여서 국가의 중요한 일을 의논했습니다. 재신과 추밀이 모여 여는 회의에는 도병마사와 식목도감이 있었습니다. 귀족 합의 제도가 있었던 것이죠. 이것이 고려 중앙 정치의 가장 큰 특징입니다.

도병마사는 국방 문제와 대외 관계를 의논하는 회의체였습니다. 식목도감은 국내의 법제와 격식의 문제를 다루는 회의였습니다. 도병마사와 식목도감의 구성원은 같았습니다. 다만, 논의하는 문제의 성격이 달랐습니다.

고려와 조선의 중앙 통치기구

기 능	고 려	조 선
합의기구	도병마사	의정부
비서기구	중추원 승선	승정원
관리 감찰	어사대	사헌부
간 쟁	중서문하성 낭사	사간원

이 회의기구는 중국의 제도를 응용한 것이 아니고, 고려 자체의 필요에 의해 만든 독창적인 제도였습니다. 일찍이 화백회의 전통과 같은 것이 있어서 그 맥을 이어나간 것이었죠.

재신과 추밀은 최고위 관료로서 귀족을 대표하는 사람들이었습니다. 도병마사와 식목도감에서 국가의 중대사를 결정한 것은 고려의 정치가 귀족 정치였다는 사실을 보여 줍니다.

지방관 없이 지방 다스리기 : 지방 행정 조직

성종 때 최승로의 건의에 따라 12목에 지방관이 파견되었습니다. 그 뒤 점차 지방에 파견되는 관리의 수가 많아졌습니다. 지방 호족은 향리로 불리면서 지방관의 업무를 돕는 역할을 하게 되었습니다. 중앙집권적인 체제가 만들어졌던 것입니다. 그런데 고려의 지방 행정 조직은 신라 시대나 조선 시대의 것과는 크게 달랐습니다.

먼저 전국을 서로 다른 두 개의 원리에 따라 편성했습니다. 군사 지역과 행정 지역이 따로 있었죠. 북방 국경 지역에는 양계를 두었습니다. 양은 둘이란 뜻입니다. 북계와 동계로 나뉘어 있었습니다. 양계에는 군사적인 성격의 병마사가 파견되었습니다. 남부 지방에는 5도가 있었고, 안찰사가 파견

5도 양계

□ 수도
◎ 3경
• 12목

북계
천리 [장성]
동계
서경
황주목   교주도
서해도
해주목   개경
양주목
남경
광주목   충주목
양광도
청주목   상주목
공주목
경상도
전주목   동경
전라도   진주목
나주목
승주목

동해
황해
탐라

되었습니다. 양계와 5도 안에는 여러 주·군·

현 따위가 있었으며, 지방관이 파견된 곳도 있

었습니다. 전국을 일정한 기준으로 편제하지 않

고 이원적으로 나누어 다스린 것은 고려 지방

제도의 특징 가운데 하나입니다.

한편, 모든 주·군·현에 지방관이 있었던 것

은 아니었습니다. 이 점이 고려 지방 제도의 두

번째 특징입니다. 지방관이 파견되지 않은 곳을

속현이라 부릅니다. 전국적으로 주·군·현 등

의 고을은 500여 곳이 있었습니다. 이 가운데 2/3 이상의 지역

에 고려 말에 이르기까지 지방관이 파견되지 않았습니다. 속현

의 경우, 향리가 행정 업무를 맡아서 처리했습니다. 자연히 향

리의 위세가 컸다고 할 수 있습니다. 한편, 향·소·부곡이라

는 특수 행정구역이 있었습니다. 이 지역에 사는 사람들은

주·군·현의 백성에 비해 천하게 여겼습니다.

고려 후기에 이르면 지방관의 숫자가 늘어나고 향·소·부

곡도 점차 줄어서 군이나 현으로 편성되었습니다. 시간이 지남

고려 시대의 행정구역

	경	주·군·현(지방관 O)	진(지방관 O)	속현(지방관 X)
개경	1(개경)			13
5도	2(동경, 남경)	53	1	339
양계	1(서경)	60	28	21

에 따라 중앙집권적인 체제가 갖추어졌다고 볼 수 있습니다.

항상 준비된 군인들 : 군사 조직

군사 제도

• 중앙 : 2군(국왕 친
위대), 6위(수도 경
비)
• 지방 : 주현군(5도),
주진군(양계)

고려는 군사적인 세력을 배경으로 성장한 나라입니다. 후백
제를 물리치고, 북쪽의 거란족과 싸우는 과정에서 군사 조직의
정비에 큰 관심을 보이게 되었습니다. 결국 태조 때부터 활동
하던 병사들을 기반으로 중앙군 조직이 갖추어졌습니다.

중앙군에는 2군과 6위가 있었습니다. 2군은 국왕의 친위대
였고, 6위는 수도 경비와 국방의 임무를 맡았습니다. 지휘관으
로는 상장군과 대장군이 있었습니다. 이들은 무관들의 회의기
구인 중방(重房)에서 군사 문제를 의논했습니다. 중방은 무신
합의체로서 무신정변 이후에는 권력의 중추부 역할을 하게 됩
니다.

지방에는 주현군과 주진군이 있는데, 주현군은 남부 지방의
5도에 있던 군대입니다. 5도의 주·현에 살던 농민들로 이루
어진 부대였지요. 이들은 대체로 자기 토지를 경작하는 농민으
로, 지방의 방위를 맡았습니다.

북방의 양계에는 주진군이 있었습니다. 앞서 지방 행정 조직
에 나왔던 것처럼 양계는 군사 지역입니다. 이 양계 안에 진이
라는 하부 행정 조직이 있었습니다. 이곳에 배치된 주진군은
국방의 주역을 담당하는 상비군으로, 항상 국토 방위를 위하여
준비된 군인이었죠. 그 최고 지휘관으로는 도령이 있었습니다.

3 고려는 고구려의 줄인 말 · 거란과의 항쟁

강동 6주 얻고, 천리장성 쌓고 : 거란의 침입과 격퇴

태조 때 외교의 기본 방향은 북진이었습니다. 서경(평양)을 거점으로 한 북진 정책은 거란과의 대립을 가져왔습니다. 송이 중국을 통일한 뒤 거란과 맞서고 있을 때, 광종은 송과 손잡고 거란을 견제했습니다.

한편, 압록강 중류에는 발해 유민들이 세운 정안국이 있었습니다. 정안국도 송과 손잡고 거란에 대항했습니다. 원래 거란이 공격 목표로 삼은 것은 송이었습니다. 그런데 고려와 정안국이 송과 연맹하여 거란에 맞서자, 이들을 공격하기 시작했습니다. 거란은 먼저 정안국을 멸망시킵니다. 그 뒤 여러 차례에 걸쳐서 고려를 침입했습니다.

거란의 1차 침입은 성종 때였습니다. 소손녕이 80만 대군을 이끌고 고려를 공격합니다(성종 12년, 993). 서희가 눈부신 외교 활동을 벌여 어려움을 극복했지만, 거란은 줄곧 고려가 차지한 고구려의 옛 땅을 내놓으라고 했습니다. 그리고 송과의 외교 관계를 끊고, 요(거란이 세운 나라 이름)와 통교하기를 원했습니다.

서희는 소손녕에게 이렇게 말했습니다. "우리 나라는 고구려의 뒤를 이었으므로 국호를 고려라 하였소. 압록강 유역도 우리 땅인데 여진이 그곳에 살고 있어 길이 막혀 있으니 당신네 거란과 수교를 할 수 없소. 만일 여진을 내쫓고 우리 옛 땅을 돌려주면 수교하겠소."

　당시 거란은 송과 대치 상태였기 때문에 고려와의 전쟁에 전념할 수 없는 상황이었습니다. 서희는 거란의 이러한 약점을 이용한 것입니다. 거란은 여진 땅을 차지하여 통로가 열리면 거란과 통하겠다는 고려의 약속에 만족할 수밖에 없었습니다. 그리고 고려가 고구려의 계승자라는 주장은 사실이었던 것입니다. 결국 소손녕의 군대가 스스로 물러났고, 고려는 강동 6주의 관할권을 얻어 압록강까지 영토를 넓히게 되었습니다.

　그러나 고려는 송과의 외교 관계를 끊지 않고 요와의 외교 관계 수립을 미루었습니다. 그러자 거란이 다시 고려를 침입했습니다(현종 1년, 1010). 거란의 2차 침입은 강조의 정변을 구실로 삼았습니다. 강조의 정변은 강조가 목종을 폐위시키고 현종을 왕위에 올린 사건입니다. 거란의 2차 침입에 강조가 맞서 싸우는 데 패배하여 개경이 함락됩니다. 현종은 멀리 나주까지 피난했습니다. 그러나 양규 등이 국경 지방에서 거란의 후방을 공격하자 거란이 물러서게 되었습니다. 자칫 잘못하면 보급로가 끊겨 후퇴할 길을 잃을까 걱정했던 것입니다. 현종이 직접 요를 방문할 것을 조건으로 2차 침입은 마무리되었습니다. 그러나 현종이 요에 가는 것은 고려가 원하는 일이 아니었기 때문에 실현되지 않았습니다.

강동 6주와 천리장성 ▼

거란의 대대적인 3차 침입이 이어졌습니다 (현종 9년, 1018). 거란의 소배압이 10만 명의 군사를 거느리고 개경 부근에 이르렀습니다. 거란군은 곳곳에서 고려군의 공격에 시달렸습니다. 강감찬이 귀주에서 거란군을 크게 격파하여 거의 전멸시켰습니다. 간신히 목숨을 구해 거란으로 돌아간 사람이 수천 명에 지나지 않았습니다. 이 때의 전투를 귀주대첩이라 합니다(1019).

▲ 천리장성 유적

그 뒤에도 거란은 국경 근처를 자주 침입하여 충돌이 이어졌습니다. 하지만 고려의 온 국민이 힘을 모아 용감히 대항했습니다. 거란은 고려에 대한 침략을 포기할 수밖에 없었습니다. 오랜 전쟁에 지친 끝에 고려와 요는 결국 국교를 맺었습니다. 이로써 고려 · 송 · 요 사이에 평화가 시작되었습니다.

표면적으로는 평화가 유지되었습니다. 하지만 고려는 국방을 강화하는 데 힘썼습니다. 강감찬의 주장에 따라 개경에 나성을 쌓았습니다. 나성은 도시 전체를 둘러싼 성입니다. 그리고 국경 지대에 천리장성을 축조했습니다. 천리장성은 서쪽 압록강 입구에서 동해안 도련포에 이르는 긴 성입니다. 덕종 2년(1033)에 공사를 시작하여 12년 동안 공을 들여 정종 10년(1044)에 완성합니다. 거란과 여진의 침입을 동시에 막기 위해 쌓은 성이었습니다.

**초조본대방광불 화
엄경주본 권제36(국
보 제277호)**
이 판본은 초조대장
경으로 11~12세기
에 간행된 것으로 추
정되며, 80권으로 구
성되어 있는 주본이
다. 화엄경의 39품
가운데 십지품의 내
용이다.

거란의 침입을 막으려는 의지로 대장경을 만들
기도 했습니다. 대장경이란 경, 율, 논 등 삼장의
경전을 모두 아울러 부르는 말입니다. 불교 전집이
라고 할 수 있지요. 고려에서는 국가적 사업으로
대장경을 만들었습니다.

현종 때 초조대장경을 만들었는데, 부처님의 말
씀을 담은 경전을 한 글자씩 목판에 새겼습니다. 부처님의 힘
을 빌려 거란을 물리치려는 염원을 글자에 담아 70여 년 동안
의 힘든 작업 끝에 완성되었습니다. 초조대장경은 대구 부인사
에 판본이 보관되었으나 몽고 침입 때 불타 없어졌습니다.

4 가문 좋은 사람들의 세상 • 문벌 귀족 사회의 발달

왕실과 혼인하면 가문의 영광 : 문벌 귀족

고려를 이끌어간 주도 세력은 문벌 귀족이었습니다. 문벌 귀
족은 5품 이상의 높은 관직에 올랐던 사람입니다. 이들은 지방
호족 출신으로 중앙 관료가 되어 고위직까지 오른 사람이거나
혹은 신라 6두품 계통의 유학자였습니다. 서희나 최승로 같은
인물을 예로 들 수 있지요. 서희는 이천 호족의 아들로 출세하
였고, 최승로는 6두품 출신이었는데 고려에 와서 정치 주도 세
력으로 성장했습니다. 이들은 자손들까지 대를 이어 고위 관리

가 됨으로써 문벌을 이루었습니다. 성종 이후가 되면 점차 기반을 다져 하나의 사회 계층으로 자리잡게 됩니다.

문벌 귀족은 지배층으로 여러 특권을 누렸습니다. 문벌의 자손들은 과거와 음서 제도를 통해 관리가 될 수 있었습니다. 특히 음서는 5품 이상의 고위 관리만 누리던 특혜였는데, 과거 시험을 보지 않고도 그 아들이나 사위, 조카, 손자를 관리로 만들 수 있었습니다. 좋은 가문에서 태어났기 때문에 무시험 특별 전형으로 관리가 될 수 있었던 것입니다.

문벌 귀족은 관직에 따라 과전을 받았습니다. 또한 공음전이나 사전을 지급받았습니다. 관료는 나라를 위해 일한 대가로 전지와 시지를 받았는데, 그 밖에도 5품 이상의 귀족은 공음전을 받았습니다. 국가를 위해 중요한 업무를 수행한 공이 크기 때문에 더 많은 토지를 주었습니다. 이처럼 문벌 귀족은 여러 특권을 누리고 있었습니다.

문벌 귀족은 또한 최고의 귀족인 왕실과 혼인 관계를 맺고자 했습니다. 왕실의 외척이 되면 가문의 명예일 뿐만 아니라 권력의 핵심부를 장악할 수 있기 때문입니다. 경원 이씨(이자겸)는 수많은 왕비를 배출한 외척 가문이었습니다. 문종 때부터 인종 때까지 왕실의 외척으로 80여 년 동안 정권을 독점했습니다. 그 밖에도 해주 최씨(최충), 경주 김씨(김부식), 파평 윤씨(윤관)도 대표적인 문벌 귀족 가문이었죠.

또한 문벌 귀족끼리 서로 중첩된 혼인 관계를 맺었습니다. 같은 문벌 귀족 사이에서만 혼인을 하여 자신들의 특권을 다른 사람들과 나누지 않으려고 했습니다. 고려 전기를 한 마디로 말하자면 문벌 귀족의 시대라 할 수 있습니다. 문벌 귀족이 갖가지 혜택을 누리면서 정치와 사회를 주도했기 때문입니다. 그 전성기가 문종(1046~1083) 시기입니다.

귀족, 중류층, 양인, 천민 : 신분 제도의 확립

고려는 신분제 사회였습니다. 어떤 집안에서 태어났느냐에 따라 신분이 결정되었고, 이 신분에 따라 사회 계층이 구분되었습니다. 고려의 사회 신분은 크게 귀족, 중류층, 양인, 천민의 네 유형으로 나누어 볼 수 있습니다. 고려의 신분이 네 계층으로 나뉜 것은 성종 때부터이지만, 문종 대에 들어서야 완전한 신분 제도를 확립했습니다.

귀족에는 왕족과 문신·무신 출신의 관료가 있었습니다. 이 가운데에서도 5품 이상의 고위 관직자가 핵심을 이루었습니다. 고려에서는 문반이 우대되고 무반은 천시되었습니다. 그렇기 때문에 귀족은 주로 문반 중심으로 이루어졌습니다. 귀족들은 개경에 살면서 특권을 독점했습니다. 이렇듯 고려 전기를 대표하는 귀족은 문벌 귀족이었고, 고려 후기의 귀족으로는 권문세족이 있었습니다.

두 번째 신분은 중류층이었습니다. 중류층은 지배층이기는 하지만 귀족에 포함되지 못했습니다. 주로 하급 관리로 이루어져 있는데 서리, 남반, 향리, 하급 장교 등이 중류층에 속했습니다.

서리는 중앙 관청에서 실무를 맡아보던 관리를 말합니다. 남반은 궁중에서 잡다한 업무를 맡아보는 관리였고, 향리는 지방 행정의 실무를 돌보았습니다. 호족 가운데 중앙 관리가 되지 않고 지방에 남았던 세력가들이 향리로 편제되었습니다. 향리는 지방관을 도와 조세나 공물을 징수하고 부역을 징발하는 등 행정 업무를 맡았습니다. 그 대가로 외역전(향리전)을 받았습니다.

세 번째 신분으로는 양인이 있었지요. 양인은 농업과 상공업·수공업에 종사하는 일반 백성을 말합니다. 이 가운데 농민이 가장 많았는데, 농민은 국가로부터 일정한 직역을 부여받지 못하고 조상 대대로 물려받은 토지를 경작하며 살았습니다. 이런 고려 시대의 농민을 백정이라고 합니다. 소나 돼지를 잡는 도축업자도 백정이라고 하지요. 조선 세종 이후에는 도축업자를 백정이라고 불렀지만 고려 시대에는 일반 농민을 부르는 말이었습니다. 국민 가운데 가장 많은 수를 차지하는 것이 바로 이들 백정 농민이었습니다.

농민을 중심으로 한 양인들은 조세·공부·역역(부역)의 의무를 졌습니다. 따라서 이들이 몰락하면 국가 재정이 어려워졌습니다. 그래서 나라에서는 항상 농민의 생활을 안정시키기 위한 정책을 마련했지요.

양인은 과거 응시에 법적인 제한이 없었습니다. 하지만 실질적으로 과거에 응시하기란 어려웠습니다. 교육의 기회에 제한이 있었기 때문입니다. 국립대학인 국자감에 입학할 수 없었고

> **중류 계층**
> 궁중과 관청에서 실무를 맡아보는 남반과 서리, 지방 행정을 맡아보는 향리와 하급 장교들을 말하며, 국가로부터 일정한 경제적 대우를 받았다.

또한 경제적인 면에서도 어려움이 있었습니다. 농사를 제쳐 두고 공부할 만한 여유를 가진 농민은 거의 없었으니까요.

최하층 신분으로는 천민이 있었습니다. 천민에는 공·사 노비가 있었습니다. 공노비는 궁중이나 관청 등에서 잡역에 종사하는 노비였고, 사노비는 개인이나 사원에 속한 노비입니다. 이처럼 주인집에서 함께 거주하는 노비를 솔거 노비라고 합니다. 주인과 따로 사는 노비는 외거 노비라고 하는데 이들은 주로 주인의 토지를 경작하는 일을 맡았습니다. 이 가운데 외거 노비는 양인 농민과 비슷한 처지에 있었습니다. 독립적인 가정을 이루고 자신의 토지와 집을 가지기도 했습니다. 하지만 엄연히 신분에는 차이가 있었습니다.

노비는 재산으로 취급되어 상속·증여할 수 있는 대상이었습니다. 노비는 천민 신분이었죠. 부모가 노비면 그 사이에서 태어난 자식도 노비가 되었습니다. 그리고 부모 가운데 어느 한 사람만 노비여도 자식은 모두 노비가 되었습니다. 부모가 모두 노비이더라도 각각의 주인이 다른 경우도 있었습니다. 이럴 때 적용되는 규정으로 종모법(從母法)이 있습니다. 어머니를 따른다는 뜻입니다. 즉 새로 태어난 노비는 어머니 쪽 소유주의 재산이 되었습니다.

한편, 향·소·부곡에 사는 사람들도 천한 대우를 받았습니다. 향과 부곡의 백성들은 농사를 짓고 살았습니다. 양인 농민과 별 다를 것 없는 생활이었지만, 관직 진출에 제한을 받았습니다. 따라서 일반 농민보다 천한 신분으로 알려졌습니다. 소의 주민은 수공업에 종사했는데, 이들 역시 일반 군현에 사는 백성보다 더 무거운 부담을 지고 있었습니다. 그 밖에도 여진족의 후예로 수렵이나 가축을 도살하는 일을 하는 화척, 뱃사공인 진척, 광대인 재인이 천민에 속했습니다.

고려의 신분 제도는 엄격하여 조상의 신분이 그대로 후손에게 세습되었습니다. 그렇지만 신분 변동이 전혀 일어나지 않은 것은 아닙니다. 중류층은 귀족이 될 수 있었습니다. 향리는 과거에 합격하여 문반직에 오를 수 있었고, 군인은 무공을 쌓아 무반으로 출세하기도 했지요. 천민이 양인이 되는 경우도 있었습니다. 특수 행정구역인 향·소·부곡이 군현으로 개편되면 이곳에 살던 주민의 신분도 양인으로 상승했습니다. 외거 노비 가운데는 재산을 모아 양인의 신분이 되는 경우도 있었습니다.

화척(禾尺)
버드나무로 물건을 만들거나, 소 따위의 짐승을 잡는 일에 종사하던 사람들. 후삼국 때부터 고려 시대까지 떠돌면서 천한 직종에 종사했다.

재인(才人)
재주를 부리는 사람이라는 뜻으로 곡예·가무·음악 등을 하는 광대를 가리키는 말

나라도 살고 백성도 구하고 : 사회시설

양인 농민은 농사를 짓고 국가에 조세·공납(공부)·역역(부역)을 제공했습니다. 대체로 농민의 생활은 어려웠기 때문

고려의 신분 제도

신분 구분	해당 계층	정치적 역할
귀 족	왕족, 문신·무신 관료	지배층
중류층	하급 관리, 서리, 향리, 남반, 하급 장교	
양 인	농민, 수공업자, 상인	피지배층
천 민	노비, 향·소·부곡민, 화척, 재인	

에 국가는 농민을 보호하기 위해 노력했습니다. 농민이 없다면 국가를 운영할 수 없었으니까요. 농민이 살아야 세금을 걷고 국가를 유지할 수 있었습니다.

국가에서는 농사가 바쁜 농번기에 농민을 잡역에 동원하지 못하도록 했습니다. 농사짓는 일에 온힘을 쏟도록 하기 위해서였습니다. 홍수나 가뭄으로 재해가 심하면 조세와 부역을 면제해 주었고, 농민이 고리대로 인해 파산하지 않도록 법으로 이자율을 정했습니다. 이자가 원곡과 같은 액수가 되면 더 이상의 이자를 받지 못하도록 했지요.

국가는 농업을 진흥하기 위해 적극적으로 권농 정책을 추진했습니다. 사직을 세워 토지신과 5곡의 신에게 제사도 지냈습니다. 왕이 몸소 적전을 갈아서 농사의 모범을 보이기도 했습니다. 적전은 왕이 농사에 모범을 보이기 위해 궁궐에 만든 토지입니다. 씨 뿌릴 때나 추수할 때 왕이 직접 모범을 보였지요. 물론 왕은 시범만 한 번 보일 뿐입니다. 여기서 거둔 곡식으로 종묘나 사직에 제사를 올렸습니다.

또한 황무지를 개간하도록 권장했습니다. 버려진 땅을 개간하면 일정 기간 동안에는 조세를 면제해 주었습니다. 농민이 황무지를 개간하여 곡물을 증산하도록 하기 위한 조치였습니다. 이는 국가와 농민 모두에게 이익이었습니다. 땅을 개간한 농민은 몇 년 동안 세금을 내지 않으니 생활이 안정되었고, 국가에서는 몇 년이 지난 뒤에 조세를 거두어 재정 수입을 늘릴 수 있었습니다.

사직(社稷)

원래는 토지신과 곡식 신이란 뜻. 토지와 곡식은 인간 생활의 근본이 되는 중요한 것으로 나중에는 국가라는 뜻으로 쓰인다.

종묘(宗廟)

역대 임금과 왕비의 위패를 모시던 왕실의 사당이란 뜻. 왕실이라는 의미로도 쓰이며, 종묘 사직(宗廟社稷)은 왕실과 나라를 통틀어 이르는 말 농민 생활을 안정시키기 위한 사회시설도 마련했습니다. 의창이 가장 대표적이었지요. 의창에서는 평상시에 곡물을 비축했다가 흉년이 들면 곡물을 내어 빈민을 구제했습니다. 개경과 서경, 지방의 12목에는 상평창이 설치되었습니다. 이곳에서는 곡식이나 베의 값이 내렸을 때 사들여 보관했습니다. 자칫 지나치게 곡물 값이 싸지면 생산 농민의 생활에 타격을 주게 됩니다. 이 때 상평창에서 물건을 사들이면 공급이 줄어서 가격이 안정되겠지요. 그러다가 다시 값이 오르면 곡물이나 베를 싸게 내다 팔았습니다. 상평창은 물가를 안정시키기 위해 설치한 기관이었습니다.

국립 의료기관으로는 개경에 동·서 대비원이 있었습니다. 서경에도 대비원이 있었지요. 이곳은 환자를 치료하는 병원입니다. 또 혜민국이 있었는데 이는 오늘날 약국에 해당합니다. 이곳에서는 백성들의 의료를 맡아 약을 지급했습니다. 가난한 사람을 돕기 위한 제위보도 설치했습니다. '보(寶)'는 일정한 기금을 마련하여 그 이자로 공공사업을 하는 것입니다. 이자를 가난한 사람을 구제하는 일에 쓰면 제위보라고 했습니다.

지방관이 곧 재판관 : 법률과 풍습

고려의 형법은 당률을 참작하여 만들었습니다. 일상 생활과 관련된 일은 보통 전통적인 관습법을 따른 민법에서 다루었습니다. 재판은 대개 지방관이 스스로 알아서 처리했습니다. 중요한 사건일 경우에만 개경의 상부 기관에 올려 보냈습니다.

지방관은 행정권뿐만 아니라 사법권까지 가졌던 것입니다. 조선 시대에도 남원의 변사또가 춘향이를 형틀에 묶고 재판했지요. 갑오개혁에 이르러서야 행정과 사법의 분리가 이루어졌습니다.

형벌에는 태, 장, 도, 유, 사의 다섯 가지 종류가 있었습니다. 태는 매를 50대 이하로 맞는 벌이고, 장은 100대 이하를 맞는 것입니다. 도는 징역살이, 유는 귀양살이를 하게 되는 형벌입니다. 사는 최고형으로 사형에 처해지는 것입니다. 특히 국가에 대한 반역죄와 부모에 대한 불효죄는 중죄로 다스렸습니다. 반역과 불효는 유교의 근본 윤리인 충효 사상을 거스르는 일이었기 때문입니다. 국가에서 유교 윤리를 강조했던 것을 알 수 있습니다.

일상 생활은 대체로 불교 규범을 따랐습니다. 국가에서는 상장제례를 유교적 규범대로 시행하려 했으나 민간에서는 토착 신앙과 융합된 불교의 전통 의식을 따랐습니다. 사람이 죽으면 화장을 하거나, 향을 피우고, 영혼을 위로하는 제사를 절에서 지냈습니다. 그리고 국가적 불교 제전으로 연등회와 팔관회 행사가 열렸습니다.

5 농사가 잘 되어야 • 경제 정책과 경제 구조

토지와 임야를 모두 받으니 : 토지 제도의 정비

고려의 주요 산업은 농업이었습니다. 국가 재정과 귀족의 수입이 모두 농사짓는 토지에서 비롯되었습니다. 귀족 사회를 안정적으로 운영하기 위해 국가에서는 토지를 나누어 주는 일에 관심을 기울였고, 그 결과 고려 토지 제도의 근본이 된 전시과 체제를 정립했습니다.

전시과는 관리들에게 직위와 역할에 따라서 전지와 시지를 차등 있게 나누어 주는 제도였습니다. 기본적으로 관리의 급여였지요. 관리는 국가를 위해 일하는 공무원이었고, 나라에서는 그들에게 일한 대가로 토지를 지불했습니다.

일찍이 태조는 후삼국을 통일하는 과정에서 공로를 세운 사람들에게 역분전(役分田)이라는 토지를 지급했습니다. 관료나 병사들이 세운 공훈의 대가였습니다. 이것이 모체가 되어 경종(975~981) 때 전시과 제도가 처음 만들어졌습니다(975). '시정 전시과'라고도 합니다.

관료 체제를 정비하면서 관료에 대한 급여 제도도 함께 마련합니다. 그런데 시정 전시과에서는 관직의 높고 낮음만을 따져서 토지를 준 것이 아닙니다. 관직의 차이와 더불어 인품도 반

고려 시대의 토지 제도

	지급 시기	지급 기준	지급 대상
역 분 전	태조(940)	공로	공신
시정 전시과	경종(976)	관품 + 인품	전직 · 현직 관료
개정 전시과	목종(998)	관품	전직 · 현직 관료
경정 전시과	문종(1076)	관품	현직 관료

영되었습니다. 그런데 인품은 객관적으로 판단하기가 어렵습니다. 관직이 낮은 관료에게 인품이 높다고 월급을 많이 준다면 어떤 일이 벌어질까요. 관료의 위계 질서가 흔들릴 것입니다. 때문에 목종(997~1009) 대에 이르러 이러한 문제점을 바로잡아 관직만을 기준으로 하는 체계로 정비하였습니다. 이것이 '개정 전시과' 제도입니다. 이 제도는 다시 문종(1046~1083) 때 '경정 전시과'로 바뀌게 됩니다.

전시과 제도가 어떻게 운영되었는지 살펴봅시다. 전시과를 받는 사람은 문무 관리로부터 군인·한인 등 국역을 담당하는 사람이었습니다. 전시과에는 받는 사람에 따라 여러 종류의 땅이 있었습니다. 문무 관리에게는 과전이라는 땅이 지급되었고, 한인에게는 한인전, 군인에게는 군인전, 향리에게는 외역전이 주어졌습니다. 그 가운데 핵심은 문무 관리에게 주는 과전이었습니다.

과전은 18과로 구분해 전지와 시지로 나누어 주었습니다. 전지는 농지를 뜻하고, 시지는 땔감을 얻을 수 있는 임야(산)를 말합니다. 그러나 전지와 시지를 주었다고 해서 토지의 소유권을 준 것은 아닙니다. 수조권을 지급할 뿐이었죠. 전지와 시지에서 농사를 짓는 농민은 따로 있었습니다. 수조권은 농민이 경작한 토지에서 수확물을 가져갈 수 있는 권리를 말합니다. 국가는 농민이 농사지은 양의 1/10을 조세로 받았습니다. 그런데 국가는 일부 농민의 땅을 관료에게 주어 수조권을 행사하도록 했습니다. 전시과 제도에 따라 관료에게 수조권을 지급한 것입니다. 이런 경우 농민은 국가에 조세를 내지 않고 관료에게 납부했습니다.

신라 시대에는 귀족 관료에게 녹읍을 주었습니다. 이 녹읍에서는 곡물을 수취하고 역역을 부과할 수 있었습니다. 이에 비하여 고려 시대 관료는 전지와 시지에서 곡물만 거둘 수 있었습니다. 관료의 경제적인 지위는 신라 시대보다 고려 시대가 좀 떨어집니다. 농민의 입장에서 보면 상황이 조금 개선되었다고 할 수 있지요.

관료가 죽으면 토지와 임야는 국가에 반납해야 했습니다. 하지만 퇴직한 관료들도 수조권은 행사할 수 있었고 다만, 세습이 불가능했습니다. 그러다 보니 토지가 모자라 개정 전시과에서는 지급할 전지와 시지가 부족했습니다. 이러한 문제가 발생하자, 경정 전시과에서는 퇴직하면 땅을 반납하게 했습니다. 그러나 관료의 자식은 대체로 다시 관료가 되기 때문에 사실상 세습되는 경향이 나타나기도 했지요.

전시과의 토지 지급 액수

(단위 : 결)

시기	등급		1	2	3	4	5	6	7	8	9	10	11	12	13	14	15	16	17	18
경종 (976)	시 정 정시과	전지	110	105	100	95	90	85	80	75	70	65	60	55	50	45	42	39	36	33
		시지	110	105	100	95	90	85	80	75	70	65	60	55	50	45	40	35	30	25
목종 (998)	개 정 전시과	전지	100	95	90	85	80	75	70	65	60	55	50	45	40	35	30	27	23	20
		시지	70	65	60	55	50	45	40	35	33	30	25	22	20	15	10			
문종 (1076)	경 정 전시과	전지	100	90	85	80	75	70	65	60	55	50	45	40	35	30	25	22	20	17
		시지	50	45	40	35	30	27	24	21	18	15	12	10	8	5				

한인전은 하급 관리의 자제로 관직에 오르지 못한 사람에게 주었습니다. 혹은 과거에 합격했지만 실직을 얻지 못한 사람이 지급 대상이었습니다. 다시 말해 예비 관료에게 최소한의 생활과 품위를 유지할 수 있도록 급여하는 땅입니다.

군인전은 군역의 대가로 주는 토지인데, 고려 시대에는 군역을 지는 군인의 집안이 따로 있었습니다. 군역이 세습된 것입니다. 아버지가 군인이면 아들도 자연히 군인이 되었지요. 그렇기 때문에 아버지가 받은 군인전은 다시 아들에게 세습되었습니다. 그리고 하급 관리와 군인의 유가족에게는 구분전을 지급했습니다. 남아 있는 가족이 생활을 할 수 있게 하기 위한 정책이었습니다.

향직을 수행하는 향리에게는 외역전(향리전)이 주어졌습니다. 향리의 직책도 군인처럼 세습되었기 때문에 외역전도 역시 후손에게 세습되었습니다.

그 밖에 왕실의 경비를 충당하기 위해 내장전을 지급했습니다. 중앙과 지방 관청에는 공해전이 있어 여기에서 나온 곡물로 운영 경비를 충당했습니다. 또한 사원에는 사원전이 지급되었습니다.

문벌 귀족은 과전과 더불어서 공음전을 받았습니다. 공음전은 대체로 5품 이상의 고위 관리에게 지급했는데, 국가에 공훈이 높은 5품 이상의 문벌 귀족이 사회 지배층을 형성하고 있었기 때문에 이들은 관직의 등급에 따라 지급하는 과전과 공음전을 모두 받았습니다.

일반 농민들은 민전을 가지고 있습니다. 민전은 농민의 땅으로 조상 대대로 물려받았거나 스스로 개간하여 얻은 땅입니다. 대부분의 백성은 민전에서 농사를 지어 생계를 유지했습니다. 그리고 그 중 일부를 나라에 조세로 바쳤지요. 나라 대부분의 땅은 민전이었고, 농민은 자신의 땅을 소유하고 살아갔습니다.

소유권을 기준으로 토지를 구분하자면 국가의 땅은 '국유지'이고, 개인의 땅은 '사유지'였습니다. 이 가운데 대부분의 땅은 개인 소유의 사유지였습니다. 그런데 이 사유지는 조를 거둘 수 있는 권리인 수조권을 기준으로 다시 구분됩니다. 수조권이 국가에 있으면 '공전'이라고 합니다. 즉 국가에서 조세를 거두는 땅입니다. 수조권이 개인에게 있으면 '사전'이라고 하는데, 이는 귀족 관료가 조를 거두는 토지를 말합니다.

그렇다면 민전을 생각해 봅시다. 백성의 땅인 민전은 농민이 소유한 땅이니 사유지입니다. 동시에 이 땅에서 농사를 지어 국가에 조세를 내야 하니 민전은 공전입니다. 그런데 민전 가운데 일부는 수조권이 개인에게 설정된 땅도 있습니다. 관료에게 전시과에 따라 과전을 지급한다고 했죠. 국가에서는 민전 가운데 일부를 과전으로 관료에게 주었습니다. 그 땅의 소유권을 가진 농민은 농사를 지어서 관료에게 조를 바쳐야 했습니다. 국가에 바칠 조를 대신 관리에게 냈던 것이죠. 이럴 경우에 민전은 사전이 되기도 했습니다.

예를 들어 길동이란 농민이 있습니다. 아버지에게서 물려받은 토지에 농사를 지어 국가에 조세를 냈습니다. 이 땅은 사유지이면서 공전입니다. 다른 고을에 사는 길상이도 조상에게서 물려받은 민전이 있었습니다. 그런데 나라에서 길상이의 땅을 과전으로 설정했습니다. 이 때 길상이는 농사를 지어 수확물의 일부를 관료에게 조로 바치게 됩니다. 이런 경우, 길상이의 땅은 사유지이면서 사전입니다.

다음은 관리나 군인 등을 중심으로 생각해 봅시다. 나라를 위해 일했으니 월급을 받아야지요. 나라에서는 월급으로 토지를 주었습니다. 관청에서 일하는 관리가 직접 농사를 지을 수는 없으니 농민이 농사를 짓고 있는 토지를 주었죠. 그 토지에서 나오는 조를 받아 생활하라는 것이었습니다. 정확히 표현하면 관리가 받은 것은 토지에 대한 수조권이었습니다. 그리고 관리가 받은 땅은 사전이었습니다.

쌀도 내고, 토산물도 내고, 일도 해야 : 수취 제도

국가는 백성이 일해서 내는 세금으로 운영되었습니다. 고려 시대의 백성은 주로 농민이었고, 농업이 국가 재정의 토대를 이루었지요. 국가는 토지를 매개로 하여 백성에게 조세를 거두었습니다. 농민이 국가에 내는 세금에는 크게 세 종류가 있었습니다. 첫째는 조세, 둘째는 공납, 셋째는 역입니다. 이 세 가지가 국가 재정의 주요 원천이었습니다.

토지를 가진 백성은 일정한 액수의 조세를 부담했습니다. 백성이 가진 토지를 민전이라고 했죠. 민전을 가지고 생계를 이어가는 농민을 자영농이라 합니다. 자영농은 수확한 생산물 가운데 1/10을 국가에 조세로 바쳤습니다. 그리고 수조권이 설정된 민전에서는 수확물의 일부를 관료에게 납부하는 경우도 있었습니다.

또한 농민 가운데는 땅을 가지지 못한 사람도 있고, 혹 토지가 있더라도 너무 작아서 그 땅에서만 농사를 지어서는 먹고살기 힘든 경우가 있습니다. 이런 영세 농민은 국가와 왕실의 소유지나 귀족들의 토지를 빌려서 농사를 지었습니다. 이렇게 남의 토지를 빌려서 경작하는 영세 농민을 소작농이라 합니다.

소작농은 토지를 빌린 대가를 지불해야 합니다. 이것을 지대라고 합니다. 요즘도 남의 땅이나 집을 빌리면 임대료를 내죠. 고려 시대의 지대가 바로 지금의 임대료입니다. 국가 소유지에 대해서는 생산량의 1/4을 납부했습니다. 귀족의 토지에 대하여는 수확량의 1/2을 지대로 바쳤습니다. 수확량의 절반이나 귀족에게 바치고 나면 소작농은 생활하기 매우 힘들었지요.

둘째로 백성은 국가에 공납을 바쳤습니다. 공납은 포나 토산물을 현물로 납부하는 제도입니다. 국가에서는 종이 · 붓 · 먹 따위의 많은 물품이 필요했습니다. 나라를 운영하는 데 필요한 여러 가지 물자를 고을에 할당하여 거두었습니다. 고을에서는 호구를 단위로 하여 집집마다 일정한 토산물을 부담했습니다. 예를 들면 영광에 사는 백성은 공납으로 굴비를 바쳤는데, 집집마다 내야 할 굴비의 숫자가 정해져 있었습니다.

공납에는 해마다 정기적으로 거두는 상공과 필요에 따라서 수시로 거두는 별공이 있었습니다. 공납은 농민에게 조세보다 더 큰 부담이 되었습니다.

셋째로 16~60세까지의 양인 남자는 역을 졌습니다. 역은 국가가 백성의 노동력을 수취하는 제도입니다. 주로 국가의 큰 공사에 동원되어 일했습니다. 성곽, 관아, 제방을 축조하거나 도로를 개수하는 등 토목 공사에 동원되었습니다.

그렇다면 국가는 일하는 백성들에게 일당을 주었을까요? 아닙니다. 역은 백성이 국가에 내는 세금의 일종이었기 때문에 무임금으로 일해야 했습니다. 심지어는 자신이 먹을 점심 도시락까지 스스로 준비해야 했습니다. 그 당시 역에 동원되었던 농민의 실상을 한 번 살펴볼까요.

한 농부는 집안이 가난하여 점심을 준비하지 못한 채 일했습니다. 같이 일하던 사람들이 밥을 한 숟가락씩 덜어 주었습니다. 농부는 늘 얻어먹으니 다른 사람에게 고맙기도 하고 미안하기도 했습니다. 이야기를 들은 부인은 어느 날 점심식사를 준비해 왔습니다. 평소 남편에게 인정을 베푼 사람들과 나누어 먹도록 푸짐하게 음식을 장만하여, 모처럼 주변 사람들에게 진 마음의 빚을 갚게 되었습니다. 그런데 남편은 부인을 의심하지 않을 수 없었습니다. "이 음식이 어디서 난 것이오?" 부인은 머뭇거릴 뿐 대답이 없었습니다. 남편의 의심은 점점 더해졌습니다. 그러다 아내의 머리 위에 수건이 씌워진 것이 눈에 들어왔습니다. 부인은 머리카락을 잘라 팔았던 것입니다. 이것은 의종 때 역을 지던 가난한 백성의 이야기입니다. 백성의 생활은 이렇게 고달팠습니다.

조선 후기 이전까지 우리 나라의 중심 산업은 농업이었으므로, 고려 역시 농업이 국가 경제의 기반이었습니다. 농업은 농민의 활동을 바탕으로 이루어졌기 때문에 나라에서는 농업을 진흥시키고, 농민 경제를 안정시키기 위한 권농 정책을 실시했습니다.

농민이 몰락하면 유민이 되어 이곳저곳을 떠돌게 되었습니다. 〈청산별곡〉에서처럼 '머루랑 다래랑 먹고' 삶의 터전인 토지를 잃고 떠도는 사람들이 있었습니다. 이들은 민전을 잃고 유민이 되거나 전호가 되어 힘들게 살아갔습니다. 나라에서는 이런 농민이 생기지 않도록 세금을 깎아 주거나, 사회 복지시설을 만들었습니다.

농업 기술도 점차 향상되어 심경법이 널리 퍼졌습니다. 심경법은 소를 이용하여 땅을 깊게 가는 농사법입니다. 땅속 깊은 곳의 영양분이 풍부한 토양을 위로 올리자 지력이 향상되었습니다. 그 결과 당연히 농업 생산력이 늘었죠. 농사에 소를 이용한 것은 신라의 지증왕 때부터였습니다. 여기서 더 나아가 심경이 가능해졌습니다.

2년 3작의 윤작법도 보급되었습니다. 첫 해에는 두 가지 작물을 심고, 다음 해에 한 가지 작물을 심었습니다. 같은 토지에 2년에 걸쳐서 세 가지 작물을 재배했지요. 예를 들면 조, 밀 (또는 보리), 콩을 2년에 걸쳐 같은 땅에서 길렀습니다. 이 농법은 주로 관서의 평양도 지방에서 이루어졌습니다.

윤작법(輪作法)

같은 땅에 여러 가지 농작물을 해마다 바꾸어 심는 일. 돌려짓기를 하는 방법제초 작업에서도 큰 성과를 보였고, 비료로 가축의 뒷거름이 널리 쓰였습니다. 집에서 기르는 짐승의 분비물을 썩혀서 비료를 만들었습니다. 이를 시비법이 발달했다고 하죠. 이에 따라 휴경 기간이 줄었습니다. 휴경은 농사를 짓지 않고 땅을 놀리는 것을 말합니다. 지표면의 토양에서 양분이 빠지고 잡초만 무성해지면 농사를 지을 수 없습니다. 그런데 이런 땅에 비료를 적당히 주고 잡초를 제거하자 농지를 쉬게 할 필요가 없어졌습니다.

은으로 만든 병 모양의 돈 : 수공업 · 상업과 금융

고려 시대의 수공업은 관청 수공업과 민간 수공업으로 나뉩니다. 관청 수공업은 국가에서 주도하는 것이었죠. 해당 관청에 공장을 전속시켜 국가에서 필요한 물품을 만들었습니다. 공장은 수공업자를 말합니다. 국가에 소속된 공장들은 왕실이나 귀족층의 생활용품을 제조하기도 하고, 장식물이나 도자기 등을 만들었습니다.

공장(工匠)
물건을 만드는 기술자.
수공업자

특히 고려에서는 공예를 중시했는데, 청자에 나타난 기술은 매우 뛰어났습니다. 기술이 뛰어난 사람들에게는 녹봉을 주거나 토지를 주어 관청 수공업에 종사하도록 했습니다.

민간 수공업은 가내 수공업이 중심이었습니다. 자급자족을 위한 생활 필수품을 만들고, 관청에 납부하기 위한 포목류를 만들기도 했습니다. 국가에 내는 세금은 쌀이나 베(옷감)로 내야 했는데, 이 때 필요한 포목을 집에서 만들었습니다.

수공업에 종사하는 백성들이 사는 집단 거주지도 있었습니다. 향·소·부곡 가운데 소가 여기에 해당합니다. 사원 경제도 발달했습니다. 사원(절)에서 종이를 만들거나 포목을 생산했지요.

고려는 농업 중심 국가였기 때문에 다른 산업은 크게 발달하지 못했습니다. 상업도 마찬가지였습니다. 다만, 시전 상업이 비교적 활발했습니다. 시전은 국가의 허가를 받고 시장에서 물건을 파는 가게였습니다. 이곳에서 관청의 수요품과 왕실 및 귀족층의 생활용품을 공급했습니다.

시장과 점포는 어느 지방에 있었을까요? 왕실이 있고 귀족이 생활하는 개경에 있었습니다. 상행위를 감독하고 물가를 조절하기 위한 경시서(京市署)라는 관청도 있었습니다.

화폐로는 성종 때 건원중보가 있었습니다. 이것은 동전이 아니라 철전입니다. 철로 만든 돈이죠. 상업이 크게 발달하지 못했기 때문에 널리 유통되지는 않았습니다. 숙종 때에는 화폐를 사용하는 것을 권장했습니다. 이 때 해동통보, 해동중보, 삼한통보 등의 동전이 만들어졌습니다. 활구 또는 은병이라는 고가의 화폐도 만들었습니다. 은병이란 은 1근으로 우리 나라 지형을 본떠 만든 병 모양의 화폐입니다. 은병 하나의 값은 포 100여 필이나 되었습니다. 일반 백성은 평생 구경도 못했죠. 은병은 귀족들의 대규모 거래에 사용되었습니다.

건원중보(상)
해동통보(하)

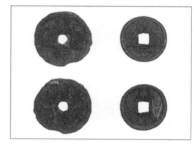

귀족들에게 부가 집중되면서 고리대업이 행해졌습니다. 가난한 농민들은 굶어 죽지 않으려고 비싼 이자를 물면서 쌀을 빌렸습니다. 귀족뿐만 아니라 사원에서도 고리대가 유행했습니다. 당장 배고픔에서 벗어나기 위해 빌리기는 했지만, 빚을 갚고 나면 다시 먹을 것이 없었고 비싼 이자 때문에 빚더미에서 헤어나지 못하는 경우도 많았습니다. 그 결과 농민의 생활은 갈수록 어려워졌습니다. 나라에서는 원곡과 이자가 같아지면 더 이상 이자를 붙이지 못하도록 하는 규범을 만들기도 했습니다.

고리대업이 성행하면서 이자로 사업을 하는 보(寶)가 생겨납니다. 기금을 만들어서 그 이자를 가지고 사업 경비로 사용하는 것입니다.

보에는 사업 목적에 따라 여러 종류가 있었습니다. 학보, 경보, 팔관보 등이 있었지요. 학보는 학교 재단을 말합니다. 경보는 불경을 간행하기 위해서 만들었고, 팔관보는 팔관회를 개최하는 데 필요한 경비를 마련하기 위해서 세워졌습니다. 빈민을 구제하기 위한 제위보도 있었지요. 그러나 이들 보는 원래의 목적에서 벗어나 이자 불리기에만 급급하여 쌀을 빌리는 농민의 생활에 피해를 끼치기도 했습니다.

고려, 고리여, 코리아 : 대외 무역

국내의 상업이 어느 정도 발전하자 외국과의 무역이 활발해졌습니다. 고려의 대표적인 무역항은 벽란도였습니다. 벽란도는 개성의 예성강 어귀에 있었는데 외국인들이 들어와서 교역을 하는 국제 무역항으로 번성했습니다.

　대외 무역에서 가장 중요한 나라는 송이었습니다. 우리 나라는 항상 중국에서 비단·책·약재 등을 수입했습니다. 고려도 마찬가지였습니다. 고려는 송에서 비단·약재·책·악기 등을 수입하고, 금·은·인삼 등을 수출했습니다. 여기에 종이·붓·먹·부채·나전칠기·화문석 등의 수공업제품이 송에 수출되었습니다. 특히 고려의 종이나 먹은 질이 뛰어나 송의 문인들이 귀하게 여겼습니다. 당연히 비싼 값으로 수출할 수 있었지요.

　고려 전기 북송과의 무역은 벽란도 － 옹진 － 산둥반도 － 덩저우를 통로로 이용했습니다. 송은 여진의 압박 때문에 남쪽 지방으로 중심지를 옮겼습니다. 그 이전을 북송이라 하고, 남부로 옮긴 뒤를 남송이라 합니다. 남송과는 벽란도 － 흑산도 － 밍저우로 연결되는 통로를 이용했지요.

　북방 민족인 거란, 여진과도 무역이 이루어졌습니다. 고려는 거란에 식량·문방구·구리·철을 수출했고, 거란은 은을 가지고 왔습니다. 여진은 먹을 것이 부족하여 식량·

▼ 고려의 대외 무역

철제 농기구 등을 가져갔습니다. 고려에서는 은·모피·말을 여진에서 수입했지요. 일본과는 그다지 교역이 활발하지 않았습니다.

벽란도에는 아라비아(대식국) 상인도 들어왔습니다. 아라비아는 지금의 이라크를 중심으로 한 지역입니다. 고려 시대에는 아라비아 사람들을 대식국인이라 불렀습니다. 아라비아 상인들은 수은·향료·산호 등을 가지고 왔습니다. 이들이 드나들면서 고려가 서방에 알려지게 되었고, 고려를 '고리여, 코리아, Corea'로 불렀습니다. 그 뒤 우리 나라가 코리아로 널리 서양에 알려졌습니다.

6 교종과 선종 통합·문벌 귀족 사회의 사상

치국의 근본은 유교 : 유학의 발달과 교육기관

고려에서는 일찍이 유교를 정치 이념으로 삼았습니다. 성종 때 최승로를 비롯한 유학자들은 유교 정치 이념을 정립했습니다. 최승로는 치국을 위한 근본 이념으로 유교를 주목했지요. 이 때의 유교 사상은 자주적이고 주체적인 특성이 있습니다.

고려 중기에 이르면 유학이 점차 보수적인 성격으로 변하게 됩니다. 문벌을 존중하는 사회 풍조가 유학에도 영향을 미쳤던 것입니다. 경원 이씨가 집권하면서 자주적인 특성이 사라지고 권력 유지를 위한 보수적인 유학으로 변했습니다. 이 시기의 대표적인 유학자가 김부식입니다.

　유교를 가르치는 학교가 중앙은 물론 지방에도 있었습니다. 성종은 개경에 있던 국립 종합 대학인 국자감을 정비했습니다. 국자감에는 단과 대학에 해당하는 유학 교육 과정과 기술 교육 과정이 있었습니다. 국자감의 유학부에는 국자학·태학·사문학이 있었는데, 각 과정에 입학할 수 있는 학생 신분이 달랐습니다. 3품 이상의 고위 관료의 자제는 국자학에 입학했고, 5품 이상 관료의 자제는 태학에, 7품 이상 관료의 자제들은 사문학에 입학했습니다. 또한 국자감의 기술학부에는 율학(법률), 서학(글씨), 산학(산수) 과정이 있었습니다. 기술학부에서는 8품 이하 하급 관료 자제나 서민의 자제들이 공부했습니다. 입학 자격에 차별을 둔 것을 보면 고려가 고위 관직의 귀족을 특별히 우대했음을 알 수 있습니다.

　성종은 지방 교육에도 관심을 보였습니다. 향리의 자제들을 개경으로 불러들여 유학을 가르쳤습니다. 또한 지방의 주요 거점인 12목에 경학 박사와 의학 박사를 파견했고, 경학 박사는 지방민을 교육하는 역할을 했습니다. 뒤에 인종 때에 이르면

고려의 유학

	고려 전기	고려 중기
시대 배경	북진 정책 추진	문벌 귀족의 보수화
특 징	자주적·주체적	보수적·사대적
학 자	최승로·김심언	김부식·최충

교육기관

• 관학 : 경학(태조)
  → 국자감(성종) →
  국학(예종)
• 사학 : 9재 학당, 사
  학 12도

지방 교육은 향교를 중심으로 이루어집니다.

고려 중기에는 사학이 발달했습니다. 문종 때 최충이 수상인 문하시중에서 퇴임한 뒤 9재 학당을 만들었습니다. 9재 학당은 문하시중을 지낸 최충이 만들었다고 하여 문헌공도 또는 최공도라고도 불렸습니다. 여기에서는 9개의 전문 강좌를 나누어 강의했습니다. 요즘 학원의 단과 강좌처럼 수업이 이루어졌던 것입니다. 이곳에는 문벌 귀족의 자제들이 입학하여 과거 시험을 준비했습니다.

당시 9재 학당 이외에도 12곳에 사학이 세워졌습니다. 설립자는 대체로 퇴직한 고위 관리이거나 과거 시험관을 지낸 인물들이었습니다. 과거를 준비하는 귀족 자제들은 관학(국자감 · 국학)보다 사학 12도에 가는 것을 영광으로 생각했습니다. 이렇게 사학이 융성하자 관학은 점차 쇠퇴했습니다.

국가에서는 관학을 부흥시키려 노력했습니다. 숙종(1095~1105)은 국자감을 강화하기 위해 국자감에 서적포를 두어 책을 만드는 일에 힘썼고, 예종(1105~1122)은 아예 국자감의 명칭을 국학으로 바꾸었습니다. 이름을 바꾸는 일은 새로운 모습을 보여 주겠다는 의지에서 나오는 것입니다.

국학 안에는 7재가 있었습니다. 일곱 개의 전문 강좌를 개설했지요. 이 가운데는 무예를 가르치는 강좌도 있었습니다. 하지만 대부분은 유학에 관한 내용이었습니다. 사학에 학생이 몰리는 이유는 전문 강좌가 과거 준비에 도움이 되었기 때문입니다. 7재에서도 과거 시험 준비에 필요한 내용을 가르쳤습니다.

학생을 모집하기 위해 장학금을 지급하기도 했고, 우수한 학생을 모아 교육하려고 장학재단인 양현고를 설치했습니다.

인종(1122~1146)은 국학 안에 7재 가운데 무예를 가르치는 강좌를 폐지하고 경사 6학을 마련했습니다. 과거에 무과 시험이 없어서 학생이 모이지 않았기 때문에 유학을 가르치던 나머지 강좌를 경사 6학으로 개편한 것입니다. 또한 인종은 지방에 향교를 설치했습니다. 나라에서 교육 제도를 정비했지요.

교육 제도와 유기적으로 연결되어 운영된 것은 관리 등용 제도였습니다. 관리가 될 수 있는 방법에는 크게 두 가지가 있습니다. 과거와 음서가 그것입니다.

고려의 과거 제도는 광종 때 실시되었는데 제술과·명경과·잡과로 나누어 인재를 선발했습니다. 제술과는 한문과 시무책을 시험하였고, 명경과는 유교 경전을 시험했습니다. 제술과와 명경과에 급제하면 문신 관료로 등용되었습니다. 잡과는 의학·천문학·음양지리 등의 실력을 겨루어 기술관을 뽑았습

양현고(養賢庫)

1119년 학교 건물 신축, 학생의 교육 및 국학의 재정적 뒷받침을 위해 국학 안에 설치한 장학재단. 당시의 유학생(儒學生) 60명과 무학생(武學生) 17명의 뒷바라지를 하였다.

고려의 관리 등용 제도

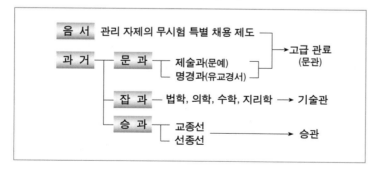

니다. 그리고 무과는 거의 실시되지 않았습니다.

과거를 거치지 않고도 음서 제도를 통하여 관리가 될 수 있었습니다. 가문을 기준으로 한 특별 채용 제도였지요. 공신이나 5품 이상의 고위 관료의 자손은 무시험으로 관직에 오를 수 있었습니다. 음서는 문벌 귀족만이 누릴 수 있는 특권이었습니다. 이 음서 제도는 고려가 귀족 사회였음을 보여 주는 특징 가운데 하나입니다.

가장 오래된 역사책 : 삼국사기

고려에서는 유학이 발달하고 유교적인 역사 서술이 확립되어 많은 역사책이 만들어졌습니다. 건국 초기부터 왕조실록이 편찬되었지요. 그런데 목종 이전까지의 역사 기록은 거란이 침입했을 때 불타서 없어졌습니다. 뒤에 태조부터 목종까지의 역사를 기록한 《7대 실록》이 완성되었지만 남아 있지 않습니다.

《삼국사기》가 지금 남아 있는 가장 오래된 역사책입니다. 이 책에서는 고구려, 백제, 신라 삼국의 역사를 다루었습니다. 고려 인종 때 왕명을 받아 김부식이 편찬했지요. "성상 전하께서 옛 역사책을 널리 살피시고, 우리 역사를 만세에 남겨서 교훈으로 삼으시고자 한다."라고 서문에서 밝혔습니다. 역사를 편찬하여 정치의 교훈으로 삼으려 했던 것입니다.

《삼국사기》는 기전체로 쓰여졌습니다. 기전체는 본기와 열전 등으로 나누어 역사를 쓰는 중국 정사체 서술 방식입니다. '본기'는 국왕의 행적을 적은 부분을 뜻합니다. '열전'은 신하

의 전기를 간추려 쓴 것입니다. 그 밖에도 제
도사를 적은 '지'와 박혁거세부터 경순왕까
지의 연대기를 쓴 '연표'로 이루어졌습니다.
본기, 열전, 지, 연표를 모두 50권으로 구성
했습니다.

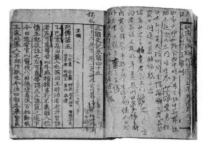

▲ 《삼국사기》(성암 고
서 박물관 소장)

　김부식은 문벌 귀족으로 경주 김씨 가문
출신이었습니다. 그는 보수적인 유학자였죠. 금이 흥기했을 때
금과 화해하여 나라를 지키자고 주장했습니다. 묘청의 서경 천
도 운동 때에는 개경 세력을 대표했습니다. 따라서 《삼국사기》
는 고려 중기 보수적인 문벌 귀족의 역사의식을 바탕으로 쓰여
진 것입니다.

　《삼국사기》는 사대적이고 신라 중심적으로 서술되어 있습니
다. 또한 삼국 이전에 있었던 고조선의 역사를 적지 않았고,
고구려와 백제의 역사를 축소한 경향이 있습니다. 두 나라의
역사에 관하여는 중국측의 사료를 주로 이용했습니다. 세 나라
가운데 신라의 역사가 가장 오래되었다고 했지요. 신라는
B.C. 57년에 건국되었고, 그 뒤 고구려가 B.C. 37년, 백제는
B.C. 18년에 세워졌다고 했습니다. 그러나 그대로 믿을 수는
없습니다. 《삼국사기》는 유교적 합리주의에 입각했기 때문에
설화나 야사와 같이 객관적이지 않은 이야기는 제외시켰습니
다. 또 문벌 귀족의 입장에서 쓰다 보니 백성들의 생활상을 엿
볼 만한 기록을 찾기 힘듭니다.

　조선 후기 실학자들은 《삼국사기》에 비판적이었습니다. 민

야사(野史)
민간에서 저술한 역사.
주로 풍속·전설을 기
록하여 시대상을 반영
하기도 한다.

족자주의식을 엿볼 수 있는 대목이 없으니까요. 일제 시대 민족주의 역사학자들도 마찬가지였습니다. 신채호는 《삼국사기》가 사대주의 역사관에서 쓰여졌다며 비판했습니다. 신채호는 특히 묘청을 높이 평가했는데, 그 반대편에 섰던 김부식을 비판하는 것은 당연한 일이었죠. 하지만 《삼국사기》가 없었다면 삼국의 역사를 살펴보기란 무척 힘들었을 것입니다.

불경도 읽고 참선도 하고 : 의천의 해동 천태종

문벌 귀족 사회에서는 보수적이고 귀족적인 법상종과 화엄종이 발달했습니다. 법상종과 화엄종은 모두 교종의 일파이기 때문에 자연히 선종이 크게 위축되었습니다. 법상종은 의례적이고 형식적인 면이 많았습니다. 이 때 문종의 아들이었던 의천이 송에 유학을 다녀와 불교계를 개혁했습니다.

대각국사 의천 ▼

흥왕사를 화엄종의 본찰로 삼고 법상종을 비롯한 교종 불교 사상을 융합하고자 했습니다. 이미 통일 신라 시대에 불교의 여러 종파를 통합하려는 노력이 있었지요. 원효가 화쟁 사상을 토대로 불교 사상을 통합하려 했습니다.

의천은 해동 천태종을 만들어냈습니다. 교종의 입장에서 선종을 통합했던 것입니다. 해동 천태종에서는 '교관겸수(敎觀兼修)'와 '내외겸전(內外兼全)'을 제창했습니다. 교리를 연구하는 이론적인 측면과 참선을 수행하는 실천적인 방법을 아우르고자 했던 것입니다. 의천의 문하에는 많은 승려들이 몰려왔고, 천태종은 크게 융성했습니다. 그러나 교종과 선종의 통합은 불완전했습니다. 단지 교단을 통합했을 뿐, 교리를 통합하는 데까지는 이르지 못했습니다. 그리하여 의천이 죽은 뒤 교종과 선종은 다시 나뉘었습니다.

한편, 의천은 송·요·일본 등지에서 불경을 수집했습니다. 대장경에서 빠진 부분을 보충하기 위해서였지요. 거란이 침입할 때 초조대장경을 만들었다고 했습니다. 그 밖의 국내와 국외에 흩어진 불경을 모았습니다. 그리고 불서 목록을 만들었지요. 이것이 바로《신편제종교장총록》인데 여러 불교 경전을 수집하여 새로 펴낸 목록집이라는 뜻입니다.

의천은 흥왕사에 교장도감을 설치했습니다(1086). 이곳에서는 4,700여 권의 불경과 불교 연구서가 간행되었습니다. 이것을 속장경이라 합니다. 초조대장경에 이어 만든 속편 대장경이라는 뜻입니다.

도관을 짓고 도사를 두다 : 도교의 유행

우리 나라에 도교가 전해진 것은 삼국 시대부터였습니다. 고려 시대에 와서도 성행했지만, 불교나 유교에는 미치지 못했습니다. 도교에서는 늙지 않고 오래 산다는 불로장생 이념을 추구했습니다. 인간은 누구나 오래 살기를 바랍니다. 죽지 않는다면 더욱 좋겠지요. 불로장생을 염원하는 도교는 현세에서 복을 비는 성격이 강했습니다.

고려 시대의 도교는 하늘의 별들과 서낭신, 토지신 등 많은 잡다한 신을 모셨습니다. 여러 신을 모셔 재앙을 물리치고 복을 빌었습니다. 나라에서는 국가의 안녕과 왕실의 번영을 기원했고, 국가적 차원의 도교 행사를 자주 베풀었습니다.

도교에 가장 관심을 기울인 임금은 예종이었습니다. 예종은 도교 사원인 도관을 건립하고, 도교의 승려인 도사를 중국에서 불러왔습니다. 그렇다고 예종이 도교만 신봉한 것은 아닙니다. 유교와 불교에도 관심이 지극해서 여러 사상이 조화를 이루며 영향을 미쳤습니다.

7 오! 신비의 청자 • 귀족의 예술

사리를 모시고 : 석탑, 부도와 불상

고려 시대 사람들은 불교를 신봉했습니다. 예술에도 불교적인 색채가 강했지요. 현화사, 흥왕사와 같은 사찰도 많이 세워졌습니다. 하지만 모두 불타 지금은 남아 있지 않습니다. 석탑도 만들어졌습니다. 안정감이나 아름다움 면에서는 신라 시대의 것에 뒤졌지만, 여러 가지 자유로운 형식의 탑들이 만들어졌습니다. 개풍의 현화사 7층 석탑과 오대산 월정사의 8각 9층 석탑이 대표적입니다.

특히 고려 시대의 조형 예술을 대표하는 것은 부도였습니다. 부도는 승려들의 사리를 안치하는 묘탑입니다. 그렇다면 부도는 교종과 선종 어느 쪽과 관련이 있을까요? 물론 선종입니다. 부도는 참선 수행을 한 승려에게서 사리를 얻어 모시던 곳이었으니까요.

선종이 유행하면서 부도가 많이 만들어졌습니다. 구례 연곡사의 북부도, 공주 갑사의 부도, 여주 고달사지의 원종대사 혜진탑 등이 있습니다. 위에서 내려다보면 원 모양에 가까운 팔각형을 띠는 것이 기본 양식이었습니다. 또 기본 모양에서 약간 형태를 바꾸어 만든 걸작품도 있었습니다. 정토사 홍법국사 실상탑과 법천사 지광국사 현묘탑이 그것입니다.

월정사 8각 9층 석탑
(강원 평창)

불상도 석탑처럼 형식에 얽매이지 않는 자유로운 면모를 보여 줍니다. 어떤 재료를 사용했느냐에 따라 석불, 금동불, 철불 따위가 있었으나 신라 시대에 비하면 제작 기법이 그다지 뛰어나지 못했습니다. 인체 비례가 균형을 이루지 못하고 사실

원종대사 혜진탑(좌)
홍법국사 실상탑(우)

적이지 않아서 우스꽝스러워 보이는 것도 있습니다. 건국 초에 만들어진 논산의 관촉사 석조 미륵보살 입상(은진 미륵)이 대표적입니다. 이것은 거대한 규모의 불상인데, 특히 머리 부분이 커서 속칭 '대갈 장군'이라고도 했습니다. 아름다움 면에서는 신라 때보다 후퇴했다고 할 수 있습니다.

신비로운 비색의 아름다움 : 고려 자기

자기의 발달

• 고려 : 순수 비색 청자→음각 무늬 청자→상감 청자
• 조선 : 분청 사기→백자→청화 백자

고려에서는 독특한 아름다움을 지닌 자기가 만들어졌습니다. 그 전까지는 토기였지만 고려에 들어서면서 자기로 변했습니다. 자기는 사기 그릇을 말하는데, 백토 따위를 원료로 하여 높은 온도로 구워서 만든 것입니다. 겉은 매끄럽고 단단하며 두드리면 톡톡 하는 맑은 소리가 납니다.

고려 자기는 신라 토기의 전통 위에 송의 자기 기술의 영향을 받은 것입니다. 문벌 귀족들은 자기를 무척 좋아했습니다. 문벌 귀족 사회가 성립하면서 고려 자기의 독특한 아름다움이 나타났습니다. 중국 사람들도 고려 자기를 천하의 명품이라고 칭찬했습니다.

청자 가마터
(전남 강진)

특히 고려 청자가 유명했지요. 청자는 백토로 원형을 만든 뒤 철분을 함유한 청록색의 유약을 묻혀서 구워낸 것입니다. 고려에서는 처음에 백자와 청자를 함께 만들었습니다. 그러다 점차 청자가 주류를 이루었습니다.

첫 단계에서는 그릇 모양과 함께 선을 강조하는 순수 청자가 만들어졌습니다. 순수 청자는 신비로운 비취빛을 띤 비색으로 무늬가 없었습니다. 병 모양이나 항아리 모양을 비롯해 주전자 · 화병 · 향로 등 여러 가지 형태를 띠고 있지요. 그러다 12세기 중엽부터는 상감법이 개발되어 그릇 표면에 음각을 하여 무늬를 넣었습니다. 상감으로 운학 · 모란 · 국화 무늬 등을 새겨 넣었는데, 이는 고려 청자만이 갖는 독특한 기법입니다.

청동 은입사 포류
수금무늬 정병

청자는 귀족들의 사치품이었습니다. 비색의 아름다움, 다양한 그릇 모양과 장식이 조화를 이루는 우아한 형태, 음각과 양각 및 상감법에 의한 독특한 무늬가 어우러져 있습니다. 세련된 아름다움을 자랑하는 이 자기는 귀족들이 좋아할 만한 물건이었죠. 송 자기의 영향을 받았지만 그 이상의 독창성이 돋보이는 예술품이었습니다.

자기 공예와 함께 금속 공예도 발전했습니다. 특히 청동기에 은으로 장식 무늬를 넣은 은입사 기술이 발달했습니다. 청동 은입사 정병이나 청동 은입사 향로와 같은 뛰어난 작품을 많이 남겼습니다. 청동기는 실용품이 아니라 귀족들이 즐기는 사치품이었습니다. 귀족들은 화려하면서도 아담하고 귀여운 것을 좋아했지요. 이들의 취미에 걸맞았던 청자와 청동제품은 고려 전기의 대표적인 예술품입니다. 이들은 귀족의 사치품이었다는 공통점이 있습니다. 이와 같이 고려 시대에는 귀족 취향의 예술이 발달했습니다.

특수부대의 활약 : 여진 정벌과 동북 9성

여진은 말갈이라 불리는 북방 민족의 하나로, 발해의 지배 아래 있다가 발해가 멸망하자 고려와 거란을 상국으로 받들었습니다. 그들은 스스로 국가를 이루지 못하다가 12세기에 들어서 북만주에서 일어난 완옌부의 추장이 부족을 통일하면서 세력을 키웠습니다. 여진족은 정주까지 내려와 고려군과 충돌했습니다.

기병을 주력으로 삼는 여진족을 고려의 보병만으로는 막아내기 어려웠습니다. 윤관은 여진 정벌을 대비해 새로운 부대를 편성할 것을 건의했습니다. 그 결과 숙종이 별무반을 편성했습니다. 특수부대인 별무반은 기병인 신기군, 보병인 신보군, 승병인 항마군으로 구성되었습니다. 윤관은 별무반을 이끌고 함경도 쪽으로 진격하여 여진을 북쪽으로 내쫓았습니다. 그리고 동북 지방 일대에 9성을 쌓았습니다(예종 2년, 1107). 삶의 터전을 잃은 여진은 끊임없이 이 지역을 돌려줄 것을 애원하기도 했고, 고려를 침입하기도 했습니다. 고려는 9성을 쌓은 지 1년 만에 여진에게 돌려주었습니다.

그 뒤 여진은 세력을 좀더 강화하여 만주 일대를 장악하고 금을 건국했습니다. 금은 요(거란)를 멸망시키고 고려에 압박을 가하며 군신 관계를 요구했습니다. 고려를 상국으로 받들던 여진이 오히려 고려를 신하의 나라로 삼으려 하자 고려에서는 분개하는 인물이 많았습니다.

하지만 당시 정권을 잡은 세력은 이자겸이었습니다. 이자겸은 보수적인 문벌 귀족을 대표하는 인물로, 정권을 유지하는 데 있어 전쟁은 아무 도움이 되지 않는다고 믿었습니다. 이자겸뿐만 아니라 정권의 핵심에 있던 문벌 귀족들은 대개 여진에 사대할 것을 주장했습니다. 김부식의 동생이었던 김부의는 "지금 대 송나라도 거란과 화친하였습니다. 오랑캐 나라에 굴복하여 섬기는 것은 이른바 '성인이 임시 방편으로 도를 이룬다'고 하는 것으로 국가를 지키는 좋은 계책입니다."라고 말하며 나라를 보존하기 위해 강화를 맺자고 했습니다.

마침내 고려에서는 금의 요구를 받아들여 사대하고 평화 관계를 유지하게 됩니다(인종 4년, 1126). 묘청을 비롯한 서경 세력이 이에 반대하고 금 정벌론을 주장했지만 뜻을 이루지 못했습니다.

이씨가 왕이 된다는데 : 이자겸의 난

건국한 지 200여 년이 지나자 문벌 귀족 사회는 자체적으로 모순에 빠지기 시작했고, 사회 문제가 곳곳에서 발생했습니다. 문벌 귀족들은 과거와 음서를 통해 관직을 독점했습니다. 관직에 따라 과전을 받고 공음전과 사전을 지급받았을 뿐만 아니라 권력을 이용하여 불법적으로 토지를 겸병하기도 했습니다.

관직 자리나 나라의 토지는 한정되어 있는데, 힘있는 가문에서 관직이나 토지를 모두 차지하게 되니 귀족들 사이의 균형이

사전(賜田)

고려·조선 시대 국가에 공을 세운 왕족과 관리에게 수조권(收租權)으로서 지급된 토지. 대체로 외교·국방의 업적과 모반(謀反)·반역의 탐지, 진압 등의 공이 있는 자에게 주었다.

깨졌습니다. 특히 신진 세력들은 정치·경제적 지위를 보장받을 수 없게 되자, 힘있는 보수 세력에 맞서려 했습니다. 이러한 대립은 몇 차례의 반란으로 표출됩니다. 이자겸의 난, 묘청의 서경 천도 운동, 무신의 난이 대표적인 예입니다. 이러한 반란은 문벌 귀족 문화가 최고점에 이르는 인종(1122~1146)과 의종(1146~1170) 때에 일어났습니다.

이자겸은 경원 이씨 집안 출신이었습니다. 이 가문은 문종 때부터 왕실과 혼인 관계를 맺으면서 80여 년 동안 권력을 손에 쥐고 있었습니다. 특히 이자겸에 이르면 가문의 기세가 하늘을 찌를 듯했습니다. 이자겸은 그의 둘째 딸을 예종의 왕비로 들였습니다. 그 사이에서 인종이 태어났고, 이자겸은 인종에게 다시 두 딸을 왕비로 바쳤습니다. 셋째 딸과 넷째 딸이 인종의 비가 되었습니다. 이자겸은 인종의 외할아버지이면서 장인이 되었던 것입니다. 이렇게 중복되는 인척 관계를 맺으면서 왕권을 누를 정도의 권력을 길렀습니다.

이자겸은 가까운 사람들을 중요한 관직에 두루 앉히고, 최고의 대우를 받았습니다. 자신의 생일을 기념일로 정해 전국에서 축하 인사를 받기도 했습니다. 이자겸의 세력이 커질수록 그의 집은 선물로 넘쳐났습니다. 썩어서 버리는 고기만도 수만 근이었다고 합니다. 이자겸에게 잘 보이기 위해 보내는 뇌물이 공공연히 오갔습니다. 이자겸은 세력을 이용하여 남의 토지를 빼앗고, 노비를 시켜 수레와 말을 빼앗기도 했습니다. 이자겸에게 충성하는 일파는 모두 출세하였고 반대파는 정계에서 쫓겨났습니다. 그의 일당으로는 척준경이 있었습니다. 척준경은 여진 정벌에서 공을 세웠던 무인인데, 이자겸의 군사적인 기반이 되었습니다.

이자겸은 인종을 폐하고 스스로 왕위에 오르려는 생각을 품게 됩니다. 이자겸은 '十八子〔십팔자〕'가 왕위에 오른다는 도참설을 믿었습니다. 十八子를 합쳐서 쓰면 李〔이〕가 되지요. 즉 이씨가 왕이 된다는 말이었습니다.

어느 날 이자겸이 왕에게 떡을 선물했습니다. 이자겸의 넷째 딸이었던 왕비가 이상하게 생각했습니다. "아버님께서 무슨 연유로 떡을 바치셨을까?" 인종이 떡을 먹으려는 순간, 왕비는 인종이 떡을 먹지 못하게 말렸습니다. 떡을 까마귀에게 주었더니, 곧바로 죽었습니다. 떡에는 독약이 들어 있었던 것입니다. 결국 왕을 살해하려던 이자겸의 계획은 실패로 돌아갔습니다.

이 일로 인종은 이자겸을 꺼리게 되었습니다. 이자겸을 제거하려 했지만 그의 측근이었던 척준경이 민첩하게 대응해 오히려 인종의 측근 신하들이 해를 당했습니다. 이렇게 인종과 이자겸의 대립은 표면화되었습니다.

마침내 이자겸은 반란을 일으키기로 결심합니다. 궁궐로 들어가 인종을 죽이고 궁궐을 불태우려 했습니다. 이에 맞서 인종은 척준경을 달래서 이자겸을 내모는 계획을 세웠고, 이 일은 성공을 거두었습니다. 척준경이 이자겸을 배신하고 그를 제거한 것입니다. 그 뒤 인종은 척준경까지도 축출했습니다. 이로써 이자겸의 난은 진압되었고(인종 5년, 1127), 기세 등등했던 경원 이씨 세력이 몰락하게 되었습니다.

이자겸의 난은 왕권이 약해지고 문벌 귀족 세력이 강해지면서 일어난 사건입니다. 이 반란이 진압되면서 고려 전기의 문벌 귀족 사회가 붕괴되기 시작했습니다.

서경 천도만 하면 천하 병합 : 묘청의 서경 천도 운동

이자겸의 난으로 왕의 권위가 땅에 떨어지고 궁궐마저 불탔습니다. 대외적으로는 여진이 금을 건국하고 고려에 압박을 가해왔습니다. 이러한 위기는 점차 민심을 불안에 떨게 했고, 때마침 풍수지리설을 내세워 도읍을 개경(개성)에서 서경(평양)으로 옮기자는 여론이 일어납니다. 이자겸의 난처럼 불행한 일이 발생하는 원인이 개경의 지기가 쇠하였기 때문이라고 생각한 것이죠. 고려 초에는 개경이 명당이었지만 개경의 좋은 기운이 다했다고 생각한 것입니다.

서경 길지설은 풍수지리설에 근거한 것이었습니다. 땅의 형세에 따라 인간의 길흉화복이 많은 영향을 받기 때문에 집을 명당에 지어야 인간이 행복해질 수 있다는 것입니다. 나라도 마찬가지여서, 도읍지를 명당에 정해야 나라가 발전한다고 믿었습니다. 도읍의 모양이 국가의 운명에 영향을 준다고 생각한 것입니다.

그렇다면 명당은 어떤 곳일까요? 명당이란 뒤쪽에 주산이 병풍처럼 서 있는 가운데 왼쪽 산은 청룡처럼 쭉 뻗어 있고 오른쪽 산은 백호처럼 웅크리고 있으며, 앞에는 조그마한 산들이 엎드려 있는 곳이라고 했습니다. 고려 시대의 풍수지리설은 예언적이고 신비한 성격의 도참 신앙이 더해졌습니다. 서경(평양)이 곧 명당이라는 것이 서경 길지설의 요지였고, 이곳으로 도읍을 옮기면 고려가 번창하게 된다는 이론으로 이어졌습니다.

서경으로 도읍을 옮기자는 주장에 개경의 귀족들은 반대했습니다. 이에 따라 풍수지리설은 개경 세력과 서경 세력의 정치 싸움에 이용되었습니다.

서경 길지설을 내세우던 세력은 묘청을 비롯한 신진 관료였습니다. 묘청은 서경 천도를 강력하게 추진하여 국가를 중흥시킨 공신으로서 정권을 장악할 계획이었습니다. 묘청을 중심으로 한 서경파는 서경에 대화궁(大花宮)이라는 궁궐을 지었습니다. 그리고 칭제 건원하여 금을 정벌할 것을 주장했습니다.

서경은 지금의 평양으로 옛 고구려의 수도였습니다. 서경 천도론은 고구려 계승의식과 연결되어 옛 고구려의 영토를 찾기 위해 금을 정벌하자는 주장으로 이어졌습니다. 즉 묘청 일파는 서경파, 풍수지리설파, 고구려 계승파, 외세 배격파라 할 수 있습니다. 이들의 주장은 자주적인 혁신 정치를 목표로 삼았습니다.

한편, 이 때 정치적 실권은 김부식을 비롯한 문벌 귀족이 쥐고 있었습니다. 이들은 개경파, 유학파, 신라 계승파, 사대파라 부를 수 있습니다. 김부식 일파는 서경 천도

칭제 건원(稱帝健元)

우리 나라의 왕도 중국처럼 황제라 일컫고(칭제), 중국의 연호가 아닌 독자적 연호를 정해 쓰는 것(건원)을 말한다.

▼ 대화궁 터

를 반대하면서 풍수지리설과 금국 공격론에 반대했습니다. 도읍을 옮기기만 하면 땅의 기운에 힘입어 금을 물리칠 수 있다는 서경파의 주장은 비합리적이라는 것이었습니다. 묘청의 주장은 황당한 것으로 사람들의 마음을 미혹시킨다고 비판했지요. 김부식은《삼국사기》에서 신라 계승론을 내세우며, 금 정벌에 반대하고 사대를 주장했습니다.

묘청의 서경파는 처음에는 인종의 마음을 움직이는 데 성공하는 듯 했습니다. "신 등이 서경의 땅을 보니 풍수가들이 말하는 대화세입니다. 만약 궁궐을 세워 도읍을 옮기면 천하를 합병할 수 있을 것입니다. 금나라가 폐백을 가지고 스스로 항복할 것이며, 36국이 모두 우리의 신하가 될 것입니다." 이에 따라 묘청은 궁궐까지 지었습니다. 그러나 강력한 반대 여론에 밀려서 어려움에 부딪혔습니다. 그러자 무력을 행사하게 됩니다. 인종 13년(1135), 묘청은 서경에서 군사를 일으켰습니다. 국호를 '대위(大爲)'라 하고, 연호를 '천개(天開)'로 삼았으며 그 군대를 천견충의군(天遣忠義軍)이라 불렀습니다. 그러나 김부식이 지휘한 관군에게 서경이 함락되고 난은 진압되었습니다.

일제 시대 민족주의 역사학자였던 신채호는 묘청을 높이 평가합니다. 묘청의 서경 천도 운동은 '조선 역사 일천 년 이래의 제일대사건'이라고 했습니다. 우리 역사에서 가장 중요한 사건으로 꼽았던 것이죠. 묘청의 서경파와 김부식의 개경파 사이의 싸움에서 묘청 등이 패배하고 김부식이 승리한 결과, 우리 역사가 사대적이고 보수적인 유교 사상에 정복된 것이라고 비판했습니다. 신채호는 만일 김부식이 패하고 묘청이 승리했다면 우리 역사가 독립적이고 진취적으로 발전했을 것이라며 안타까워했습니다. 역사학자이면서 항일 독립 운동가였던 신채호의 생각에 묘청의 자주의식이 돋보였던 것입니다.

묘청의 주장처럼 우리가 서경으로 도읍을 옮겼다면 금이 스스로 항복하고 고려가 천하를 합병할 수 있었을까요? 서경의 지기만으로는 어려웠겠죠. 군사적인 실력을 갖추자는 주장이 좀더 현실적인 자주 사상이라고 할 수 있습니다. 그런데도 묘청은 풍수지리설을 내세웠습니다.

풍수지리설은 신라 말 도선에 의해 중국에서 도입되어 오랫동안 우리 민족의 생활에 영향을 미쳤습니다. 특히 고려에서는 정치에서 차지하는 풍수지리설의 비중이 매우 높았습니다. 태조는 북진 정책을 뒷받침하기 위해 서경을 중요하게 여겼습니다. 훈요 10조에서도 태조는 풍수지리설을 강조했습니다. 산천 신령의 도움으로 후삼국 통일을 이루었기 때문에 명당인 서경에 국왕이 머물도록 했습니다. 차령 이남의 땅이 풍수지리상

개경파와 서경파

	개경파	서경파
중심 인물	김부식	묘청
배경 사상	유교	풍수지리설
대외 정책	사대 정책 금 사대론	북진 정책 금 정벌론
역사의식	신라 계승의식	고구려 계승의식

배역할 땅이라고 하여 후백제 출신 인물을 경계했습니다. 묘청이 다시 서경 길지설을 내세우며 풍수지리설을 이용한 것이었지요. 뒤에는 남경(서울) 길지설이 나오기도 했습니다.

묘청의 서경 천도 운동은 표면적으로는 자주적 전통 사상과 사대적인 유교 사상 사이의 대립에서 비롯된 것입니다. 또한 서경과 개경이라는 지역 세력 사이의 대립 때문이기도 했습니다. 하지만 이보다 근본적인 문제는 문벌 귀족 내부의 권력 다툼에 있었습니다. 이미 실권을 쥐고 있던 김부식과 신진 관료를 대표하는 묘청의 갈등이 있었던 것입니다. 묘청의 난 이후 문벌 귀족 사회는 내부의 분열을 극복하지 못하고 결국 막을 내리게 됩니다.

9 무신의 세상이 열리다 · 무신 정권 시대

문신의 씨를 말려라 : 무신정변

문벌 귀족 사회는 혼란과 분열을 거듭하다가 무신정변으로 인해 무너졌습니다. 무신정변이 일어난 이유는 크게 세 가지를 들 수 있습니다. 무신에 대한 차별, 군인의 불만, 의종의 잘못된 정치 때문이었습니다.

강감찬은 귀주대첩에서 거란족을 물리친 유명한 장군입니다. 여진족과 맞서 싸운 윤관도 용감한 장군이었습니다. 이 두 사람은 장군으로 이름을 떨쳤지만 무신이 아니었습니다. 과거

급제 출신의 문신이었죠. 묘청의 난을 진압했던 최고 지휘관이 누구였죠? 역사책 《삼국사기》를 저술했던 문신 김부식이었습니다. 고려에서는 당연히 무신이 가졌음직한 군사 지휘권을 문신 관료들이 가지고 있었습니다.

무신은 문신의 지휘를 받는 부하에 지나지 않았습니다. 무신의 최고 자리는 정3품의 상장군이었습니다. 고려의 최고 회의 기구로 국방 문제를 의논하던 도병마사에는 2품 관료가 모였습니다. 그러므로 군사 문제를 논의하는 자리에 정작 무신은 함께 할 수 없었습니다. 무신 출신의 2품 관료는 없었으니까요. 이처럼 무신은 문신보다 정치적으로 낮은 지위에 머물렀습니다.

하급 장교를 비롯한 군인들의 불평 불만도 많았습니다. 군인들은 군역을 담당하고 그 대가로 군인전을 받았습니다. 그런데 이러한 원칙이 잘 지켜지지 않았습니다. 전투에 나갈 뿐만 아니라 평상시에는 공사 현장에 동원되곤 했습니다. 국가 토목 공사에서 힘든 일을 도맡아 했던 것이죠. 게다가 실제로 군인전이 지급되지 않는 경우가 많았습니다. 심지어 가지고 있던 토지를 관리에게 빼앗기는 경우까지 있었습니다. 군인들은 생활이 궁핍해졌고, 자연히 불만을 품게 되었습니다.

무신과 군인을 천하게 여기는 일은 의종에 이르러 극에 달했습니다. 의종은 많은 정자를 지어 놓고 이곳저곳을 돌아다니며 놀기를 좋아했는데, 연회를 베풀어 문신들과 즐거움을 같이했습니다. 연회장에서는 술잔을 돌리며 시를 읊조리곤 했지요.

그러나 의종을 호위하는 무신이나 군인들은 고달프기 그지없었습니다. 게다가 문신이 무신을 조롱하고 무시하는 일이 자주 일어났습니다. 김부식의 아들이었던 문신 김돈중이 무신 정중부의 수염을 촛불로 태운 사건이 대표적입니다. 이 사건으로 정중부는 무신의 난을 일으킬 기회만을 엿보게 되었습니다.

드디어 의종 24년(1170)에 무신정변이 일어났습니다. 의종이 보현원으로 나섰습니다. 가는 동안 왕은 무신에게 수박(手搏)놀이를 시켰습니다. 수박놀이는 태권도와 비슷한 경기였습니다. 이 때 대장군 이소응이 젊은 군사와 대항했습니다. 나이든 이소응은 젊은 군사에 맞서 이기지 못했습니다. 이것을 본 문신 한뢰가 이소응의 뺨을 때렸습니다. "늙은 무신아, 어찌하여 대장군이 군졸과 싸워 넘어가느냐." 한뢰는 이소응을 밀어서 넘어뜨리기까지 했습니다. 의종과 문신들은 이 모습을 보며 손뼉을 치고 깔깔거렸습니다.

정중부를 비롯한 무신들은 주먹을 불끈 쥐었습니다. 그리고 의종이 보현원에 도착했을 때, 정중부는 "무릇 문신은 모조리 죽여서 씨를 말려라."라고 외쳤습니다. 무신과 군인이 힘을 모아 반란을 도모한 것입니다. 이 정변으로 말미암아 김돈중·한뢰를 비롯한 수많은 문신이 목숨을 잃었고, 의종은 폐위되어 거제도로 쫓겨났습니다. 이제 고려는 무신 정권의 시대를 맞게 된 것입니다.

정권을 잡은 무신은 관직을 독점했습니다. 문신을 대신하여 높은 관직부터 낮은 관직까지 모두 무신으로 임명했습니다. 정치적 지위를 이용하여 사유지를 확대하고 경제적인 부도 쌓아 갔습니다. 사병을 소유하여 군사적인 실력도 키워가기 시작했습니다.

무신 정권이 들어서면서 일어난 큰 변화는 실력으로 평가되는 세상이 열렸다는 것입니다. 앞선 문벌 귀족 사회에서는 가문이나 왕실과의 혼인 관계가 중요했습니다. 그러나 이제 실력을 가진 사람이 정권을 장악할 수 있는 때가 온 것입니다. 같은 무신 사이에서도 권력 다툼이 끊이지 않았습니다. 군사적인 실력을 갖춘 부하가 집권자를 내몰고 정권을 장악하는 일이 계속되었습니다.

처음 정변을 일으키고 정권을 잡은 인물은 정중부였습니다. 정중부는 무신들의 회의기구인 중방을 중심으로 위세를 떨쳤는데, 청년 장군 경대승에 의해 살해되었습니다. 경대승은 경호기관인 도방을 두어 권력을 휘둘렀습니다. 정중부의 죽음으로 무신들은 불안해 했고, 경대승을 무신 공동의 적으로 생각했습니다. 이에 압박감을 느꼈던 경대승이 병으로 죽었습니다. 곧이어 천민 출신인 이의민이 정권을 차지합니다. 이의민은 얼마 되지 않아 최충헌 형제에게 살해되었습니다. 20여 년 동안 수많은 무신들이 등장했다 사라졌지요. 이러한 혼란은 최충헌의 집권으로 막을 내렸습니다.

최씨 집안의 전제 정치 : 최씨 정권

최충헌은 집권하자 강력한 전제 정치를 실시하고자 합니다.

> **집권 무신의 변천**
> - 성립기 : 정중부 · 이의방 · 이고 → 정중부 → 경대승 → 이의민
> - 안정기 : 최충헌 → 최우 → 최항 → 최의
> - 몰락기 : 김준 → 임연 → 임유무

무신 정권 초기의 혼란을 수습하기 위해 반대 세력을 차례로 억압하고 독재 정권을 만들었습니다. 최충헌은 국왕이나 문신 세력을 억눌렀습니다.

무신 정권 시대에도 명종과 신종 · 희종 · 강종 · 고종이 왕위를 계승하였습니다. 이 가운데 명종과 희종은 최충헌에 의해 폐위되었습니다. 대신 최충헌이 새로운 왕을 세웠습니다. 왕위에 오르거나 폐위되는 일 따위가 모두 최충헌의 손에 달려 있었습니다. 왕은 이름뿐이고 실질적인 권한이 없는 허수아비 같은 존재였습니다.

최충헌은 문신이나 이들과 연결된 사원 세력도 억압했습니다. 또한 여러 지역에서 일어난 농민과 천민의 봉기를 진압했습니다. 그 결과 최충헌은 최우 · 최항 · 최의로 이어지는 4대 60여 년 동안 최씨 정권이 유지될 수 있는 기반을 마련했던 것입니다.

최씨 정권의 최고 집정부 역할을 한 것은 '교정도감'이었습니다. 교정도감은 반대 세력을 감시하고 숙청하는 일을 맡았습니다. 최씨 집권자들은 교정도감의 장관인 교정별감의 자리에

무신집권자와 지배기구

1170	1179	1183	1196	1219		1249	1257	1258	1268 1270	1271
정중부	경대승	이의민	최충헌	최우		최항	최의	김준	임연	임유무
중방	도방	중방	교정도감	교정도감 · 정방						

있으면서 권력을 손에 넣었습니다.

최충헌은 신변 경호를 위해 도방과 삼별초를 만들었습니다. 도방과 삼별초에는 최씨의 사병이 있어 정권을 유지하는 군사적인 기반이 되었습니다.

최씨 정권의 지배기구와 사병은 고려 전기에는 찾아보기 힘든 독자적인 것이었습니다. 이것을 유지하려면 많은 돈이 필요했습니다. 따라서 최씨 정권은 진주 지방을 식읍으로 가졌습니다. 식읍은 국가에 공이 많은 사람에게 내려지는 특별한 경제적 혜택입니다. 스스로의 힘으로 최고 실권자가 되었던 최충헌은 진주 식읍에서 수취한 경제력을 바탕으로 정권을 이어갔습니다.

최충헌의 아들 최우는 최씨 정권을 좀더 안정시켰습니다. 최우는 관료들의 인사 행정을 맡아보는 정방을 설치했습니다. 그 이전에도 관료의 인사권은 물론 최씨에게 있었습니다. 이러한 사정을 반영하여 정방이라는 공식적인 기구를 만들었던 것입니다. 그만큼 최씨 정권이 안정되어 간다는 증거였지요.

정방에서는 무신뿐만 아니라 문신을 등용하기 시작했습니다. 문신을 탄압하지 않고도 정권을 유지할 수 있다는 자신이 생긴 결과였습니다. 특히 전문적인 지식을 가진 문신을 발탁해서는 서방(書房)을 조직했습니다. 최우는 단순히 무신의 대표가 아니라 문신·무신을 아우르는 실권자라는 점을 내세우려 했던 것입니다.

정방(政房)

최우가 자기 집에 설치하여 문무 백관의 인사 행정을 취급하는 기관으로 1225년에 설치했다. 최씨 정권이 몰락한 후에도 권문세족의 지배기구로 존속했으나 그 폐단이 많아 공민왕 때 폐지되었다.

무신정변이 일어난 뒤 무신이 모든 정권을 독차지했습니다. 그러자 이에 반발하여 문신이었던 동북면 병마사 김보당이 반란을 일으켰습니다.

김보당은 무신 정권으로 왕위에서 쫓겨난 의종을 다시 왕의 자리에 올려놓으려 했습니다. 이어서 서경 유수 조위총이 지방군을 이끌고 무신 정권에 반대하는 난을 일으켰습니다. 문벌 귀족과 연결되었던 교종 승려들도 귀법사를 중심으로 하여 반란을 도모했습니다. 그러나 무신에게 빼앗긴 정권을 찾으려는 이러한 노력은 모두 실패로 끝났습니다.

한편, 무신의 가렴주구에 시달리던 농민들이 봉기했습니다. 경상도 운문을 근거지로 하여 김사미가 초전의 효심과 힘을 합쳐 일어났습니다.

또한 천민들은 무신정변의 하극상에 자극을 받아 여러 지역에서 대규모 반란을 일으켰습니다. 무신은 실력으로 문신을 내몰았습니다. 신분이 아닌 실력이 중요한 시대가 왔다는 뜻이었습니다. 이 사실이 천민들의 사회의식을 각성시켰던 것입니다. 천민들 스스로의 힘으로 자신들의 처지를 바꿀 수 있다고 믿게 되었지요.

공주 명학소에서 망이·망소이가 난을

무신 집권기의 주요 민란 봉기지

● 무신 집권기의 주요 민란 봉기지

최광수
묘청의 서경 천도 운동(1135)
서경
만적
개경
이자겸의 난 (1126) 무신 정변 (1170)
노군
금단
충주
공주(대전) 울진
이비
망이·망소이
전주
운문 경주
효심
담양 진주 초전
전주 관노
김사미
이연년 형제
정방의

일으켰습니다(명종 6년, 1176). 명학소의 반란군은 공주를 함락하고 개경을 향해 나아갔습니다. 이들의 세력이 커지자 정부에서는 명학소를 충순현으로 고쳤습니다. '소'에 거주하던 천민이 이제 '현'의 양인으로 신분을 올릴 수 있었습니다. 그 뒤부터 천민의 집단 거주지였던 향·소·부곡이 점차 사라지게 되었습니다. 전주에서는 관노들이 난을 일으켰습니다(1182). 관청의 노비들이 들고 일어나 40여 일 동안이나 전주를 점령했습니다.

지방에서뿐만 아니라 개경에서도 천민의 난이 있었는데, 만적의 반란 모의 사건이 대표적입니다. 만적은 최충헌의 사노비였습니다. 그는 개경의 여러 노비들과 연결하여 반란을 일으키려 했습니다(신종 1년, 1198). 그는 개경 북산에 노비를 모아 놓고 연설을 시작했습니다.

무신정변 이후로 나라의 공경 대부가 천민에서 많이 나왔소. 어찌 왕후 장상의 씨가 따로 있겠소? 때가 오면 우리도 누구나 할 수 있을 것이오. 왜 우리 노비들만 모진 채찍을 맞아가며 곤욕을 당해야 하오? 우리 모두 주인을 죽입시다. 노비 문서를 불사릅시다.

만적은 최충헌 등을 누르고 정권을 탈취할 계획까지 세웠던 것입니다. 그러나 봉기할 계획이 미리 누설되어 만적을 비롯한 100여 명이 죽음을 당하고 거사는 실패로 끝났습니다. 신분

해방에 정권 탈취까지 기도한 이 사건에 집권 무신들은 큰 충격을 받았습니다.

강화도를 도읍삼아 : 몽고와의 전쟁

최씨 무신 정권 시기 고려는 몽고의 침략으로 말미암아 커다란 시련을 겪었습니다. 몽고는 북아시아 초원 지대에서 생활하는 유목 민족이었습니다. 이동 생활을 계속하다가 칭기즈칸이 몽고족을 통일했습니다. 칭기즈칸의 몽고는 기병을 중심으로 아시아와 유럽 대륙을 휩쓰는 힘을 과시했습니다.

고려와 몽고가 처음 접촉하게 된 것은 13세기 초 강동성 전투에서였습니다. 몽고에게 쫓겨 거란이 고려에 침입한 것입니다. 거란은 남쪽으로 내려오다가 김취려에게 크게 패하여 물러갔습니다. 하지만 몽고군에게 쫓겨 고려 땅에 다시 들어왔습니다. 북쪽에서 몽고에 쫓기고 남쪽에서 고려의 압박에 둘러싸인 거란은 강동성에 머물렀습니다. 이 때 고려 · 몽고와 두만강 유역에 있던 동진국 군대가 연합하여 강동성을 함락했습니다(고종 6년, 1219). 처음에 고려와 몽고는 거란을 함께 토벌하는 관계였습니다.

거란을 토벌한 뒤, 몽고는 고려에 공물을 요구했습니다. 그 요구가 지나치게 부담스러운 것이어서 고려는 응하지 않은 경우가 있었습니다. 이 때문에 고려와 몽고의 사이가 벌어지기 시작했고, 그러던 중 몽고의 사신 저고여가 국경 지대에서 살해된 사건이 일어납니다. 이 일을 구실로 몽고 장수 살리타가 고려를 공격하게 되었습니다(고종 18년, 1231). 몽고군은 귀주에서 박서가 굳게 지키며 저항하자, 이곳을 버려두고 수도 개경을 포위했습니다. 무신 정권은 당황하여 몽고의 요구대로 강화를 맺고 말았습니다.

강화산성
1232년 몽고의 제2차 침입에 항전하기 위해 고종이 쌓았다.

몽고는 계속하여 무리한 조공을 요구하며 고려를 간섭했습니다. 당시 집권자 최우는 수도를 강화도로 옮기고, 몽고와 맞서 싸우기로 결심했습니다. 몽고는 유목 민족으로 바다를 두려워하고 수전에 약하다는 점을 이용하기로 했습니다. 귀족들은 강화도로 옮겨 살고 일반 백성도 산성이나 섬으로 피난하도록 했습니다. 몽고의 장수 살리타가 다시 침입했지만 처인성에서 고려의 김윤후 부대와 싸우다 사살되었습니다. 몽고와의 항쟁에서 성과를 거두기 시작한 것입니다.

그 뒤에도 몽고군은 30여 년 동안 여러 차례 고려를 침략했습니다. 몽고군은 강화도에 있는 고려인들에게 육지로 나오라고 외쳤습니다. 좁은 바다를 사이에 두고 고려인들은 군대를 철수시키면 육지로 나가겠다고 소리쳤습니다. 몽고와 싸우려는 의지가 계속되는 한 몽고군이 강화도를 점령하는 일은 불가능해 보였습니다.

고려는 끈질긴 항쟁 의지로 몽고의 침입을 막아내고 있었습니다. 특히 일반 민중들이 침략군에 맞서 용감하게 싸웠습니다. 노비를 비롯한 천민이 충주에서 몽고군을 물리쳤다는 소식이 전해졌습니다. 충주의 노비군은 끝까지 성을 지키며 용감히 싸웠습니다.

하지만 오랜 전쟁으로 국토가 황폐해졌습니다. 무신 정권은 백성을 섬이나 산성으로 피난하도록 했습니다. 그러자 몽고군은 평야의 곡식을 불태우는 전술을 썼습니다. 이 때문에 곡식이 부족하여 백성들은 생활에 커다란 어려움을 겪게 되었습니다. 또한 귀중한 문화재가 불에 타서 없어졌습니다. 신라의 황룡사 9층 목탑과 대구 부인사에 있던 초조대장경판이 사라지게 되었습니다.

그럼에도 불구하고 최씨 정권은 백성을 적극적으로 보호하려는 노력을 서두르지 않습니다. 최씨와 귀족들은 안전한 강화도에서 개경에서와 다를 것 없는 호사스러운 생활을 계속했습니다. 그리고 이러한 생활을 유지하는 데 필요한 수취를 그치지 않습니다. 백성은 곡식이 부족한 어려운 생활 속에서 가혹한 수취에 시달리게 되었지요.

▲ 삼별초의 격전지 용장성(전남 진도)

▲ 삼별초의 항몽 순의비(제주 애월)

또한 권력을 둘러싼 싸움도 그치지 않아 최씨 정권의 마지막 집권자인 최의가 피살당했습니다. 그 뒤 김준, 임연, 임유무 등의 무신들이 잠시 권력을 쥐었다가 무신 정권은 막을 내렸습니다. 원종이 드디어 몽고와의 화의를 결정하여 개경으로 환도했습니다(1270).

강화도에서 나와 개경으로 다시 돌아가는 것은 몽고와의 항쟁을 포기하는 일이었습니다. 여기에 반대하고 끝까지 몽고에 맞서 싸울 것을 주장한 삼별초가 있었습니다.

삼별초는 최씨 정권의 사병 집단이었고, 또한 몽고에 대항한 용감한 부대였습니다. 이들은 무신 정권의 핵심 군사였으며, 몽고에 대한 항쟁의 중심 군사였습니다. 무신 정권이 타도되고 몽고와 화의가 성립하면 삼별초는 더 이상 존재 의미가 사라지게 됩니다. 때문에 삼별초는 강화도에서 개경 정부에 대항하여 반란을 일으킵니다.

삼별초는 배중손의 지휘 아래 먼저 육지와 교통을 끊고, 강화도를 거점으로 몽고에 대항하기 시작합니다. 후에 이들은 장기전을 펴기 위해 근거지를 진도로 옮겼습니다. 하지만 고려와 몽고 연합군에 의해 진도가 함락되면서 중심 인물을 잃었습니다. 그러자 다시 제주도로 근거지를 옮겨 김통정의 지휘 아래 계속 저항했습니다. 결국 제주도마저 함락되어 4년 여 동안에 걸친 삼별초의 저항은 실패로 끝맺었습니다. 이 삼별초의 항쟁은 고려 무신들의 몽고에 대항하려는 의지가 강했음을 말해 줍니다.

10 선은 부처의 마음, 교는 부처의 말씀

● 무신 정권 시대의 문화

선종과 교종을 하나로 : 조계종의 성립

무신 정권이 성립한 뒤 고려 불교에는 새로운 흐름이 나타났습니다. 선종에서는 조계종이 성립하게 됩니다. 의천이 교종과 선종을 통합하여 개창한 천태종은 교종을 주로 하는 것이었지요. 그러나 의천의 통합 운동은 불완전한 것이어서 그가 죽은 뒤 교종과 선종은 다시 독자적인 길을 걸었습니다. 그러다 무신정변 이후, 불교계에서는 선종이 부흥하게 되었습니다. 선종 승려들은 불교계를 정화하려고 했습니다. 고려 전기까지는 왕실과 문신 귀족들이 교종을 지지한 데 비해, 무신 정권에서는 선종 계통의 불교를 후원했습니다.

무신 정권 시대에 활동하던 대표적인 선종 승려로는 보조국사 지눌이 있었습니다. 지눌은 수선사를 중심으로 신앙 결사 운동을 벌였습니다(명종 12년, 1182). 지눌은 10여 명의 불제자들과 뜻을 모았습니다.

보조국사 지눌 ▼

우리는 명예와 이익을 버리고 산림에 은둔하여 수선사(修禪司)를 결성한다. 항상 선정(禪定)을 익혀서 지혜를 고루하기에 힘쓰고 예불(禮佛)하며, 경(經) 읽기와 나아가서는 노동하기에 힘쓴다. 각기 소임에 따라 경영하고 인연에 따라 심

성을 수양하여 한평생을 자유롭고 호쾌하게 지낸다. 그리하
여 멀리로는 달사(達士)와 진인(眞人)의 높은 수행을 따르면
어찌 즐겁지 않겠는가.

지눌은 승려들이 본연의 자세로 돌아가서 예불 독경과 함께
참선과 노동에 힘쓰자고 했습니다.
또한 선종을 중심으로 교종을 통합하여 조계종을 개창했습
니다. 조계종에서는 불교 수행의 두 요소인 참선과 지혜를 아
울러 닦을 것을 강조했습니다. 즉 '정혜쌍수(定慧雙修)'를 내
세웠던 것입니다. 다음은 지눌이 남긴 법어입니다.

정(定)은 본체이고 혜(慧)는 작용이다. 작용은 본체를 바
탕으로 해서 있게 되므로 혜가 정을 떠나지 않고, 본체는 작
용을 가져오게 하므로 정은 혜를 떠나지 않는다. 정은 곧 혜
인 까닭에 허공처럼 텅 비어 고요하면서도 항상 거울처럼
맑아 영묘하게 알고, 혜는 곧 정이므로 영묘하게 알면서도
허공처럼 고요하다.

불교의 조화 정신

시대	승려	종파	주 장	저 서
신라 중대	원효	법성종	화쟁, 원융 회통	《금강삼매경론》, 《대승기신론소》
고려 중기	의천	천태종	교종 중심의 교·선 통합	《원종문류》, 《석원사림》
고려 후기	지눌	조계종	선종 중심의 선·교 조화	《정혜결사문》, 《수심결》

그리고 지눌은 수행 방법으로 '돈오점수(頓悟漸修)'를 제시했습니다. 돈오는 인간의 마음이 곧 부처의 마음임을 깨닫는 것입니다. 깨달은 뒤에도 꾸준히 실천하는 것이 바로 점수입니다. 깨달음과 더불어 꾸준한 수행으로 해탈에 이를 수 있다는 뜻이지요.

　지눌은 정혜쌍수와 돈오점수의 방법을 제시하여 선종을 중심으로 교종과의 조화를 모색했습니다. 이로써 고려의 불교는 선종과 교종의 일치를 이루게 되었습니다.

　지눌의 뒤를 이어 뛰어난 계승자들이 나타났습니다. 혜심이 가장 대표적인 인물입니다. 혜심은 유·불 사상 일치설을 내세웠습니다. 혜심은 유학자에게 이렇게 말했습니다. "당신은 불교의 유생이요, 나는 유교의 불자입니다. 그 이름만 생각한다면 불교와 유교는 아주 다릅니다. 하지만 그 실체를 알면 유교와 불교는 다르지 않습니다." 유교와 불교 사이의 타협과 조화를 모색하려고 했던 것입니다. 교종과 선종의 조화를 넘어서 유교와의 조화까지 생각했던 것입니다.

천태종과 조계종

	해동 천태종	조계종
승 려	의천	지눌
등장 배경	문벌 귀족 사회	무신 집권기
특 징	교종 위주 선종 통합	선종 위주 교종 통합
교 리	교관겸수	정혜쌍수 · 돈오점수
영 향		혜심의 유 · 불일치설

조계종의 성립으로 고려 불교는 내적인 발전을 이룩했습니다. 이로써 왕실이나 문신 귀족과 손잡고 세속적으로 타락했던 불교를 정화했지요. 또한 선종 중심의 통합을 이룸으로써 산중 불교로 독자적인 세력을 만들었습니다.

조계종에서는 심성의 도야를 강조했는데, 이것은 후에 성리학을 받아들일 수 있는 사상적인 바탕이 되었습니다. 그 뒤 조계종은 오늘날까지 한국 불교의 중심을 차지하고 있습니다.

오천만 자의 하이테크 : 팔만대장경

최씨 정권은 농민들의 힘에 의지해 몽고와 계속 싸울 수 있었습니다. 계속적인 농민들의 지지를 받기 위해 최씨 정권은 부처님의 힘에 의존하는 마음으로 다시 대장경을 간행하게 되었습니다. 현재 해인사(경남 가야산)에 남아 있는 고려대장경이 이 때 만들어진 것입니다. 팔만여 장의 경판으로 만들어져 팔만대장경이라고도 합니다. 경판에 새겨진 글자의 수를 다 헤아리면 오천만 자에 이릅니다.

거란이 크게 군사를 일으켜 공격하였을 때 현종 임금께서는 남쪽으로 피난하셨습니다. 좀처럼 거란의 병사들이 송악성에서 물러가지 않자 군신들이 뜻을 모아서 대장경을 만들었습니다. 그러자 거란병이 스스로 물러갔습니다. 어찌 그때의 거란만 물러가고 지금의 몽고는 그렇지 않겠습니까. 다만, 여러 부처님이 돌보아 주시는 힘에 달려 있을 뿐입니다.

이 글은 고려대장경을 만들면서 기원하는 마음을 적은 글입니다. 앞서 초조대장경을 만들어 거란을 물리친 것처럼 몽고를 물리치기 위해 대장경을 간행했던 것입니다.

대구 부인사에 있던 초조대장경이 몽고의 침입으로 불타 없어지고 몽고를 물리치기 위한 부처님의 도움이 필요하게 되자, 강화의 피난처에서 다시 조판이 시작되었습니다. 고려대장경은 전란 가운데 이루어진 사업이었습니다. 그럼에도 불구하고 한 글자 한 글자의 필체가 아름답고 잘못된 글자를 찾을 수 없습니다. 대장경에 새겨진 글자는 무려 오천만 자였습니다.

팔만대장경은 오랜 세월이 흘렀지만 보존 상태도 매우 우수합니다. 나무가 썩지 않고 글자가 훼손되지 않도록 여러 가지 기술을 동원했던 것이죠. 고려 시대 하이테크의 결정판이라 할 수 있습니다. 고려대장경은 내용이 정확하고 글자가 아름답기로 세계에서도 으뜸으로 꼽히고 있습니다. 그렇기 때문에 유네스코(UNESCO)에서 제정한 세계 문화 유산에 등록되었습니다.

고려대장경 비교

	초조대장경	속장경	팔만대장경
조판시기	초기(현종)	중기(숙종)	후기(고종)
주 관	현종	의천	최우
목 적	거란 격퇴 염원	외적과 무관	몽고 격퇴 염원
보 관	부인사(소실)	부인사(소실)	해인사(현존)

대장경 간행을 보면 고려 불교가 호국 불교의 특성을 가졌음을 알 수 있습니다. 나라를 지키기 위하여 부처님의 도움을 구했으니까요. 연등회·팔관회를 개최한 것도 호국을 위해서였습니다. 인왕회를 열어서 인왕경을 독송한 것도 호국 불교의 특성을 나타내 줍니다. 호국 불교의 성격이 신라 이래 계속 되었던 것입니다.

팔만대장경 판가(해인사 장경판전)

동명왕의 정기를 받아 : 문학의 발달

무신 정권기는 유학의 암흑기였습니다. 최의가 세운 서방에 몇몇 문신들이 참여했습니다. 하지만 서방의 문신들은 무신이 정책을 세우는 데 자문하는 역할에 그쳤습니다.

이에 비해 무신 정권 시기에는 문학이 발달했습니다. 과거에서 시, 부, 경서 등이 주요 시험 과목이 되면서 한문학이 발달했던 것입니다. 한문학은 귀족의 필수적인 교양이 되었지요. 평소 대화에서도 유교 경전 문구가 자연스럽게 쓰였습니다. 그 결과 중국의 것을 그대로 모방하던 단계에서 벗어나 점차 독자적인 성격을 띠게 되었습니다.

무인 정권 시기에는 이인로와 이규보의 한시가 유명합니다. 특히 이규보는 주몽 설화를 서사시로 표현한 〈동명왕편〉으로 널리 알려졌습니다. 이 시는 자유로운 문체를 추구하여 문학의 새로운 경지를 열었습니다. 종래의 한문학 경향에 구애받지 않

은 작품입니다. 내용에서는 고구려 계승의식과 민족 자주성을
나타내고자 했습니다.

향가 형식을 계승한 〈경기체가〉와 〈어부가〉가 쓰여졌습니
다. 경기체가는 "경기엇더 니잇고"라는 후렴구가 붙는 시였지
요. 〈한림별곡〉도 유명한데, 무신 정권 때 여러 문인들을 소개
한 시였습니다. 〈어부가〉는 은둔 생활을 하는 처사들이 속세를
떠나 정취를 노래한 것입니다.

한편, 백성들이 부른 노래는 '장가'라고 합니다. '속요'라
부르기도 하지요. "살어리 살어리랏다. 청산에 살어리랏다. 멀
위랑 다래랑 먹고 청산에 살어리랏다." 〈청산별곡〉이 대표적
인 작품입니다. 고려 속요는 대부분 서민들의 감정을 대담하고
자유분방한 형식으로 읊조린 것이었습니다. 이와 같이 고려 시
대에는 시가 문학의 새로운 경지가 열렸습니다.

11 몽고의 간섭, 고려의 저항 • 원 간섭기

원나라가 원망스러워 : 자주성의 시련

원(몽고는 1271년 쿠빌라이 시대에 국호를 원이라 정함)과 강
화를 맺은 뒤, 고려는 원의 요구를 받아들이면서 고려의 자주
성에 손상을 입게 되었습니다.

강화한 뒤 고려가 받은 첫 시련은 일본 정벌에 동원된 일이
었습니다. 일찍이 원은 고려를 통하여 일본에서 조공을 받고자

하였습니다. 고려는 몽고의 강요로 일본 정벌을 준비했습니다. 전쟁에 필요한 군대를 모집하고 함선을 만들었으며 군량을 공급하는 일을 맡았습니다.

이러한 일본 정벌 준비를 위해 정동행성이라는 기구를 설치했는데, 이곳에서는 인적·물적 자원을 징발하는 일을 총괄했습니다. 몽고와의 오랜 전란으로 어려움에 처한 백성에게 다시 무거운 부담이 지워졌습니다. 두 차례에 걸쳐 이루어진 일본 원정은 모두 실패로 끝났습니다. 해양 기후에 대한 인식이 부족하여 공격할 때마다 태풍을 만났습니다. 거세게 몰아치는 태풍 앞에서 고려·원 연합군은 주저앉고 말았습니다.

고려는 영토의 일부를 빼앗기기도 했습니다. 원에서 쌍성총관부, 동녕부, 탐라총관부를 설치했습니다. 화주(지금의 함흥 근처)에 쌍성총관부를 두어 철령 이북 땅을 빼앗았습니다. 자비령 북쪽의 땅을 차지하여 서경(평양)에는 동녕부를 두었습니다. 제주도에는 탐라총관부를 설치하여 말을 기르는 목마장을 운영했습니다. 한라산 기슭의 말 목장은 이 때 만들어진 것입니다. 동녕부와 탐라총관부는 오래지 않아 되돌려받았습니다. 하지만 쌍성총관부는 공민왕 때 가서야 무력으로 회복하게 되었습니다. 그때까지 원의 지배 아래 놓인 땅이었습니다. 쌍성총관부는 그 뒤에도 명의 철령위 설치 문제로 고려를 시끄럽게 했습니다.

또한 고려는 원의 강요로 관제를 개편했습니다. 최고의 관부였던 중서문하성과 상서성을 낮추어 첨의부로 단일화하고, 6

부는 4사로 통합했습니다. 중국에서는 최고의 관청을 ○○성이라 하고, 그 아래에 ○○부, 다시 그 아래에 ○○사를 두었습니다. 즉 성 – 부 – 사 체계를 갖추고 있었습니다. 고려의 관제를 낮추기 위해 중서문하성과 상서성은 한 단계 낮은 첨의부로 고치고, 6부는 4사로 고쳤던 것입니다.

원은 일본 정벌이 끝난 뒤에도 정동행성을 폐지하지 않았습니다. 첨의부보다 중요한 위치에 정동행성을 설치하여 고려와 원의 연락기관으로 활용했습니다. 그 밖에도 감찰기관인 순마소를 설치하였고, '다루가치' 라는 관직자를 계속 고려에서 활동하도록 했습니다. 다루가치를 통하여 고려의 국내 정치에 간섭했던 것입니다.

원의 경제적 침탈도 심했습니다. 금 · 은 · 포면 · 곡물 · 인삼 · 해동청(사냥용 매) 등을 요구했고, 때때로 처녀와 환관(내시)을 요구하기도 했습니다. 몽고와의 오랜 전쟁에 지친 농민들은 다시 원에 바칠 물자를 수탈당하게 되었습니다. 자신의 딸을 빼앗기지 않기 위해 일찍 혼인시키는 풍습도 이 때부터 시작된 것입니다. 수탈에 지친 농민들은 유민이 되어 떠돌기도 했습니다.

고려의 관제 격하

고려	중서문하성	상서성	이부	예부	병부	호부	형부	공부	도병마사	문하시중	상서	조·종	폐하
원의 간섭	첨의부		전리사		군부사	판도사	전법사	×	도평의사사	첨의중찬	판서	왕	전하

원 간섭기에 고려 왕의 이름에는 충(忠)이 붙게 됩니다. 원에 충성을 다한다는 뜻이었죠. 충렬왕, 충선왕, 충숙왕, 충혜왕, 충목왕, 충정왕으로 이어졌습니다. 그리고 고려의 국왕은 원의 공주와 혼인했고 그 사이에서 태어난 아들이 원칙적으로 왕이 되었습니다. 이제 고려는 원의 사위 나라가 된 것입니다.

고려 왕실은 이전보다 격하되었습니다. 왕이 죽은 뒤 붙여지는 묘호도 변합니다. 이전까지의 왕은 ○조, ○종으로 불렸습니다. 그런데 이제 ○○왕이 되고, 첫머리에 '충'을 덧붙이게 되었습니다. 광종·인조 따위로 불리던 호칭이 충렬왕으로 바뀌었습니다. '짐'은 '고'로, '폐하'는 '전하'로, '태자'는 '세자'로 불려 왕과 관련된 용어가 낮추어졌습니다. 또 원에서 왕의 폐위를 결정하기도 했습니다.

왕은 즉위하기 전에 원의 수도에 머물다가 즉위하곤 했습니다. 왕위에 오른 뒤에도 원에 자주 드나들어 개경을 비우는 일이 많았습니다. 그 사이 고려와 원 간의 문화·풍속의 교류가 이루어졌습니다. 고려에서는 몽고어가 사용되었고, 몽고풍의 옷이나 머리 모양이 유행했습니다. 몽고식 이름을 가지는 사람도 나오게 되었습니다. 반대로 고려의 풍속이 몽고에서 유행하기도 했지요.

이처럼 고려는 원의 영향 아래 놓이게 되었습니다. 원의 간섭과 강요로 자주성이 손상되었으나, 주권국가로서의 위상은 굳게 지켰습니다. 당시 원은 세계 최대의 제국이었습니다. 직접 지배하는 지역도 끝없이 펼쳐져 있었죠. 하지만 고려는 끝

원의 영향

- 몽고어 유행(상류 사회)
- 몽고식 이름, 몽고식 옷, 몽고식 머리 모양인 변발 유행
- '장사치, 벼슬아치' 등과 같이 사람을 가리키는 데 '치'라는 말이 쓰임
- 족두리·연지 찍는 풍속
- 조혼 풍속

끝내 원의 직할지로 전락하지 않았습니다. 또한 원의 간섭에도 불구하고 고려 국왕은 독립국가 군주로서의 지위를 버리지 않았습니다.

자주성을 되찾자 : 공민왕의 반원 개혁 정치

원 간섭기의 왕은 충렬왕·충선왕·충숙왕·충혜왕 등이었습니다. 원에 충성을 다하겠다는 뜻에서 첫머리에 '충' 자를 넣었다고 했지요. 이러한 관행에서 벗어난 왕이 공민왕(1351~1374)이었습니다.

14세기 후반, 중국에서는 원나라가 쇠퇴하고 새로이 명나라가 일어났습니다. 이 시기를 원·명 교체기라 부릅니다. 고려

공민왕의 영토 수복 ▼

로서는 드디어 원의 영향력에서 벗어날 기회를 맞은 것입니다. 권문세족이 강력한 원과 손잡고 있을 때에는 고려의 개혁이 성공을 거두기 어려웠습니다. 그런데 이제 원이 약해졌으니 권문세족의 위세도 꺾이게 되었습니다.

공민왕은 대외적으로는 반원 자주 정책을 추구했고, 대내적으로는 권문세족을 억압하는 정치를 실시했습니다. 원이 설치했던 정동행성의 이문소를 폐지했습니다. 이문소는 원에 반대하는 정치 세력을 감시하던 기관이었

습니다. 그리고 쌍성총관부를 무력으로 철폐하여 원에게 빼앗겼던 철령 이북의 땅을 되찾았습니다. 인당을 보내 요동 지방을 공략하기도 했습니다. 원이 격하시켰던 관제를 회복하고 몽고식 이름이나 머리 모양도 없앴습니다.

공민왕은 기철(여동생을 원 황실에 바쳤던 인물)을 비롯한 친원 세력을 숙청했습니다. 또한 권문 세력이 인사권을 장악하고 있던 정방을 폐지했습니다. 정방은 무신 정권기 이후 관리 인사를 담당했던 기관입니다. 정방의 활동으로 왕권이 약해졌고, 신진 사대부가 정계에 진출하기도 어려웠습니다. 정방을 없애자 권문세족의 정치적 영향력이 약해졌습니다.

공민왕은 그때까지 잘 알려지지 않았던 신돈이라는 승려를 등용했습니다. 신돈은 권문세족을 비롯한 정치인과 아무런 관련이 없었기 때문에 현실을 개혁하기에 적합한 인물이었습니다. 즉 공민왕은 신돈을 통해 개혁을 완성하고자 했던 것입니다. 특히 전국에 걸쳐 있던 권문세족의 불법적인 토지와 노비 문제를 개선하고자 했습니다.

신돈은 전민변정도감의 책임자가 되었습니다. 권문세족이 불법적으로 빼앗은 토지를 원주인에게 돌려주고, 토지를 잃고 노비가 될 수밖에 없었던 평민들을 해방시켰습니다. 신진 사대부도 역시 공민왕의 개혁 정치를 돕는 지지 기반이었습니다. 백성들은 신돈을 성인이라 부르며 환영했습니다.

공민왕은 반원 개혁 정치를 완성하기 위해 밖으로는 원과 싸웠고, 안으로는 권문세족과 대립했습니다. 그러나 공민왕은 뜻

전민변정도감
(田民辨整都監)

토지와 노비 문제를 바로잡기 위해 설치한 임시 개혁기구

공민왕릉
(개성 봉명산)

을 이루기 어려웠습니다. 원의 압력으로 왕
권이 강화될 수 없었지요. 권문세족의 견제
로 국내의 개혁도 어려움에 부딪혔습니다.
권문세족은 신돈이 뇌물을 받았다며 거칠게
비난했습니다. 땅과 노비를 잃게 되었으니
당연하겠죠. 마침내 신돈은 권문세족의 반격으로 제거됩니다.
원의 압력과 권문세족의 저항으로 개혁은 어려움을 맞게 되고,
결국 공민왕도 암살되었습니다. 아직 신진 사대부는 권문세족
을 누를 만한 세력을 형성하지 못한 상태였기 때문에 공민왕의
죽음과 함께 개혁 정치는 중단되고 말았습니다.

12 친원 세력과 반원 세력 • 고려 후기의 사회와 경제

원은 내 출세의 발판 : 권문세족

원의 영향력이 커지자 원의 세력을 배경으로 등장하는 사람
들이 나타났습니다. 이들을 권문세족이라 합니다. 권문세족은
고려 후기의 지배 세력이었지요. 기철은 여동생을 원 황실에
바쳐서 출세했습니다. 원에서 온 공주의 시중을 드는 사람 가
운데 세력을 떨치는 사람도 있었고, 몽고어를 잘하는 통역관
출신이나 원에 해동청(사냥용 매)을 바치는 과정에서 이름을
떨치는 이들이 나타났습니다. 무신 정권이 사라진 뒤 권문세족
이 세력을 떨치게 되었습니다. 이들은 원의 세력에 기대는 세

력이었기 때문에 친원파라 부릅니다.

권문세족은 보수적인 사회 세력입니다. 보수적이라는 말은 현재의 상태를 지킨다는 뜻과도 통합니다. 즉 변화를 싫어한다는 것이죠. 자신들이 누리던 지위와 권리를 지키기 위해서는 새로운 변화를 통한 정치·사회의 발전을 막을 수밖에 없었습니다. 권문세족은 높은 관직을 독점했고, 첨의부(중서문하성과 상서성을 낮추어 만든 관제)의 고위직을 차지했습니다. 도병마사가 이름을 고친 도평의사사의 구성원으로 국가의 정책을 결정하는 지위에 있었습니다. 권문세족은 고려 말까지 대대로 집권 세력을 이루었습니다.

또한 권문세족은 특권을 세습하기 위해 음서 제도를 활용했습니다. 권문세족은 원의 앞잡이 역할을 하면서 과거도 치르지 않고 고위 관직에 올라가 권력을 쥐었습니다. 그러다 보니 과거에서 시험하는 유교적인 소양이나 실력을 갖추지 못했습니다. 권문세족은 무시험으로 특별 채용하는 음서 제도로 자제들에게 권력을 물려주었습니다.

권문세족은 여러 지역에 걸쳐 대규모 토지를 소유했습니다. 권문세족의 토지를 농장이라고 합니다. 권문세족은 농장 주인으로서 대지주였습니다. 자신은 개경에 살고 있으면서도 지방에 많은 땅을 소유하고 있었기 때문에 부재지주(不在地主)라고도 합니다. 권문세족은 백성들을 강제로 동원하여 황무지를 개간하고 자기 땅으로 만들었습니다. 또는 자신의 지위를 이용해 힘없는 백성에게 강제로 빼앗은 땅도 있었습니다. 고려 말 개혁을 부르짖던 사람들은 권문세족의 농장에 대해 비판했습니다. "권문세족이 가진 토지는 산과 내를 경계로 삼을 만큼 넓다. 한 사람의 땅이 여러 고을에 걸쳐 있기도 한다. 이러니 농민들은 송곳을 꽂을 작은 땅도 가지질 못한다."

농장이 늘어나자 가난한 농민 가운데 땅을 잃고 떠도는 사람들이 많았습니다. 이들은 권문세족의 농장에 들어가서 노비가 되었습니다. 권문세족의 농장이 늘어나는 만큼 더 많은 농민들이 농장에서 일하게 되었습니다.

권문세족은 많은 토지와 노비를 가졌음에도 불구하고 세력을 앞세워 국가에 세금도 내지 않았습니다. 자연히 국가 재정 수입은 줄어갔지요. 국가에서 거두는 세금은 줄어들고, 부역에 동원할 수 있는 백성의 수도 줄어들면서 고려의 통치 체제는 점차 무너져갔습니다.

학자적 관료 : 신진 사대부

고려 말 권문세족에 대항하는 새로운 사회 세력이 나타났습니다. 이들이 바로 신진 사대부입니다. 이들은 유교적인 소양을 갖추고 있으면서 행정 실무에도 밝았습니다. 학자적 관료라고 할 수 있지요.

신진 사대부들이 처음 중앙 정계에 나타난 것은 최씨 무신 집권기에 최우가 설치한 서방을 통해서였습니다. 서방은 문신 관료로 구성되어 무신의 업무를 보조하던 기구입니다. 학문적인 능력을 기반으로 무신의 행정 업무를 도왔던 신진 사대부로

는 이규보가 대표적인 인물이었습니다. 무신 정권이 무너진 뒤
에도 계속해서 중앙 정계에 진출하여 세력을 키웠습니다.

　신진 사대부는 주로 하급 관리나 지방 향리 집안에서 나왔습
니다. 대부분 지방의 중소 지주 출신이었죠. 스스로의 힘으로
성실하게 토지를 개간하거나 사들여 토지를 늘려갔습니다. 이
들은 크지 않은 규모의 토지를 기반으로 경제력을 갖추고 있었
습니다. 자신의 땅이 있는 지방에 살았기 때문에 재지지주(在
地地主)라고도 부릅니다. 이들은 권문세족을 비판했습니다. 불
법적으로 남의 땅을 빼앗아 엄청난 규모의 농장을 소유했고,
국가에 세금도 제대로 내지 않았으니까요. 신진 사대부는 후에
권문세족에 대항하여 토지 제도를 개혁할 것을 주장합니다.

　신진 사대부는 유교적인 소양을 갖추었는데, 특히 신유학인
성리학을 받아들였습니다. 성리학을 공부하여 과거에 급제했
고, 서울에 올라와 중앙 관료가 되었습니다. 이들은 불교에 대

고려 말의 정치 세력

	권 문 세 족	신진 사대부
출신 배경	중앙 고관의 자제	지방 향리의 후예
관직 진출 방법	음서	과거
정치적 지위	도평의사사 장악	개혁 정치 주도
정치적 성향	보수	개혁
대외 정책	친원 외교	반원, 친명 외교
경제적 기반	농장 소유, 대지주	소규모 토지 소유, 중소지주
사상적 경향	불교 옹호	불교 비판, 성리학 연구

해서는 비판적이었습니다. 특히 정도전은 불교를 배척해야 한다고 강력히 주장했습니다. 불교 세력이 토지와 노비를 늘리고 권문세족과 손잡고 있었기 때문입니다.

신진 사대부는 충선왕(1308~1313)이 개혁 정치를 펼 때 왕을 돕는 역할을 했습니다. 그러나 개혁은 원의 압력으로 실패하고 말았습니다. 그 뒤 공민왕(1351~1374) 때 비로소 권문세족에 대항할 만한 정치 세력으로 성장했습니다. 공민왕은 반원 정책을 추진하면서 권문세족을 억압했습니다. 이러한 공민왕의 개혁을 신진 사대부가 도왔습니다. 마침내 고려 말이 되면서 신진 사대부는 권문세족 중심의 고려를 무너뜨리고 조선을 건국하는 주역으로 떠오릅니다.

아들 딸 구별 말자 : 가족과 여성의 지위

고려 시대 사람들은 대가족을 이루며 살았습니다. 보통 여자는 18세 전후, 남자는 20세 전후에 혼인했습니다. 고려 전기에는 근친혼 내지 동성혼(同姓婚)이 성행했는데, 특히 왕실 내에서 근친혼이 유행했습니다. 광종과 광종의 왕후는 모두 태조의 아들과 딸로, 광종은 이복 동생과 혼인했던 것입니다. 인종과 혼인한 이자겸의 딸인 왕비 사이에서 의종이 태어났습니다. 그런데 의종은 이자겸의 다른 딸을 왕비로 맞았습니다. 조카와 이모 사이에 결혼이 이루어졌던 것이죠. 그러나 점차 같은 성씨끼리는 혼인하지 않는 것이 일반화되었습니다. 유교와 중국식 풍속이 널리 퍼지면서 동성혼이 점차 사라졌습니다.

고려 시대에는 일부일처제가 원칙이었습니다. 한때 여러 명의 처와 첩을 두자는 주장이 나오기도 했습니다. 충렬왕 때 박유가 이런 글을 올렸습니다. "우리 나라는 남자가 적고 여자가 많습니다. 그런데 모두들 처는 한 명만 두고, 첩을 두지 않고 있습니다. 원에서는 인원 수에 제한 없이 장가를 들고 있습니다. 이러다가 우리 나라 사람들이 중국으로 몰려갈까 두렵습니다. 우리도 처와 첩을 두게 하는 것이 좋을 듯합니다." 부녀자들이 이 소식을 듣고 원망하고 놀라워했습니다. 때마침 박유가 행차하자, 어떤 노파가 "첩을 두자고 한 사람이 바로 저 늙은이다."라고 말했습니다. 그러자 지나던 사람들이 삿대질을 해 댔습니다. 결국 반대 여론에 밀려 박유의 주장은 시행되지 못했습니다. 이 일화는 고려 사회가 일반적으로 일부일처제를 따르고 있었음을 보여 주는 좋은 예입니다.

우리는 옛날 여자들이 억압에 시달렸다고 알고 있습니다. 재산도 없고 이렇다 할 권리도 없었다고 생각합니다. 그러나 이런 모습은 조선 시대의 여성상입니다. 고려 시대에는 여성의 지위가 비교적 높았습니다. 여성이 호주가 될 수 있었고, 호적에는 아들과 딸을 구분하지 않고 나이 순서대로 기재했습니다. 큰딸과 나이 어린 아들이 있으면, 딸을 먼저 적고 아들을 나중에 썼습니다. 여자가 재혼하는 것도 자유로웠습니다.

그리고 자녀 균등 상속이 일반적으로 이루어졌습니다. 이는 아들과 딸의 차별을 두지 않았음을 의미합니다. 그러나 간혹 부모의 뜻에 따라 자녀 사이에 차등을 두기도 했습니다. 남편이 먼저 죽으면 재산 분배권을 아내가 가지기도 했습니다. 상속에서 여성이 크게 차별받지 않았던 것입니다.

그렇지만 고려 시대의 여성으로서 떠오르는 사람이 있습니까? 딱히 없을 것입니다. 여성이 정치나 사회에 진출하는 데에는 제한이 따랐기 때문입니다. 그러나 사회적인 차별이 조선 시대만큼 심하지는 않았습니다. 가정 생활이나 경제 운영에서 여성의 지위가 남성과 거의 대등한 위치에 놓여 있었습니다.

따뜻한 솜옷, 솜이불 : 고려 후기의 농업

고려 후기에는 이암이 원의 《농상집요》를 소개했습니다. 농업 기술에 대한 학문적인 연구가 이루어졌고, 공민왕 때는 문익점이 붓 뚜껑 속에 숨겨 목화씨를 들여왔습니다. 이리하여 무명, 즉 면이 생산되었습니다. 이전까지는 삼베와 모시로 옷을 만들어 입었는데, 이 시기에 이르러 목화솜과 무명을 이용하여 겨울을 따뜻하게 지낼 수 있게 된 것입니다. 목화는 우리 민족의 의생활에 커다란 변화를 가져왔습니다.

13 불교에서 성리학으로 • 고려 후기의 문화

우리는 단군의 후손 : 새로운 역사 서술

《삼국유사》는 고려 후기의 대표적인 역사서입니다. 저자인 일연은 승려였기 때문에 불교의 역사를 기준으로 하여 글을 썼

습니다. 또 예로부터 내려오는 설화나
야사를 풍부하게 실었습니다.

《삼국유사》

　제왕이 일어날 때는 보통 사람과는
다른 점이 있다. 큰 변화를 타서 제왕
의 지위를 얻고 큰 일을 이룰 수 있는
것이다. 삼국의 시조가 모두 신비스럽게 탄생한 것이 무엇
이 괴상한 일인가.

따라서 《삼국유사》에는 기이한 이야기들이 많이 실려 있습
니다. 곰이 여자로 변하는 단군 이야기도 나와 있습니다. 《제
왕운기》에서도 우리 역사를 단군으로부터 시작하여 서술했습
니다. 이 책들은 우리 역사를 중국 역사와 대등하게 파악하는
자주성이 나타나 있습니다.
　또한 이규보가 지은 장편 서사시 〈동명왕편〉이 있습니다.

　동명왕의 일은 변화의 신이(神異)함으로 여러 사람의 눈을
현혹시키는 것이 아니요, 실로 나라를
창시한 신기한 사적이니 이것을 기술
하지 않으면 앞으로 후세에 무엇을 볼
수 있으리요. 그러므로 시를 지어 기록
하여 우리 나라가 본래 성인의 나라임
을 천하에 알리고자 할 따름이다.

이규보의 〈동명왕편〉

고려의 사서
- 전기 : 7대실록, 고
금록
- 중기 : 삼국사기
- 무신 정권기 : 삼국
유사, 동명왕편, 제
왕운기, 해동고승전
- 후기 : 사략

이는 고구려 시조인 동명왕의 업적을 칭송한 글입니다. 고구려 계승의식을 잘 드러낸 일종의 역사서라고 할 수 있지요.

고려 후기에는 자주성을 강조하는 역사책이 많이 쓰여졌습니다. 그 까닭은 이 시기에 우리 민족이 수난을 많이 겪었기 때문입니다. 무신정변 이후, 몽고의 침략으로 지식인들은 민족적인 위기를 경험했습니다. 민족적 자주의식을 바탕으로 전통문화를 올바르게 이해해야 한다는 각성이 일었습니다. 이러한 움직임으로 고조선 계승의식과 고구려 계승의식을 표방한 역사가 만들어졌습니다.

인간 심성과 우주 원리 : 성리학의 수용

성리학은 송나라 때 주자가 완성한 신유학입니다. 인간의 심성과 우주의 원리에 관한 문제를 탐구했지요. 그 전까지의 유학은 자구의 해석이나 뜻풀이에 힘쓰는 훈고학이 중심이었습니다. 그러나 성리학은 훈고학과 달리 철학적인 성격이 강한 새로운 유학이었습니다.

고려에 성리학이 처음 소개된 것은 충렬왕 때였습니다. 충렬왕 때는 원의 간섭을 받던 시기였지요. 안향의 노력으로 성리학이 고려에 들어왔습니다. 그 뒤 백이정이 직접 원에 가서 공부하고 이제현·박충좌 등에게 전수했습니다. 고려 말에는 이색·정몽주·권근·정도전 등이 성리학을 발전시켰습니다. 그 가운데 정몽주는 '동방 이학의 할아버지'라는 칭호를 들을 정도로 매우 뛰어난 성리학자였습니다. 성리학자들은 신진 사대부로 불리는 신흥 세력이었습니다. 이들이 성리학을 받아들이고 발전시켰지요.

▲ 안향

고려에 수용된 초기 성리학은 실천적인 특성이 두드러져 일상 생활에 필요한 규범을 제시했습니다. 그 결과 《소학》과 《주자가례》가 관심을 끌었습니다. 《소학》은 어린이용 바른 생활 교재라 할 수 있고, 《주자가례》는 주자가 만든 것으로 집에서 따라야 할 의례에 관한 책입니다. 신진 사대부는 성리학을 생활 이념으로 삼아 실천해 나갔습니다. 원래 성리학은 형이상학적인 이론을 추구하는 경향이 강했습니다. 이(理)와 기(氣)에 관한 복잡한 설명이 있었지요. 그런데 우리 나라에서 이러한 경향이 나타난 것은 조선 시대 이후였습니다.

일부 성리학자들은 불교 사상을 비판했습니다. "석가모니가 자기 몸만 깨끗이 하고 인륜을 어지럽히면서까지 산림으로 들어간 것은 도라고는 할 수 있지만, 그 설은 요망한 것이다." 정도전은 《불씨잡변》을 써서, 불교 사상이 현실과는 동떨어진 허황된 것이라 하여 불교 자체를 공격했습니다.

고려 후기의 불교는 권문세족과 연결되어 있어 심하게 부패되었습니다. 불교 사원은 많은 토지와 노비를 소유했고, 사원전은 세금을 내지 않는 토지였기 때문에 이들은 부를 축적하면서 많은 폐단을 일으켰습니다.

신진 사대부들은 개혁 정치를 펴고자 했습니다. 그러려면 부패한 세력을 몰아내야 하겠지요. 그 대상이 바로 권문세족과

고려의 성리학자

안향
|
백이정
|
┌──────┬──────┐
박   이   우
충   제   탁
좌   현
|
┌──────┬──────┐
이   이   정
색   숭   몽
      인   주
|
┌──────┐
권   정
근   도
      전

불교 세력이었습니다. 불교는 권문세족과 손잡고 있어서 반드시 제거해야 할 대상이었습니다. 그렇기 때문에 불교를 배척하는 주장을 강력히 폈던 것입니다. 이로 인해 고려의 정신적인 지주였던 불교가 쇠퇴하기 시작했고, 대신 성리학이 그 자리를 차지하여 사회의 지도 이념으로 부상했습니다.

성리학을 바탕으로 한 역사책도 나오게 되었습니다. 성리학에서는 정통 의식과 대의명분을 중시했습니다. 이제현은 《사략》을 비롯한 여러 권의 역사책을 저술했습니다. 지금은 《사략》에 실렸던 사론만 남아 있지요. 또한 고려 후기 충렬왕 때에는 안향의 건의로 양현고의 부실을 보충하기 위해 교육재단으로 섬학전을 설치했습니다. 국학을 성균관으로 이름을 바꾸고 대성전도 건립했습니다. 점차 성리학 중심 사회로 옮겨갈 준비를 해나갔던 것입니다.

세계 최초의 금속활자 : 과학 기술

고려는 인쇄술이 크게 발달하여 많은 책이 인쇄되었습니다. 전기까지는 목판 인쇄가 성행했습니다. 대장경이 가장 대표적인 성과물이죠. 그러나 여러 종류의 책을 소량으로 인쇄하려면 목판보다 활판 인쇄가 효과적입니다. 그래서 활판 인쇄술을 개발하는 일에 힘썼습니다. 드디어 서양보다 200년이나 앞선 세계 최초의 금속활자가 고려에서 발명되었습니다.

《직지심체요절》 ▼

아쉽게도 지금은 전하지 않지만, 고종 때의 금속활자로 《상정고금예문》을 인쇄했습니다(1234). 1377년에 간행된 《직지심체요절》은 남아 있습니다. 이 책은 지금 남아 있는 것 가운데 세계에서 가장 오래된 금속활자본입니다. 현재 프랑스 국립도서관에 보관되어 있습니다. 개화기 때 조선에 왔던 프랑스 외교관이 프랑스로 가지고 간 후, 아직까지 그곳에 보관되어 있습니다.

금속활자의 사용이 활발해지자 전문 인쇄기관이 설치되었습니다. 공양왕 때 서적원이 만들어졌지요. 이곳에서 글자를 만들고 인쇄하는 여러 일을 맡아보았습니다.

의학도 상당한 수준이었답니다. 당·송 의학의 수준에서 더 나아가 우리 실정에 맞는 자주적인 의학이 발전했습니다. 《향약구급방》이라는 의학 서적이 편찬되었는데, 이 책은 지금까지 전하는 소중한 우리의 의서입니다.

과학 기술이 발달하여 국방력을 강화하는 데도 기여했습니다. 고려 말 최무선이 화약 만드는 법을 배워서 발전시켰습니다. 그는 화통도감을 설치하고 화약과 화포를 만들었지요. 최무선은 진포 싸움에서 화포를 이용해 왜구를 격퇴했습니다. 과학 기술이 왜구를 무찌르는 데 이바지했던 것입니다.

향약구급방(鄕藥救急方)

고려 고종 때 간행된 민간 활용 구급방. 3권 1책. 활자본. 현존하는 우리 나라의 가장 오래된 의학 서적으로, 약재의 자급자족을 위하여 고려 고종 때 대장도감(大藏都監)에서 간행했다. 초간본은 전해지지 않고 오늘날 전해지는 것은 1417년에 최자하(崔自河)가 편사(編寫)한 것이다.

배흘림 기둥, 주심포 양식 : 건축과 회화

고려 시대에는 많은 건축물이 지어졌지만, 지금까지 남아 있는 목조 건물은 고려 후기의 것들뿐입니다. 이 시기에 전통적

봉정사 극락전(안동)
현존하는 주심포 양식의 가장 오래된 목조 건물

인 주심포 양식에 새로운 다포 양식이 도입되었습니다. 주심포는 기둥 위를 중심으로 공포를 설치하는 것입니다.

그렇다면 공포가 무엇인지 알아야겠군요. 옛 건축물의 지붕 아래 처마 끝을 떠올려 봅시다. 이 부분은 기둥과 대들보와 서까래 등의 여러 나무 조각이 만나는 지점입니다. 처마 끝의 무게를 받치기 위해 기둥머리에 짜 맞추어 나무쪽을 댔지요. 이 때 남는 부분을 잘라내지 않고 조각을 하거나 단청을 입혀 장식한 것이 공포입니다. 공포를 이용해 지붕의 무게를 분산시키거나 집중시켜서 구조적으로 건물을 안전하게 했습니다.

다포는 공포를 건물의 기둥 위뿐만 아니라 기둥과 기둥 사이에도 설치하는 방식입니다. 기능만 생각한다면 주심포 양식만으로도 충분하지만, 건물을 화려하게 꾸미기 위해서 공포를 많이 만들었던 것입니다.

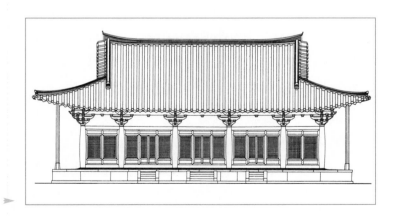

부석사 무량수전 실측도(경북 영주) ▶

안동의 봉정사 극락전은 주심포 양식으로 된 가장 오래된 목
조 건물이고, 영주 부석사 무량수전은 배흘림 기둥과 주심포
양식으로 가장 대표적인 작품입니다. 실측도를 봅시다. 먼저
기둥을 보세요. 가운데 부분이 볼록하죠. 이것이 배흘림 기둥
이랍니다. 처마 끝으로 가 봅시다. 기둥 위에만 화려한 공포가
있군요. 이것이 바로 주심포 양식입니다. 고려 말에 세워진 안
변의 석왕사 응진전은 다포 양식을 하고 있습니다.

고려 후기의 석탑으로는 경천사 10층 석탑이 유명합니다.
이제까지의 석탑은 대개 홀수 층으로 되어 있었습니다. 3층탑
이나 7층탑·9층탑이었죠. 그런데 이 탑은 짝수 층의 탑이었
습니다. 경천사 10층 석탑은 원나라의 탑 양식을 본떠서 만든

것입니다. 또한 이 탑은 조선 시대 원각사지 10층 석탑에 영향을 주었습니다.

불교 회화도 유명합니다. 고려 후기에 그려진 불화로 혜허의 양류관음도가 있습니다. 이 그림은 매우 섬세하고 화려하여 불화 가운데 걸작으로 꼽히고 있습니다. 또한 부석사 조사당 벽에 그려진 사천왕상과 보살상도 일품입니다.

양류관음도

양류는 버드나무라는 뜻이고 관음은 관음보살을 뜻한다. 관음보살이 버들가지를 들거나, 버들잎 모양의 광배가 둘러싸인 모습을 그린 그림

14 급진파 사대부와 신흥 무인이 손잡고
• 고려 말의 변동

새로운 왕조를 위하여 : 이성계 세력의 결집

공민왕의 개혁이 실패로 끝난 뒤에도 신진 사대부는 계속해서 세력을 키워나갔습니다. 권문세족의 토지 및 노비 소유를 비판했고, 권문세족과 연결된 불교에 대한 비판도 계속했습니다. 신진 사대부 사이에서는 고려 왕조의 문제를 해결하기 위해 새로운 왕조를 일으키자는 주장이 나왔습니다. 이들을 급진파 사대부 또는 혁명파 사대부라 부릅니다. 이들을 대표하는 인물이 정도전과 조준이었습니다.

반면 고려 왕조의 테두리 안에서도 사회적 · 경제적인 문제를 개선하자는 주장이 있었습니다. 권문세족을 비판하며 개혁 정책이 필요하다고 주장했습니다. 하지만 새로운 왕조를 세우는 일에는 반대했지요. 이들을 온건파 사대부라 부릅니다. 정

몽주가 대표적인 인물이었습니다.

▶ 온건파 사대부 정몽주

　이들 가운데 정도전을 비롯한 급진파 사대부는 때마침 등장한 신흥 무인 세력과 손을 잡았습니다. 신흥 무인은 고려 말 외적의 침입이 빈번해지면서 두각을 나타냈습니다. 고려 말에는 홍건적과 왜구의 침입이 잦았습니다.

　홍건적은 공민왕 때 두 차례에 걸쳐서 고려를 공격했습니다. 이들은 개경까지 들어와 공민왕이 피난길에 오르기도 했습니다. 또한 왜구는 무신 정권 말기부터 오랫동안 고려를 괴롭혔습니다. 왜구는 배를 타고 해안에 상륙하여 촌락을 습격했고, 개경에서 가까운 강화도까지 침입하여 곤란을 주기도 했습니다. 홍건적과 왜구를 물리치는 과정에서 최영·이성계 등 무장 세력이 등장했습니다. 최무선은 화통도감에서 만든 화포를 이용해 왜구의 배를 무찔러 공을 세우기도 했습니다.

　최영과 이성계는 외교 정책을 둘러싸고 대립했습니다. 외교 문제는 14세기 후반 고려가 당면한 하나의 커다란 숙제였습니다. 공민왕이 죽은 뒤, 우왕(1374~1388)이 이인임의 추대를 받아 즉위했으나, 우왕은 아직 어려서 모든 권력이 이인임의 손에 있었습니다. 이인임은 공민왕 때의 반원 정책을 버리고 친원 정책으로 되돌아갔습니다. 이에 이성계와 정몽주 등은 크게 반발했습니다.

　이러는 사이 원이 크게 쇠퇴하고 명이 힘을 얻어갔습니다.

명은 고려에 철령위를 설치한다고 통보했습니다. 원의 쌍성총관부 관할 아래 있던 지역을 명의 직속 영토로 삼겠다는 것이었습니다. 이 때는 이인임 일파가 쫓겨나고 최영과 이성계가 권력을 잡고 있던 시기였습니다. 명의 통보에 최영은 분개했고, 우왕도 최영의 뜻에 따랐습니다. 그리하여 요동 정벌을 계획하고 전국적으로 병사를 모집했습니다.

최영의 주장대로 요동 정벌이 단행되었습니다. 그러나 이성계는 이 원정에 반대했습니다. 이 무렵 이성계는 정도전 · 조준 등 신진 사대부와 손잡고 있었으며, 이성계 세력은 새로운 왕조를 세울 꿈을 품었습니다. 이성계는 요동 정벌에 반대하는 네 가지 이유를 내세웠습니다. "첫째 작은 나라가 큰 나라를 거역할 수는 없다. 둘째 농사철인 여름에 군대를 동원해서는 안 된다. 셋째 거국적으로 원정을 떠나면 왜가 그 틈을 이용할 것이요, 넷째 여름철 장마에는 아교가 녹아 활을 쏠 수 없고 질병이 있어 싸움을 할 수 없다."

이성계는 압록강 가운데 있는 섬인 위화도에 이르러 군대를 돌렸습니다. 위화도 회군이라고 하지요. 이성계는 군사를 돌려 창끝을 우왕과 최영에게 겨누었습니다. 이리하여 이성계 세력이 정치적 실권을 장악하게 되었지요. 이성계는 우왕을 내쫓고 창왕을 왕위에 올렸습니다. 그리고 최영을 비롯한 반대파를 처형하거나 내쫓았습니다. 권력은 이성계 세력의 손에 들어갔습니다. 위화도 회군으로 고려를 무너뜨리고 새로운 왕조를 세우는 데 중요한 계기가 마련되었습니다.

이성계는 우왕뿐만 아니라 창왕까지 신씨라 하여 내몰았습니다. 우왕과 창왕이 공민왕의 후손이 아니라 신돈의 자식이라 하여 폐위했습니다. 대신 공양왕을 내세웠지요. 그런 다음 이성계는 정도전 · 조준과 함께 여러 가지 개혁을 꾀했습니다. 특히 권문세족 때문에 생겨난 농장의 폐단을 바로잡고자 했습니다. 새로운 왕조가 서는 것은 절차만 남게 되었습니다.

그런데 이 절차에 반기를 드는 사람이 있었습니다. 정몽주가 대표적이었지요. 정몽주를 중심으로 끝까지 고려 왕조를 지키려는 온건파 사대부들이 남아 있었습니다. 온건파 사대부들은 고려 왕조를 유지하면서 개혁을 추진할 것을 요구했습니다.

마지막 승부를 남기고 이성계의 아들 이방원(조선 태종)과 정몽주가 마주 앉았습니다. 이방원은 〈하여가(何如歌)〉를 읊조리며 정몽주를 설득하려 했습니다. "이런들 어떠하리 저런들 어떠하리, 만수산 드렁칡이 얽혀진들 어떠하리, 우리도 이같이 얽혀서 백 년까지 누리리라." 같은 편이 되어서 영화를 누리자고 했습니다. 하지만 정몽주는 고려에 대한 변하지 않는 충성심을 〈단심가(丹心歌)〉로 표현했습니다. "이 몸이 죽고 죽어 일백 번 고쳐 죽어, 백골이 진토되어 넋이라도 있고 없고, 님 향한 일편단심이야 가실 줄이 있으랴."

정몽주는 이방원에 의해 살해되었습

이방원의 명을 받은 조영규 등에 의해 정몽주가 살해된 장소
선죽교(개성시 선죽동)

니다. 급진파 사대부는 최후의 반대파를 무너뜨렸습니다. 마지막으로 이성계는 공양왕에게 왕위를 넘겨주도록 강요했습니다. 1392년, 드디어 이성계는 역성 혁명을 이루었습니다. 왕씨 왕조에서 이씨 왕조로 바뀌었지요. 이로써 고려는 멸망하고, 새로운 나라 조선이 건국되었습니다.

저장하기 : 고려사

- 고려의 건국과 후삼국의 통일은 새로운 중세 사회의 성립을 의미합니다.
- 광종은 주현 공부법, 노비 안검법, 과거 제도, 공복 제도 등을 실시하여 왕권을 강화하였습니다.
- 도병마사와 식목도감은 고려의 독창적인 회의기구로 귀족 정치의 특징을 나타내 줍니다.
- 문벌 귀족은 주요 관직을 차지하고, 음서 제도의 특전과 함께 과전 · 공음전 등 막대한 토지를 소유하여 경제력을 확보하였습니다.
- 고려의 토지 제도는 전시과 체제를 기본으로 하여 지배층을 중심으로 토지를 분급하는 데 중점을 두었습니다.
- 농민은 조세, 공납, 역 등을 부담하였는데 이것은 국가 재정의 원천이 되었습니다.
- 고려 청자는 세련된 아름다움과 고려 문화의 독창성을 뿜어내고 있습니다.
- 무신정변으로 문벌 귀족 사회가 붕괴되고 무신 정권 시대가 성립하였습니다.
- 지눌은 조계종을 중심으로 선종과 교종의 통합 운동에 나섰습니다.
- 고려 후기의 지배 세력인 권문세족은 불법적으로 토지를 겸병하고 농장을 소유하여 국가 재정을 악화시켰습니다.
- 공민왕은 대외적으로는 반원 자주 정책을 쓰면서 대내적으로는 권문세족을 억압하는 개혁 정치를 추진하였습니다.
- 신진 사대부는 권문세족 중심의 고려 왕조를 무너뜨리고 조선을 건국하는 역성 혁명의 주체 세력이 되었습니다.

고려의 지배 세력

시기	고려 초	고려 전기	무신 정권기	고려 후기	고려 말
지배 세력	호족	문벌 귀족	무신	권문세족	신진 사대부
대표 인물	김순식	최승로 이자겸 김부식	정중부 최충헌 최우	기철 이인임	정몽주 정도전 조준

고려의 정치기구

	고려 전기	무신 정권기	고려 후기
중앙기구	중서문하성 상서성 6부	교정도감 도방 정방	정동행성 첨의부 4사
합의기구	도병마사		도평의사사
지방 행정	5도 양계		
중앙군	2군 6위		
지방군	주현군, 주진군		

찾아보기

고교생이 알아야 할 한국사 스페셜 1

초판 1쇄 발행 2002년 8월 25일 | **초판 3쇄 발행** 2009년 2월 5일

지은이 김아네스 · 최선혜 | **펴낸이** 신원영 | **펴낸곳** (주)신원문화사

주소 서울시 강서구 등촌1동 636-25 | **전화** 3664-2131~4 | **팩스** 3664-2130

출판등록 1976년 9월 16일 제5-68호

ISBN 89 - 359 - 1033-3 43900
ISBN 89 - 359 - 1032-5 (세트)

＊잘못된 책은 바꿔 드립니다.